Reinige unser Herz

Eine Sammlung der Lehren von
Sri Mata Amritanandamayi
1990-1999

Zusammengestellt von Swami Jnanamritananda

Mata Amritanandamayi Center, San Ramon
Kalifornien, Vereinigte Staaten

Reinige unser Herz

Eine Sammlung der Lehren von Sri Mata Amritanandamayi
Zusammengestellt von Swami Jnanamritananda

Veröffentlicht von:
Mata Amritanandamayi Center
P.O. Box 613
San Ramon, CA 94583
Vereinigte Staaten

———————— *Lead us to Purity (German)* ————————

Erstausgabe vom MA Center: September 2016

In Deutschland: www.amma.de

In der Schweiz: www.amma-schweiz.ch

In Indien:
inform@amritapuri.org
www.amritapuri.org

O Höchstes Wesen,

führe uns von der Unwahrheit zur Wahrheit,

aus der Dunkelheit zum Licht,

und vom Tod zur Unsterblichkeit.

Om, Frieden, Frieden, Frieden

– Brihadaranyaka Upanishad (1:3, 28)

Inhaltsverzeichnis

Vorwort

Dieses Buch enthält eine Sammlung von Reden, die Amma zwischen 1990 und 1999 in Indien hielt. Amma enthüllt die Wahrheiten des Lebens im Lichte der Spiritualität auf eine logisch nicht fassbare Weise; somit erhält der Leser nicht nur einen erfrischenden Blick auf das Leben, sondern wird angeregt, nach den universellen Prinzipien zu leben, wie sie von Amma so klar und deutlich dargelegt werden. Amma äußert mit einfachsten Worten tiefgründige Prinzipien – wie eine Mutter, die zu ihrem Kind spricht. In diesem Buch werden uns eindrucksvolle Antworten auf zahlreiche Fragen geschenkt, die viele von uns immer wieder äußerten oder gerne vorbringen wollten.

Wie der Leser bemerken wird, enthalten manche Reden dieselben Beispiele oder Geschichten. Solche gelegentlichen Wiederholungen wurden beibehalten, da die Beispiele und Geschichten so schön sind und ausgezeichnet in den Textzusammenhang passen. Außerdem wollen die Herausgeber keinesfalls in Ammas Redetexte eingreifen. Jeder Satz von Amma hilft uns, das höchste Lebensziel zu erkennen und offenbart uns Wege zu seiner Verwirklichung. Ammas Worte sind ein Leitfaden für uns und ermutigen uns, ein wahrhaft sinnerfülltes Leben zu führen.

Teil Eins

Kinder der Unsterblichkeit

Ammas Geburtstagsansprachen

Mögen meine Verse – wie die Sonne auf ihrer Bahn –
die innere Entfaltung fördern.
Mögen alle Kinder der Unsterblichkeit hinhören,
selbst diejenigen, die in den Himmel aufgestiegen sind.

– Shvetashvatara Upanishad (2:5)

Amma blickt während ihrer Geburtstagsfeierlichkeiten auf ihre Kinder.

Dharma im täglichen Leben zu praktizieren erzeugt und erhält Rechtschaffenheit

Ammas Geburtstagsansprache 1990

An Ammas Geburtstagsfeierlichkeiten im Jahre 1990 nahmen etwa 20.000 Menschen aller Gesellschaftsschichten und aus allen Teilen Indiens teil, und außerdem waren Hunderte westlicher Besucher anwesend. Am Ende der Neunziger Jahre war die Besuchermenge auf über 50.000 angewachsen.

Meine lieben Kinder[1],

Es freut Amma[2] dass ihr an ihrem Geburtstag so gerne selbstlos arbeiten wollt.

Davon einmal abgesehen hat Amma keine besondere Freude an diesen Feierlichkeiten, denen sie nur zustimmt, um die Beglückung ihrer Kinder zu sehen. Meine lieben Kinder, es macht Amma wirklich froh zu sehen, wie liebevoll ihr miteinander umgeht und wie mitfühlend ihr anderen gegenüber seid. Amma freut es übrigens viel mehr, wenn ihr bereitwillig hier in der Nähe einen schmutzigen Abwasserkanal reinigt, als wenn ihr Ammas Füße wascht und verehrt. Seid bereit, der Welt mit genauso viel Hingabe und Enthusiasmus zu dienen wie ihr es für Amma tut. Die wirkliche Verehrung von Ammas Füßen besteht im selbstlosen Bestreben, das Leid in der Welt zu lindern. Amma wäre wahrhaft glücklich, wenn ihre Kinder Ammas Geburtstag

---

[1] Amma betrachtet die Menschen als ihre Söhne und Töchter. Wenn sie über Menschen spricht, sagt sie oft "die Kinder".

[2] „Amma" bedeutet "Mutter" auf Malayalam. Amma spricht normalerweise von sich in der dritten Person als „Amma".

9

zum Anlass nähmen, an diesem Tag die Tränen von Leidenden zu trocknen.

Entwickelt eine entsagungsvolle Haltung

Wenn ihr Amma liebt und glücklich machen wollt, dann gelobt, an jedem ihrer Geburtstage wenigstens eine schlechte Gewohnheit aufzugeben. Das wäre ein Beweis eurer wahren Liebe zu Amma. Könnte man beispielsweise wirkliches Glück aus Zigaretten gewinnen, würde wohl jeder sein Glück im Rauchen finden. Dem ist aber keineswegs so. Manche Menschen werden nervös, weil sie den Geruch einer Zigarette nicht ertragen können. Glück hängt nicht von Dingen ab, sondern von der inneren Einstellung. Wenn wir uns innerlich unter Kontrolle haben, erleben wir Freude ohne äußere Einwirkung. Warum also wollt ihr Geld verschwenden und eure Gesundheit aufs Spiel setzen? Die Raucher unter euch sollten versprechen, mit dem heutigen Tag das Rauchen aufzugeben. Das auf diese Weise gesparte Geld kann der Ausbildung eines Kindes aus armen Verhältnissen zugutekommen. Und wer von euch Alkohol trinkt, sollte versprechen damit aufzuhören. Oft werden 100 bis 500 Rupien für ein einziges Kleidungsstück ausgegeben, und manche von euch kaufen pro Jahr mindesten zehn Saris. Reduziert die Anzahl in diesem Jahr auf neun und spendet das dadurch gesparte Geld für Medikamente eines mittellosen Kranken. Kinder, wenn ihr Amma liebt, wenn ihr das Höchste Wesen liebt, sollte eine entsagungsvolle Haltung für euch selbstverständlich werden.

Ohne Entsagung, meine Kinder, können wir Gott nicht verwirklichen. *Tyagenaike amritatvamanashuh* – "Nur durch Entsagung kann man Unsterblichkeit erreichen." Für jedes angestrebte Ziel muss man etwas aufgeben: Um ein Examen zu bestehen, ist es unerlässlich fleißig zu lernen und ständig das Ziel vor Augen zu haben. Zum Bau einer Brücke bedarf es äußerst sorgfältiger und geduldiger Arbeit. Opferbereitschaft ist bei allen Bemühungen die Grundlage des Erfolges. Den Ozean des *samsara*[3] können wir nur mit einer entsagenden, opferbereiten Haltung überqueren. Ohne diese Haltung bleibt das Rezitieren von Mantren wertlos. So erreichen wir unsere geliebte Gottheit[4] (*ishta devata*) nicht, auch wenn wir die Mantren noch so oft wiederholen. Die Gottheit erscheint demjenigen, der die entsprechende Haltung besitzt – selbst dann, wenn er kein Mantra wiederholt. Alle göttlichen Wesen werden sein Werk unterstützen. Das soll nicht heißen, dass wir kein Mantra sprechen sollten, vielmehr, dass wir nach diesen Prinzipien leben sollen. Es genügt nicht, die Saat auszusäen. Vollkommenheit wird erreicht, wenn wir in Demut Gutes tun. Unsere guten Handlungen offenbaren den Grad unserer Reife.

Mitgefühl mit den Armen ist unsere Gottespflicht

Wir umschreiten den Tempel und rufen: „Krishna, Krishna!", doch wenn wir den Ort verlassen und Bettler an der Türe flehen: „Hilf mir, ich verhungere!" würdigen wir sie keines Blickes. Wir schreien sie an: „Weg mit euch!" und gehen davon, ohne ihnen ein einziges freundliches Lächeln zu schenken.

Es gab einen Jünger, der ungern Almosen gab. Sein Meister wusste dies und brach als Bettler verkleidet zu dessen Haus auf. Er erreichte es, als der Jünger gerade vor dem Bild des Meisters hingebungsvoll Milch und Früchte darbrachte. Der Meister bettelte um etwas Nahrung, doch der Jünger jagte ihn schreiend fort: „Hier gibt es nichts für dich!" Als der Meister daraufhin seine Verkleidung ablegte, warf sich sein Schüler, am Boden zerstört, vor den Füßen des Meisters nieder.

Wir alle gleichen diesem Schüler. Wir lieben nur das Äußere und nicht die innere Essenz. Wir bringen vor einem Bild Milch und

---

[3] Die Welt der Vielfalt; der Zyklus von Geburt, Tod und Wiedergeburt

[4] Die zu verehrende Gottheit, die man im Einklang mit dem eigenen Naturell gewählt hat, als Objekt seiner größten Sehnsucht und des letzten Ziels

payasam (eine süße Reisspeise) dar, doch für einen Bettler haben wir nicht einmal einen Cent übrig!

Amma will damit nicht sagen, dass wir Bettler mit Geld überschütten sollten. Wenn wir Leuten Geld geben, ist es wichtig Unterscheidungskraft walten zu lassen, denn viele kaufen sich Alkohol oder Drogen von dem erhaltenen Geld. Wir können ihnen stattdessen Nahrung, Kleidung und ein paar freundliche Worte schenken. Das ist unsere Gottespflicht. Meine Kinder, gebt den Hungrigen etwas zu essen und helft den Leidenden.

Gott ist überall und durchdringt alles. Was können wir Gott darbringen? Wahre Liebe und Hingabe an Gott bedeutet nichts anderes als mit den Armen und Bedürftigen zu fühlen.

Meine Kinder, dies ist Ammas Botschaft an euch: Tröstet die Trauernden und steht den Armen bei. Es ist kein Zeichen von Hingabe, arme Menschen wegzujagen oder zu beschimpfen. Gebete werden nicht erhört, wenn man anderen Leid zufügt oder schlecht über sie spricht. Lasst uns diejenigen trösten, die auf uns zukommen, und sie mit einem Lächeln willkommen heißen. Befreit euch von Hochmut und seid bescheiden. Wenn andere gewisse Fehler machen, seid so nachsichtig wie möglich mit ihnen. Dies sind verschiedene Aspekte des Betens. Gott erhört solche Gebete. Wenn wir andere übel behandeln oder auf ihnen herum trampeln, können wir Gott nicht erreichen, selbst wenn wir unser Mantra eine Million Mal wiederholen und an zahllosen Pilgerreisen teilnehmen. Milch verdirbt, wenn wir sie in einen unsauberen Topf gießen. Gute Handlungen läutern den Geist.

Meine Kinder, Amma bittet euch – sie befiehlt euch nichts, denn es entspricht ihr nicht, jemandem etwas zu befehlen – dass ihr gelobt, eine schlechte Gewohnheit aufzugeben oder euch von einem Luxusartikel zu trennen. Andernfalls können eure Gebete nicht erhört werden.

Wir sollten alles daransetzen so weitherzig zu werden, dass wir denjenigen, die im Elend leben, bereitwillig helfen und die Leidenden trösten. Es wird gesagt, dass man den Hungernden Nahrung statt verletzender Worte geben soll, um weitherziger zu werden. Wir werden niemals das Antlitz desjenigen vergessen, der uns in der Not zu Hilfe eilte.

Wenn wir uns versehentlich mit dem Finger ins Auge fassen, schneiden wir doch nicht unseren Finger ab! Wir verzeihen dem Finger, streicheln und trösten das Auge, denn Auge und Hand gehören zu uns. Meine Kinder, wir sollten andere genauso intensiv lieben und ihre Fehler verzeihen, denn das bedeutet wahre Liebe zu Gott. Mit solcher Liebe im Herzen lässt sich Gottes Gnade gewinnen.

Manche Leute kommen zu Amma und sagen: „Amma, ich habe so viele Probleme. Bitte fasse einen göttlichen Beschluss (*sankalpa*) für mich!" Und anschließend sieht man genau diese Leute, nach ihrer Überfahrt mit der Ashram-Fähre zum Festland, schnurstracks in den Schnapsladen gehen. Andere kommen sogar betrunken hierher. Amma nimmt ihnen das weder übel noch stellt sie ihre Rechte in Frage. Amma macht sogar einen *sankalpa* für sie, was ihnen aber nichts nützt, denn ihr Geist ist wie Felsen und ihre Lebensführung völlig selbstbezogen.

Gebet

Ihr besucht vielleicht seit vielen Jahren den *Ashram*, empfangt Ammas Umarmung (darshan) und betet unablässig. Das schenkt euch aber nur dann wirklichen Segen, wenn ihr gut handelt. Wenn ihr hierherkommt, könnt ihr eure geistige Last abladen. Manche allerdings denken nur daran, so schnell wie möglich wieder nach Hause zu kommen. Was ist das für eine Hingabe?

Eigentlich berührt es Amma, den Kummer ihrer Kinder zu sehen. Ihr Herz bleibt aber bei manchen Menschen unberührt, weil sie sich sagen muss: „Dieser Mensch ist selbstsüchtig. Schau, wieviel Geld und Energie er für illusorische Dinge verschwendet. Warum sollte Amma für einen Menschen, der nicht bereit ist, auch nur ein selbstsüchtiges Ding aufzugeben, einen göttlichen Entschluss fassen?" Aus diesem Grund bekommen manche Menschen nicht das, was sie sich wünschen. Könnte Amma denn absolut egoistischen Menschen ihr Mitgefühl schenken? Ammas *sankalpa* trägt nur dann Früchte, wenn ihre Kinder beten und Gutes tun, andernfalls hilft es ihnen nicht. Ein Fernsehsender strahlt Programme aus, die jedoch nur bei richtiger Einstellung des Fernsehgerätes empfangen werden können. Wenn wir Unterstützung von Gott erwarten, müssen wir uns geistig dementsprechend auf Gottes Welt einstellen.

Bemüht euch, wenigstens einen Schritt auf das Höchste Wesen zuzugehen und ihr werdet sehen, wie viele Schritte das Höchste Wesen auf euch zugeht! Wer seine Selbstsucht aufgibt, Gutes bewirkt und auf die richtige Weise betet, muss sich keine Sorgen machen. Habt ihr nicht die Geschichte von Kuchela[5] gehört? Sie ist keine bloße Legende, sondern hat sich wirklich zugetragen. Und solche Erfahrungen gibt es sehr oft!

Meine Kinder, betet mit Liebe und Hingabe und öffnet euer Herz. Tränen werden manchmal als Schwäche empfunden. Tränen vor Gott zu vergießen, ist jedoch keineswegs Schwäche. Die Helligkeit einer Kerze nimmt beim Abbrennen zu. Tränen machen den Geist empfänglicher, reinigen unser trübes Gemüt und verleihen uns neue Kräfte.

Andererseits drückt sich Schwäche darin aus, dass uns unrealistische Dinge zum Weinen veranlassen und uns unserer Kraft berauben. Es ist ein Ausdruck von Schwäche, aus Angst vor dem ungewissen Morgen zu weinen. Wenn nämlich die Zeit gekommen ist, etwas zu bewerkstelligen, hat uns das Weinen kraftlos und krank gemacht.

---

[5] Siehe Glossar

Nehmt die geeignete Arznei, wenn ihr euch verletzt habt, denn es nützt nichts bloß zu weinen. Manche Eltern bemühen sich über Gebühr, die Heirat ihrer Kinder auszurichten. Sie können nicht mehr schlafen, greifen zu Schlaftabletten und am Hochzeitstag liegen Mutter oder Vater schließlich im Krankenhaus. Amma sieht zahllose Menschen mit solch schwachem Gemüt. Manche plagen sich mit ihrem Hausbau, und wenn das Haus endlich fertiggestellt ist, vermag der Eigentümer nicht mehr durchs Haus zu laufen, da er einen Herzanfall erlitt. Heutzutage verlieren sehr viele Menschen aufgrund derartiger Belastungen ihren Lebensmut, ihre Energie und Gesundheit. Das ist Ausdruck von Schwäche. Wenn wir dagegen Tränen für Gott vergießen, belohnt er uns mit Enthusiasmus, Kraft und Frieden.

Die Erfüllung durch Gebet und Glaube an Gott liegt nicht darin, nach dem Tod in den Himmel zu kommen. Manche Leute meinen, spirituelle Meister und Ashrams förderten lediglich Aberglauben und seien nur etwas für verblendete Menschen. Wer das behauptet, versteht die Wahrheit nicht und es mangelt dem Betreffenden an Einsicht und an ausgeglichenem Gemüt. Die spirituellen Meister lehren uns, unsere innere Schwäche zu überwinden und wie auch wir beitragen können, die Harmonie des Lebens nicht zu zerstören. Ashrams sind Zentren, in denen solche Lehren vermittelt werden.

Beim Bauen verwendet man zur Verstärkung des Betons Bewehrungseisen, ohne die das Gebäude einstürzen würde. Man kann den Glauben an Gott mit solchen Bewehrungseisen vergleichen. Durch Glauben wird unser schwaches Gemüt gestärkt. Bei Glauben und Vertrauen weinen wir nicht wegen illusorischer Dinge und machen uns ihretwegen nicht verrückt. In den Zeitungen ist zu lesen, wie viele Menschen jeden Tag Selbstmord begehen. Die Ursache dieser Todesfälle hat meistens nichts mit Gesundheit oder Vermögen zu tun, sondern mit mangelnder psychischer Stärke. Solch psychische Labilität lässt sich durch echtes Gottvertrauen überwinden. Vertrauen beruhigt das Gemüt und unwesentliche Schwierigkeiten lassen sich bewältigen, ohne von ihnen übermannt zu werden.

Meine Kinder, nehmt deshalb vollständig Zuflucht zu Gott, dem Höchsten. Wenn ihr einen klaren Geist besitzt, besteht kein Grund zur Traurigkeit und es wird alles, was ihr braucht, zu euch kommen. Sollte dem nicht so sein, erzählt es Amma! Das wird aber nicht passieren, denn Amma spricht aus eigener langer Erfahrung.

Übt euch in Mäßigkeit

Wenn Ammas Kinder hierherkommen, sind die meisten, kaum dass sie angekommen sind, schon damit beschäftigt, wie sie wieder nach Hause kommen und sorgen sich, ob sie den Bus erreichen werden. Sobald sie Amma begegnen, verneigen sie sich rasch vor Amma und eilen zurück. Viele von ihnen können nur sagen: „Amma, da bei uns niemand zu Hause ist, müssen wir gleich wieder zurück und unser Bus fährt gleich los." Hingabe besteht nicht aus Worten, sondern drückt sich im Verhalten aus. Diese Kinder sind unfähig zur vollkommenen Hingabe an die Höchste Wahrheit, selbst an diesem einen Tag ihres Hierseins. Selbst in der Begegnung mit Amma suchen tatsächlich nur wenige den Weg zu Gott – in all ihrem Klagen und Wünschen, die sie Amma vortragen. Das heißt nicht, man solle weltliche Angelegenheiten ignorieren; wir sollten einfach begreifen, dass es sich dabei nicht um immerwährende Dinge handelt. Meine Kinder, wenn wir ständig weltlichen Dingen nachjagen, unter Verzicht auf Nahrung und Schlaf, ernten wir nur Kummer und Sorge. Vergesst das nicht. Widmet in Zukunft bei Tempel- oder Ashrambesuchen etwas von eurer Zeit ganz und gar Gott. Befreit euch wenigstens dann von euren Bindungen.

Es gab einmal einen König, der seinen Thron aufgeben und das Leben eines *vanaprastha*[6] führen wollte. Er beschloss, seinen gesamten Reichtum an seine Untertanen zu verteilen und gab jedem so viel, wie er wollte. Ein junger Mann trat vor den König und legte ihm seine Probleme dar. Der König schenkte ihm ein beachtliches Vermögen, doch der junge Mann war nicht zufrieden. Seine Frau hatte ihm vor seinem Aufbruch zum Palast nahegelegt: „Komm erst zurück, wenn du so viel wie möglich vom König bekommen hast!" Der König durchschaute die Gier des Mannes und sprach: „Es gibt hier einen Fluss, in dem kostbare Korallen wachsen, den kannst du in Besitz nehmen." Der junge Mann war außer sich vor Freude. Der König fuhr fort: „Allerdings unter einer Bedingung. Du hast genau zwölf Stunden Zeit. Nimm ein Boot, rudere soweit du kannst und kehre in der angegebenen Zeit zurück. Es wird dir der Teil des Flusses mit allen sich darin befindenden Korallen gehören, den du entlang gerudert bist. Wenn du aber nur eine Sekunde zu spät kommst, erhältst du gar nichts." Der junge Mann willigte ein. Am vereinbarten Tag versammelte sich eine große Menschenmenge an beiden Ufern des Flusses und schaute ihm beim Rudern zu. Seine Frau und seine Freunde drängten ihn, den gesamten Fluss für sich in Anspruch zu nehmen, koste es, was es wolle. Sie machten ihm klar, was es bedeuten würde, Eigentümer eines solch großen Vermögens zu werden. Der Mann begann völlig angespannt zu rudern. Er ruderte sechs Stunden und beschloss in seiner Habgier weiter zu rudern. So vergingen zwei weitere Stunden. Jetzt blieben ihm nur noch vier Stunden für die Rückkehr zum Startpunkt. Er musste die Strecke in der halben Zeit bewältigen, die er zuvor in acht

---

[6] Nach indischer Tradition gibt es vier Lebensphasen. Vanaprastha ist die dritte Phase. Wenn die Kinder eines Ehepaares groß genug sind, um für sich selbst zu sorgen, ziehen sich die Eltern in eine Einsiedelei oder einen Ashram zurück, um sich dort einem rein spirituellen Leben zu widmen und ihre spirituelle Praxis auszuüben.

Stunden zurückgelegt hatte. Er begann sehr schnell zu rudern. Seine Frau und seine Freunde feuerten ihn an und riefen: „Deine Anstrengungen sind umsonst, wenn du auch nur eine Sekunde zu spät kommst. Beeile dich! Rudere so schnell du kannst!" Die Zeit war fast um und die Strecke bis zum Startpunkt noch lang. Er ruderte mit aller Kraft. Seine Brust begann zu schmerzen, aber er gab immer noch nicht auf. Eine Hand presste er auf seine Brust und mit der anderen Hand ruderte er. Seine Erschöpfung nahm zu. Er erbrach Blut, doch in seiner Gier nach größerem Reichtum hörte er immer noch nicht auf zu rudern. Schließlich gelang es ihm, den Startpunkt eine Sekunde vor der festgesetzten Zeit zu erreichen. Seine Frau und seine Freunde tanzten vor Freude. Der junge Mann aber brach zusammen und machte genau dort seinen letzten Atemzug.

Nun stand seine Frau vor dem Problem, mit einem Transportmittel den Leichnam des Mannes in ihr weit entferntes Zuhause zu schaffen. Die Frau äußerte: "Nun ja, er ist tot! Ich müsste ein Fahrzeug mieten, wenn ich den Leichnam nach Hause bringen soll. Ich muss unsere Kinder großziehen und da ich nicht genug Geld für die Miete eines Transportmittels habe, lasst ihn uns hier irgendwo begraben! Das muss genügen." Damit endete alles für den jungen Mann zwei Meter unter der Erde. Niemand begleitete ihn, weder seine Frau und seine Freunde, die ihn zu diesem unverdienten Reichtum gedrängt hatten, noch seine Kinder. Niemand kam mit, auch kein Vermögen. So ist das Leben, meine Kinder! Die Menschen leben ihr Leben, ohne sich auch nur einen friedlichen Moment zu gönnen. Sie sind in ständiger Sorge um ihre Familie und ihren Wohlstand und greifen oftmals auf der Jagd nach weltlichem Reichtum zu unlauteren Mitteln. Begleitet sie am Ende irgendjemand? Nein.

Mit den Wünschen nach weltlichen Dingen taucht das Leiden auf. Sollten sich diese Wünsche erfüllen, wartet bereits neues

Leid, da die begehrten Dinge nicht von Dauer sind. Morgen sind sie bereits verloren, wenn nicht schon heute. Gott ist die einzige Quelle immerwährenden Friedens. Wenn euch bewusst wird, dass materielle Vergnügen vergänglich sind und ihr dementsprechend lebt, könnt ihr Leiden vermeiden. Amma bezeichnet Wohlstand oder weltliche Dinge nicht als überflüssig. Möge genug vorhanden sein von dem, was ihr zum Leben braucht – doch nicht mehr. Macht euch bewusst, was bleibend ist und euch Frieden schenkt und bemüht euch darum. Himmel und Hölle existieren hier auf Erden. Da der Geist selbst Himmel oder Hölle erschafft, ist es notwendig, ihn unter Kontrolle zu bekommen. Das bewahrt uns vor Kummer und schenkt uns reine Seligkeit, nichts als Seligkeit.

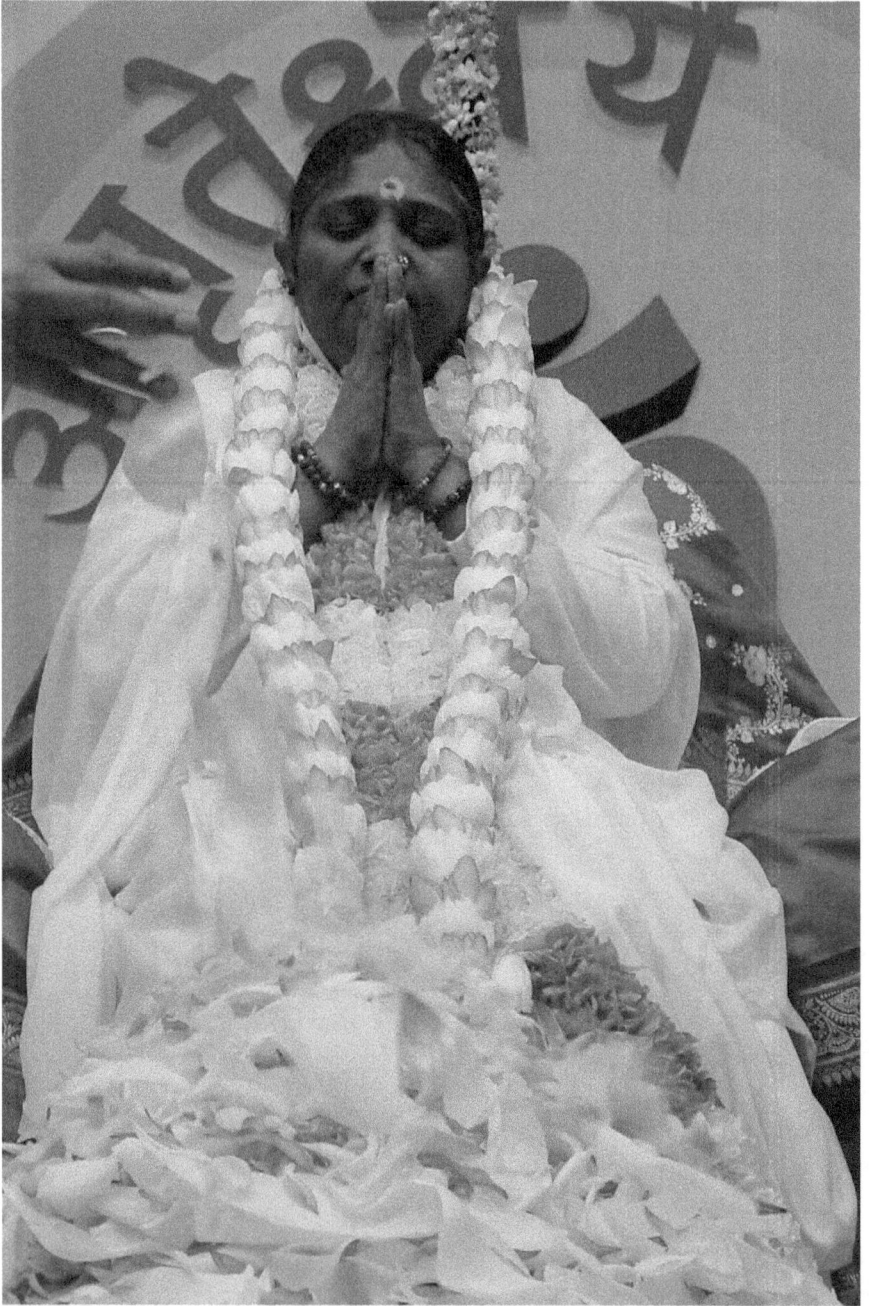

Amma nach einer pada puja anlässlich ihrer Geburtstagsfeier

Wahre Hingabe bedeutet Hingabe an das göttliche Prinzip

Ammas Geburtstagsansprache 1991

Meine Kinder, schließt eure Augen und beruhigt euren Geist. Lasst alle Gedanken los und konzentriert euch auf die Füße eurer geliebten Gottheit. Denkt nicht an euer Zuhause, an eure Arbeit oder daran, ob ihr den Bus für die Rückfahrt erreicht. Habt nur eure geliebte Gottheit im Sinn. Beendet eure Unterhaltungen und wiederholt Gottes Namen. Es ist nutzlos, ganz viel Wasser auf die Zweige eines Baumes zu gießen. Wenn man dagegen Wasser an die Wurzeln gießt, erreicht es den gesamten Baum. Konzentriert euch deshalb nur auf Gott, denn an anderes zu denken ist genauso nutzlos wie Wasser auf die Zweige eines Baumes zu gießen.

Wenn euer Boot am Flussufer festgebunden ist, könnt ihr nicht den Fluss überqueren, auch wenn ihr noch so kräftig rudert. So ähnlich ergeht es euch beim Beten: Eure Gebete bringen euch keinen wirklichen Segen, wenn ihr in Gedanken mit eurer Familie und eurem Wohlstand beschäftigt seid – egal, wie lange ihr betet. Seid deshalb beim Beten vollkommen Gott ergeben, denn nur dann, meine Kinder, wird euer Gebet erhört.

Im Reich der Spiritualität gibt es weder Geburt noch Tod. Wenn sich unsere Vorstellung, wir seien geboren worden, auflöst, dann ist der Tag gekommen, an dem wir das Tor Gottes erreichen. Das Reich des Höchsten Wesens liegt jenseits von Geburt und Tod.

Amma hat nur deshalb diesen Feierlichkeiten zugestimmt, weil sie an das Glück ihrer Kinder dachte. Eure Opferbereitschaft, eure Liebe und euer Sinn für Gemeinsamkeit werden dann besonders deutlich. Außerdem bietet sich für Amma eine Gelegenheit, euch alle beieinander zu sehen. Wer hierhergekommen ist, sollte hier nicht untätig sein: Fahrt erst dann wieder nach Hause, wenn ihr ein Mantra wiederholt und eine Weile meditiert habt. Da die spirituelle Praxis unser einziger wahrer Reichtum ist, bittet Amma euch, das arcana[7] auszuführen.

Amma misst dem Gebet große Bedeutung bei, doch es gibt Leute, die unseren Weg der Hingabe (bhakti) geringschätzen. Sie empfinden Hingabe als minderwertig. Manche leugnen die Existenz Gottes, andere sehen in Gott etwas Form- und Eigenschaftsloses und empfinden Hingabe meistens als Schwäche. Es ist in der Tat lediglich blinde Hingabe, wenn man viele verschiedene Gottheiten oder böse Geister anbetet. Wahre Hingabe lehrt uns, das Eine, alles durchdringende Höchste Wesen in uns selbst und in allem zu erkennen.

Es gab einen Mann, der von allen als Mann der Hingabe gepriesen wurde. Eines frühen Morgens wollte ihn einer seiner Freunde besuchen, als diesem Besucher mitgeteilt wurde, der Mann sei in die Anbetung des Gottes Ganesha versunken. Als der Besucher nach einiger Zeit erneut nachfragte, erfuhr er, dass sein Freund nun eine *puja* (heiliges Ritual) für Shiva mache. Daraufhin grub er ein Loch in den Vorgarten und erkundigte sich etwas später erneut nach seinem Freund. Dieser betete mittlerweile zur Göttlichen Mutter. Der Besucher grub ein weiteres Loch. Als der Gastgeber nach Vollzug seiner verschiedenen Pujas schließlich auftauchte, fiel ihm auf, dass sein Garten voller Löcher war und fragte den Freund, was das zu bedeuten habe. Er bekam zur Antwort: „Ich wollte etwas Wasser haben. Hätte ich die Zeit besser genutzt und anstelle einzelner Löcher nur ein Loch an einer Stelle gegraben, dann hätte ich schon längst genügend Wasser gefunden. Durch das Graben vieler Löcher wollte ich lediglich klar machen, wie viel Zeit und Energie dadurch verschwendet wird!"

---

[7] Eine Form der Verehrung, bei der die Namen einer Gottheit rezitiert werden – üblicherweise 108, 300 oder 1000 Mal Namen in einer Sequenz

Der Gottesverehrer verstand die Andeutung seines Freundes. Er wäre schon längst am Ziel, wenn er sich auf nur eine Gottheit konzentriert hätte, anstatt zahllose Gottheiten zu verehren. Alle Gottheiten repräsentieren den einen in uns wohnenden Gott. Der Mann gab seine unreife, kindliche Art der Hingabe auf und wurde zum wahren Gottesverehrer.

Gebet ist für die spirituelle Praxis besonders wichtig und hat nichts mit Schwäche zu tun. Wenn wir in vollem Vertrauen beten, kann die in uns schlummernde Liebe erweckt werden – vergleichbar mit einer bestimmten Technik des Fischfangs anhand eines Lichtstrahls, der aufs Wasser gelenkt wird.

Hingabe bedeutet zwischen Ewigem und Vergänglichem zu unterscheiden (*viveka*), d.h. sich beim Handeln bewusst zu sein, was dauerhaft und was vergänglich ist.

Unser Gefühl für Hingabe ist aus noch einem Grund bedeutsam. Wir können raschen Fortschritt mit unseren spirituellen Übungen machen, wenn wir unser gewohntes Lebensmuster befolgen: In der Kindheit sitzen wir glücklich auf dem Schoß unserer Mutter; später sind wir froh, wenn wir Freud und Leid mit unseren Freunden teilen und wenn wir erwachsen sind, erscheint ein Ehemann oder eine Ehefrau auf der Bildfläche und teilt unsere Sorgen mit uns. Somit konzentrieren wir uns in den verschiedenen Lebensphasen gerne auf die eine oder andere Person. Darin sehen Menschen ihr Glück. Es bietet sich an, Gott in einer Gestalt zu verehren, da wir uns nicht so unvermittelt auf die Verehrung des Höchsten Wesens in seinem formlosen Aspekt einschwingen können.

Selbst wenn wir intellektuell davon überzeugt sind, dass Gott weder Gestalt noch Eigenschaften besitzt, vergessen wir das in bestimmten Situationen.

Ein Mann stellte gewöhnlich sein Tintenfass auf die linke Seite seines Tisches und tauchte seine Feder beim Schreiben in die

Tinte. Eines Tages schob er das Tintenfass auf die rechte Seite. Obwohl er wusste, dass das Tintenfass rechts stand, griff seine Hand beim Eintauchen der Feder automatisch nach links, da diese lange Gewohnheit ihm zur zweiten Natur geworden war. Jede Gewohnheit beherrscht uns also und lässt sich nicht so schnell ändern.

Seit Jahren sind wir daran gewöhnt, uns an etwas anzulehnen. Nun kann es für unsere spirituelle Praxis sogar hilfreich sein, wenn wir dieses gewohnte Verhaltensmuster beibehalten; unsere innere Läuterung kann auf diese Weise viel einfacher gelingen als durch jede andere Methode. Deshalb empfiehlt euch Amma, bei eurer Lieblingsgottheit Zuflucht zu suchen, wenn ihr durchs Leben geht. Befreit euch innerlich von der Bindung an Wohlstand, Familie, Freunde, gesellschaftliche Stellung, Ansehen usw. und richtet euch geistig ganz auf Gott aus. Bleibt nicht länger von solchen Dingen abhängig, wendet euch vielmehr vollkommen Gott zu.

Beim Wiederholen des Mantras eurer geliebten Gottheit lassen sich die vielen Gedanken in eurem Kopf von hundert auf zehn reduzieren. Wenn ihr damit fortfahrt, wird euer Geist ruhig und klar wie Kristall.

Ähnlich wie sich das Sonnenlicht klar auf der glatten Oberfläche eines Sees spiegelt, wird das Höchste Wesen klar in eurem beruhigten Geist wahrnehmbar. Dies ist weder ein Pfad der Schwäche noch ist er unvollkommen, vielmehr eine Abkürzung auf dem Weg zum höchsten Ziel.

Amma schreibt euch keinen bestimmten Pfad vor. Es steht euch frei, jeden Pfad zu wählen, aber denkt nicht, dass ein Pfad sich vom anderen unterscheide oder ihm überlegen sei. Alle Wege führen zu der einen und höchsten Wahrheit und alle Pfade sollten respektiert werden.

Iddli, dosha und *puttu*[8] sind zwar verschiedene Speisen, werden aber alle aus Reis zubereitet. Wir können die Speise wählen, die uns am besten schmeckt und bekommt. Jedes Gericht stillt unseren Hunger. Da die Menschen verschiedenen Kulturen angehören, haben sich unterschiedliche Geschmacksrichtungen ausgeprägt. Spirituelle Meister zeigen entsprechend der unterschiedlichen Bedürfnisse verschiedene Wege auf. Auch wenn die Pfade sich scheinbar voneinander unterscheiden, ist ihre Essenz dieselbe und alle führen zum selben Ziel.

Dienen ist der Reisepass zu Gott

Amma sieht, wie sehr sich ihre Kinder im Vergleich zum letzten Jahr verändert haben. Einige von euch haben das Rauchen, Trinken und ihren Luxus aufgegeben, wenn auch noch nicht alle. Im nächsten Jahr möchte Amma bei doppelt so vielen von euch diese Veränderungen sehen. Das wäre ein wahres Geburtstagsgeschenk!

Manche sind von weither gekommen. Ihr musstet mehrmals den Bus wechseln und viel Mühe auf euch nehmen, um den Ashram zu erreichen. Und trotzdem scheint ihr nicht die Geduld zu besitzen, hier etwas zu verweilen. Manche von euch möchten sich hier nur unterhalten und rauchen und einige kommen sogar betrunken an. Meine Kinder, wenn ihr in den Ashram kommt, dafür Geld ausgegeben und viele Mühen auf euch genommen habt, solltet ihr euch hier auf Gott konzentrieren. Während eures Aufenthaltes hier in der Abgeschiedenheit solltet ihr versuchen, durch Meditation und Wiederholen eures Mantras euch nach innen zu wenden. Meine lieben Kinder, es sollte für euch selbstverständlich werden zu beten und selbstlos zu dienen. Eure törichte Selbstsucht müsst ihr fortschicken.

Ihr wisst, dass die Seligkeit nicht in äußeren Dingen liegt, sondern nur in euch selbst. Wir verlieren unsere Kraft, wenn

---

[8] Traditionelle indische Speisen

wir unser Glück von äußeren Dingen abhängig machen, denn daraus entspringt kein wirkliches Glück. Würden uns Alkohol oder Drogen tatsächlich beglücken, müssten Menschen, die so etwas regelmäßig zu sich nehmen, nicht in der Psychiatrie landen. Wer sein Glück in Äußerlichkeiten sucht, wird am Ende bitterlich weinen. Wer raucht, sieht die deutliche Warnung auf den Zigarettenpackungen: „Rauchen schadet Ihrer Gesundheit." Obwohl die Leute das lesen, zünden sie sich eine Zigarette an und rauchen! Ihre Schwäche hat sie zu Sklaven ihrer Gewohnheit gemacht. Ein mutiger Mensch steht fest in seiner Kraft. Von Dingen abzuhängen, ist kein Zeichen von Mut, sondern von Sklaverei. Wem es etwas ausmacht, was andere Leute von ihm wohl denken mögen, wenn er nicht raucht oder trinkt, gehört zu den schlimmsten Feiglingen und Schwächlingen.

Meine lieben Kinder, so viele notleidende Menschen wissen nicht, woher sie ihre nächste Mahlzeit oder saubere Kleidung bekommen können. Zahllose Kinder müssen die Schulzeit abbrechen, weil sie das Schulgeld nicht aufbringen können. Viele arme Leute leben in Häusern mit undichten Dächern, weil ihnen die Mittel für ein neues Dach fehlen. Und so viele leiden und ertragen große Schmerzen, weil sie sich keine schmerzlindernden Medikamente leisten können. Mit dem Geld, das die Leute für Alkohol und Drogen ausgeben – womit sie ihre Gesundheit und ihr Leben zerstören – könnten Arme und Leidende ausreichend unterstützt werden.

Eure wahre Liebe zu Amma zeigt sich in eurem Mitgefühl gegenüber den Leidenden. Gewöhnt euch an, für andere da zu sein, auch unter Verzicht auf eigene Bequemlichkeit. Dann wird Gott auf euch zueilen und euch umarmen.

Meine Kinder, es ist nicht möglich, Gott allein durchs Gebet zu erreichen. Ihr könnt eure Reise zur Befreiung nur mit dem

Reisepass des selbstlosen Dienens antreten. Nur wer selbstlos handelt, kann Gott errreichen – das höchste Ziel der Befreiung.

Ständige Praxis ist wesentlich

Amma weiß, dass ihr diese Wahrheit nur aus eigener Erfahrung heraus vollkommen begreifen könnt, auch wenn Amma sie schon oft wiederholt hat: die Seligkeit liegt in euch und ihr könnt sie nicht im Äußeren finden.

Eine Mutter und ihr Sohn lebten in einem von Mäusen heimgesuchten Haus. Der Sohn dachte sich Mittel und Wege aus, alle Mäuse zu töten. Zuerst überlegte er, eine Katze anzuschaffen, meinte dann aber, eine Mausefalle sei passender. Da er nicht genügend Geld zum Kauf einer Mausefalle hatte, machte er sich daran, selbst eine zu bauen und legte sich das notwendige Material zurecht. Während er damit fleißig beschäftigt war, überkam den Jungen plötzlich das Gefühl, sich selbst in eine Maus zu verwandeln! Dieses Gefühl wurde so stark, bis er bei der Vorstellung, von einer Katze gefangen zu werden, vor Furcht zitterte. Als seine Mutter merkte, dass er in Panik geriet, fragte sie ihn, was los sei. Der Junge antwortete: "Die Katze kommt!" "Na und?", fragte die Mutter. Der Junge antwortete entsetzt: „Ich bin eine Maus! Wenn mich die Katze sieht, wird sie mich fressen!" Die Mutter versuchte immerzu ihm zu versichern: "Mein Sohn, du bist ganz sicher keine Maus!" Seine Angst hielt jedoch an und er behauptete weiterhin, er sei eine Maus. Schließlich suchte sie mit ihm einen Arzt auf. Dieser versicherte dem Jungen: „Du bist keine Maus. Schau mich an. Schau auf die Leute. Worin unterscheidest du dich von ihnen?" Er stellte den Jungen vor einen Spiegel und seine Furcht verschwand. Der Junge ging mit seiner Mutter nach Hause. Als sie sich ihrem Haus näherten, rannte eine Katze über die Straße. Beim Anblick der Katze veränderte sich die Stimmung des Jungen und er schrie: „Oh nein! Da ist eine Katze!" und er versteckte sich hinter einem Baum. Seine Mutter brachte ihn sofort wieder zum Arzt. Dieser sprach: „Habe ich dir nicht erklärt, dass du ein menschliches Wesen und keine Maus bist? Warum hast du immer noch Angst, wenn du eine Katze siehst?" Der Junge antwortete ihm: „Ich weiß, dass ich ein Mensch und keine Maus bin. Aber die Katze weiß das nicht!"

Meine Kinder, wenn wir unseren Geist nicht vollkommen beherrschen, straucheln wir bei aufkommenden Schwierigkeiten – auch wenn wir noch so intensiv die Schriften studiert und uns immer wieder gesagt haben, wir hätten die Kraft, jedes Problem zu bewältigen. Auch wenn wir noch so oft hören, dass wir nicht Körper, Geist oder Verstand sind, sondern verkörperte Seligkeit, vergessen wir das bereits bei ganz unbedeutenden Problemen. Um angesichts von Schwierigkeiten Stärke bewahren zu können, ist ständiges Üben ganz wesentlich. Unser Geist muss trainiert werden, sich dessen ständig bewusst zu bleiben und sich daran zu gewöhnen, alle Hindernisse auf unserem Pfad wegzuschieben – aus der Überzeugung heraus, dass wir nicht Lämmer sondern Löwenjunge sind! Wenn wir uns Gott ergeben, können wir furchtlos handeln, auch wenn uns Kummer befällt. Es ist viel besser, alles Gottes Füßen darzubringen und mutig zu handeln als unsere Zeit zu vergeuden und unsere Gesundheit durch Grübeln zu ruinieren. Die Umstände lassen sich durch lautes Klagen und niedergedrücktes Jammern nicht ändern. Warum also der Traurigkeit nachgeben? Wenn wir uns verletzt haben, müssen wir Heilsalbe auf die Wunde auftragen und nicht länger weinen. Jede Krise erfordert somit, nach Lösungen zu suchen, um nicht zu straucheln.

Meine Kinder, wenn eure Traurigkeit nicht ganz zu beherrschen ist, meditiert und rezitiert eine Weile ein Mantra oder lest einen spirituellen Text. Bindet den Geist an eine Aufgabe, die er mag und lasst ihn nicht herumschweifen. Dann wird er sich beruhigen. Somit verschwendet ihr weder Zeit noch schadet ihr eurer Gesundheit.

Der Eigentümer eines Autos oder eines Gebäudes ist sorgenfrei, wenn er versichert ist und weiß, dass im Falle eines Unfalls die Versicherung für den Schaden aufkommt. Wer sich im Handeln Gott, dem Höchsten, überlässt, hat also nichts zu befürchten. Gott wird uns in jeder Not beistehen. Er wird uns beschützen und führen.

Wie man sich mildtätig verhält

Meine Kinder, unser Mitgefühl mit den Armen und unser Erbarmen für das Leid anderer Menschen sollte uns anspornen zu dienen. Das Maß unserer Hingabe an unsere Arbeit zeigt sich in unserem Bemühen, selbstlos und ohne Erwartungen zu arbeiten, möglicherweise auch etwas länger, obwohl wir bereits erschöpft sind. Es ist ein Zeichen von Mitgefühl, das damit möglicherweise verdiente Geld den Armen zukommen zu lassen. Meine Kinder, beten allein ist nicht genug. Wir müssen zusätzlich Gutes tun.

Es entscheidet nicht allein unsere berufliche Qualifikation über eine Anstellung, sondern ebenso eine persönliche Empfehlung. Um *paysam* zu bereiten, schüttet man nicht nur Reis in einen Topf mit Wasser und bringt ihn zum Kochen, sondern fügt braunen Zucker und geraspelte Kokosnuss hinzu. *Payasam* gelingt nur, wenn die richtigen Zutaten vermischt werden. So wird uns auch die göttliche Gnade nicht allein durchs Gebet zuteil, sondern selbstloser Dienst, Entsagung, Hingabe und Mitgefühl sind wesentliche Voraussetzungen dazu.

Es lebte einst ein Mann, dessen Geist keinen Frieden fand, obwohl er sehr vermögend war. Da er meinte, für immer glücklich zu sein, wenn er den Himmel erreicht hätte, befragte er viele Leute, wie ihm das wohl gelingen könne. Schließlich begegnete er einem Mönch, der ihm sagte: „Du kannst den Himmel durch mildtätige Gaben erreichen, solltest allerdings die Empfänger deiner milden Gaben nicht verurteilen und dein Geld großzügig verteilen." Der reiche Mann kaufte viele Kühe, um sie dann zu verschenken. Er musste nicht sehr viel für sie bezahlen, da er alte Kühe erstand, die niemand sonst kaufen wollte. Da der Mönch ihm geraten hatte, das zu verschenkende Geld nicht zu zählen, wechselte er einen nur geringen Betrag in kleine Münzen, um keinen zu großen Betrag wegzuschenken.

Das Datum der Wohltätigkeit wurde vorher bekanntgegeben. Der Mönch durchschaute den reichen Mann genau. Da er befürchtete, die von dem Mann in der Hoffnung auf den Himmel gestartete Aktion würde diesen stattdessen in die Hölle führen, versuchte er ihn zu retten. Er verkleidete sich als Bettler und reihte sich in die Schlange der Leute ein, die auf mildtätige Gaben warteten. Er erhielt eine Handvoll Münzen und eine Kuh, die nur noch aus Haut und Knochen bestand und vor Schwäche nicht mehr laufen konnte. Der Mönch überreichte nach Empfang dieser Dinge dem reichen Mann eine goldene Schale. Der reiche Mann war überglücklich im Bewusstsein, etwas viel Wertvolleres zu erhalten als er selbst verschenkt hatte! Der verkleidete Mönch sagte zu ihm: „Ich habe eine Bitte. Gebt mir doch die Schale zurück, wenn wir in den Himmel kommen!"Der Mann war wie vom Donner gerührt. „Sie zurückgeben, wenn wir in den Himmel kommen! Wie soll das möglich sein? Wir müssen doch sterben, bevor wir in den Himmel kommen. Wie könnten wir dann all diese Dinge mitnehmen? Beim Sterben wird uns keines dieser Dinge begleiten!"

Der reiche Mann dachte nach über das, was er da soeben geäußert hatte, nämlich dass uns nichts über die Schwelle des Todes begleiten wird. Es dämmerte ihm die weise Erkenntnis: „Wenn wir sterben, können wir nichts von unserem Reichtum mitnehmen. Warum nur verhalte ich mich so erbärmlich gegenüber diesen armen Leuten! Was für ein knauseriger Sünder bin ich! " Er fiel zu Füßen des heiligen Mannes nieder, der seine Augen geöffnet hatte und bat um Vergebung für das Unrecht an seinen Mitmenschen. Ohne ein Zeichen von Bedauern verschenkte er seinen Reichtum und erlebte dabei so viel Seligkeit wie nie zuvor in seinem Leben.

Meine Kinder, auch wenn viele von uns anderen Menschen etwas schenken, sind die meisten Leute im Geben geizig. Merkt euch, meine Kinder: Keines unserer Schätze gehört uns für immer, selbst wenn wir noch so wohlhabend sind. Warum also geizig sein? Wir sollten so viel wie möglich den Leidenden helfen. Darin liegt wahrer Reichtum und führt zu Frieden und innerer Gelassenheit.

Meine Kinder, wir sollten unseren Geist Gott übergeben. Das ist nicht einfach, da man den Geist nicht wie einen Gegenstand einfach aufheben und übergeben kann. Geistige Ergebenheit besteht u.a. darin, das aufzugeben, an das wir uns innerlich klammern. Die Leute hängen heutzutage mehr an ihrem Wohlstand als an allem anderen, sogar mehr als an ihren Liebsten. Viele Leute sind sogar bereit, sich ihrer Eltern auf irgendeine Weise zu entledigen, weil sie wissen, dass sie ihren Erbanteil am Familienvermögen erst nach deren Tod bekommen werden! Und sollte sich herausstellen, dass ihr Erbteil geringer als erwartet ausfällt, verklagen sie möglicherweise ihre Eltern! Die Liebe zum Eigentum ist größer als die Liebe zu ihren Eltern.

Geistige Hingabe bedeutet eigentlich, den Reichtum, an dem wir so hängen, aufzugeben. Nur Gebete aus solch hingebungsvollem Herzen werden erhört. Gott benötigt weder unseren Reichtum noch unser Ansehen. Die Sonne benötigt nicht das Kerzenlicht. Wir selbst profitieren von unserer eigenen Hingabe, denn unsere Hingabe macht uns bereit für die Gnade Gottes. Dann dürfen wir uns ewiger Glückseligkeit erfreuen. Unser weltliches Vermögen wird unweigerlich früher oder später vergehen. Wenn wir aber an seine Stelle Gott setzen, wird uns immerwährende Freude zuteilwerden.

Schon aus geringfügigem Anlass können wir unsere geistige Kontrolle verlieren, so dass wir unkonzentriert arbeiten und nicht mehr in der Lage sind, unsere Familie oder Freunde freundlich zu behandeln. Allmählich werden wir bitter und entwickeln allem und jedem gegenüber Hass. Wir schlafen aus Mangel an innerem Frieden schlecht und geraten allmählich in einen Zustand, in dem wir ohne Tabletten nicht mehr schlafen können. Wie viele solcher Beispiele gibt es in unserem Umfeld! Im wahren Vertrauen auf Gott jedoch gelingt es uns durch Meditation, Mantrawiederholung und Gebet, genügend Stärke zu gewinnen und jede Herausforderung zu bestehen. Wir vermögen dann vollkommen aufmerksam zu handeln – ob die Begleitumstände nun günstig sind oder nicht.

Wiederholt deshalb euer Mantra, meine Kinder, ohne Zeit zu vergeuden und handelt selbstlos. Dies führt uns zu Frieden und Harmonie.

Seht in allem nur das Gute

Meine Kinder, wenn ihr Gott wirklich liebt, müsst ihr aufhören Fehler zu suchen. Gott wohnt niemals in einem kritisierenden Geist. Bemüht euch nicht, bei anderen Fehler zu finden. Seid euch bewusst, dass wir diese bei ihnen nur aufgrund unserer eigenen Fehler finden.

Es gab einst einen König, der all seinen Untertanen den Auftrag gab, Skulpturen anzufertigen und ihm zu bringen. Am festgesetzten Termin brachten viele Leute ihre Skulpturen in den Palast. Der König beauftragte den Minister, jede Skulptur zu beurteilen und mit einem angemessenen Preis zu würdigen. Der Minister aber hatte für keine Skulptur auch nur ein freundliches Wort! Seiner Meinung nach hatte jede Skulptur gewisse Mängel. Er äußerte sich dem König gegenüber: „Keiner deiner Untertanen hat ein preiswürdiges Kunstwerk geschaffen." Die Worte des Ministers missfielen dem König, der ihm mit Nachdruck entgegnete: "Jeder dieser Leute schuf etwas seinen Fähigkeiten und seinem Wissen Entsprechendes. Es gelang zwar keinem von ihnen ein Meisterwerk, was bei der Bewertung ihrer Arbeiten zu berücksichtigen ist. Nichts in dieser Welt ist perfekt oder vollständig und alles trägt den einen oder anderen Makel. Doch die Tatsache, dass für dich keine einzige Skulptur genügend Qualität für einen kleinen Preis besitzt, zeigt, dass du fürs Ministeramt nicht geeignet bist! " Der König enthob den Minister seines Amtes. Damit verlor derjenige seine Anstellung, der in den anderen nur Fehler sah. Meine Kinder, in jedem steckt etwas Gutes, aber das müssen wir erkennen können.

Wer sich bemüht, in anderen nur das Gute zu sehen und nur einmal ein Mantra spricht, erfährt so viel Segen, als ob er das Mantra zehn Millionen Mal spräche. Wenn Amma an solche Menschen denkt, fließt ihr Herz über. Gott wird ihnen alles schenken, was sie brauchen.

Amma singt Bhajans bei ihrer Geburtstagsfeier

Vereint euch in Liebe

Ammas Geburtstagsansprache 1992

Meine Kinder, die Seele kennt weder Geburt noch Tod. Selbst der bloße Gedanke, wir seien geboren worden, sollte vergehen. Der Zweck unserer Geburt als menschliches Wesen liegt in dieser Erkenntnis. Vielleicht fragt ihr, warum Amma, wenn dem so ist, diesen Feierlichkeiten zugestimmt hat? Nun, weil Amma glücklich ist, wenn sie euch alle hier versammelt sieht. Es gibt Amma die Möglichkeit, euch alle hier zusammensitzen und das göttliche Mantra beten zu sehen. Mantra-Rezitation in der Gruppe ist besonders wichtig. Es macht auch euch sehr glücklich, wenn sich euer Wunsch erfüllt, diesen Tag zu begehen. Amma freut sich daran, ihre Kinder glücklich zu sehen. Außerdem ist heute der Tag der Entsagung. Ihr habt hier nicht die Bequemlichkeiten, die ihr zu Hause genießt. Ihr arbeitet unermüdlich in Ammas Namen, ohne Schlaf oder Essen und bringt euch ein in ein Werk, das den Leidenden Trost und Frieden schenkt. Meine Kinder, diese Handlungen erwecken das Selbst (*Atman*).

Wir könnten in der Tat mit den Ausgaben für diese Feierlichkeiten vielen armen Menschen helfen, sollten aber unter den heutigen Bedingungen solche Feste nicht einfach abschaffen. Zur Herstellung von Schmuckstücken fügt man dem reinen Gold Kupfer hinzu. Man muss sich auf die Menschen einstellen, um sie aufzurichten. Meine Kinder, vergebt bitte, wenn Amma bei alledem ein Fehler unterlaufen ist!

Meine Kinder, ihr habt vorhin das *Om Amriteshwaryai Namah* gesungen. Diese Gottheit, meine Kinder, bedeutet die Essenz des Nektars des Unsterblichen Selbst (*atmamrita*) im tausendblättrigen Lotus, der im Scheitelpunkt eures Kopfes (Kronenchakra) residiert. Verbindet euch damit und nicht mit dem ein Meter fünfzig großen Körper! Entdeckt eure eigene innere Kraft und die in euch wohnende Seligkeit. Darin liegt die wahre Bedeutung dieser Rezitationen.

Betet um Hingabe

Meine Kinder, wenn ihr wahre Liebe zu Gott entwickelt habt, könnt ihr an nichts anderes mehr denken. Wenn Menschen sich beklagen: „Wie viele Jahre gehe ich nun schon zum Tempel und rufe Gott durch eine *puja* an und bin trotzdem niemals frei von Kummer!" wird Amma ihnen sagen, dass sie nicht wirklich nach Gott riefen, da ihr Geist mit anderen Dingen beschäftigt war. Wer Gott liebt, kennt keinen Kummer und wer ganz eingetaucht ist in die Liebe zu Gott, erfährt im Leben nur Seligkeit. Woher könnten solche Menschen sich die Zeit nehmen, an eigene Sorgen oder Probleme zu denken? Sie sehen überall und in allem nur ihre geliebte Gottheit. Wenn wir zu Gott beten, dann nur aus Liebe zu Gott und nicht wegen materieller Dinge. Wenn Amma über die Liebe zu Gott nachdenkt, fällt ihr die Geschichte von Viduras Frau ein. Vidura und seine Frau waren inbrünstige Verehrer von Sri Krisna. Vidura lud ihn einstmals in sein Haus ein. Er und seine Frau schauten erwartungsvoll dem Tag entgegen, an dem der Herr sie besuchen würde und sie konnten an nichts anderes als an Krishna denken. Sie überlegten, wie sie ihn empfangen, was sie ihm darbringen und sagen würden und so weiter. Schließlich war der Tag gekommen und alles wurde für den Besuch des Herrn vorbereitet. Der Herr würde sehr bald erscheinen. Viduras Frau nahm noch vor Ankunft des Herrn ein Bad. Währenddessen erschien nun Krishna früher als erwartet. Eine Dienerin eilte zu ihr und informierte sie über die Ankunft des Herrn. Viduras Frau rannte aus dem Bad und rief: „Krishna, Krishna!" Sie näherte sich dem Herrn und vergaß dabei völlig, dass sie ihr Bad noch nicht beendet hatte. Sie brachte Früchte für den Herrn und bereitete ihm einen Sitz. Dabei sang sie unablässig „Krishna, Krishna!" In diesem hingebungsvollen Zustand war ihr nichts anderes mehr bewusst. Am Ende saß sie selbst auf dem Sitz, der für den Herrn bestimmt war, während er auf dem Fußboden saß!

Sie war sich dessen nicht bewusst, schälte eine Banane, warf die Frucht beiseite und bot dem Herrn liebevoll die Schalen an! Dieser saß lächelnd da und verzehrte die Schalen. In diesem Moment betrat Vidura den Raum und nahm bestürzt diese Szene wahr. Seine Frau saß splitternackt und triefnass auf Krishnas Sitz, während Krishna auf dem Fußboden sitzen musste!

Er traute seinen Augen nicht: Sie warf die Banane beiseite, um Krishna die Schalen zum Verzehr zu reichen! Und Krishna genoss alles so, als ob nichts Seltsames geschähe. Vidura schrie wütend seine Frau an: „Oh, du übles Weib, was machst du denn da!" Erst jetzt kam sie zur Besinnung und wurde sich bewusst, was sie gemacht hatte. Sie eilte aus dem Zimmer und kehrte nach einiger Zeit mit frisch gewaschener Kleidung zurück. Sie und Vidura baten den Herrn, sich auf seinem Sessel niederzulassen und verehrten seine heiligen Füße, wie geplant; sie boten ihm verschiedene von ihnen vorbereitete Köstlichkeiten an. Die Frau wählte eine wunderschöne Banane aus, schälte sie sorgfältig und bot sie dem Herrn an. Als all dies vollzogen war, sprach Krishna: „Obwohl ihr diese Rituale genau im traditionellen Sinn ausgeführt habt, ist dies nicht zu vergleichen mit dem Empfang bei meiner Ankunft! Was ihr mir anschließend dargebracht habt, schmeckte nicht so wie die Bananenschale, die ich zuerst empfing!" Der Grund lag in der Selbstvergessenheit, mit der Viduras Frau in ihrer Hingabe die Bananenschale dargebracht hatte.

Meine Kinder, solche Hingabe ist vonnöten. Wir sollten in der Gegenwart Gottes uns selbst vergessen. Dann gibt es keine Dualität mehr, kein „Du" oder „Ich" und es besteht auch keine Notwendigkeit mehr für Rituale. Alle Rituale dienen dazu, uns von dem Gefühl der Dualität zu befreien. Es ist gut, wenn wir für Gott solche Liebe hegen und in unserem Herzen nur ihm allein Raum geben. Obwohl ein Fluss von zwei Ufern begrenzt wird, gibt es nur ein Flussbett. Auch wenn wir von Gott und Gottesverehrer oder vom Meister und seinem Schüler sprechen, ist Liebe die ursprüngliche, alles vereinende Kraft des Selbst. Meine Kinder, lasst uns deshalb zu Gott beten: „Lass mich Dich lieben und lass mich alles andere vergessen!" Darin liegt immerwährender Lebensreichtum und der Quell der Glückseligkeit. Wenn wir solche Hingabe entwickeln, ist unser Leben ein Erfolg.

Mitgefühl – der erste Schritt der Spiritualität

Meine Kinder, wenn Amma über die notwendige Hingabe an Gott spricht, bezieht sie sich nicht nur auf das Gebet. Liebe zu Gott bedeutet nicht einfach, irgendwo zu sitzen und nach Gott zu rufen. Wir sollten Gottes Gegenwart in jedem Lebewesen wahrnehmen können. Unsere Liebe und Hingabe zu Gott zeigt sich in unserem Lächeln und in unserer Liebenswürdigkeit anderen gegenüber. Wenn wir unser Herz in Hingabe an Gott öffnen, geschieht alles von selbst. Wir sind dann niemandem gegenüber mehr zornig oder lieblos.

Ein armer Mann wurde krank und konnte nicht arbeiten. Da er tagelang nichts gegessen hatte, wurde er sehr schwach. Er ging auf mehrere Leute zu und bettelte um etwas Nahrung, aber niemand beachtete ihn. Er klopfte an mehrere Türen, doch jeder jagte ihn fort. Das machte den armen Mann völlig mutlos, so dass er nicht mehr länger in einer Welt solch grausamer Menschen leben wollte und schließlich beschloss, sein Leben zu beenden. Da er aber sehr hungrig war, dachte er bei sich: „Wenn ich nur meinen Hunger stillen könnte, würde ich in Frieden sterben." So beschloss er, noch ein einziges Mal etwas Essen zu erbitten und ging zu der Hütte einer Frau. Zu seiner Überraschung bat diese ihn freundlich, sich niederzulassen und ging ins Haus, um etwas Essen zu holen. In der Hütte jedoch musste sie feststellen, dass der Topf mit der Speise auf den Boden gefallen war. Die Katze hatte ihn umgestoßen und die Speise aufgefressen. Sie ging wieder hinaus und sagte ganz traurig zu dem Mann: „Es tut mir so leid, ich hatte etwas Reis und Gemüse im Haus, das ich Ihnen geben wollte, aber die Katze hat es gefressen und es ist nichts übrig. Ich kann Ihnen auch kein Geld geben, denn ich habe keines. Bitte verzeihen Sie mir, dass ich Sie so enttäuschen muss!" Der Mann antwortete: „Sie haben mir doch gegeben, was ich brauchte. Ich war krank und bettelte bei vielen Menschen um Essen, aber jeder jagte mich fort. Keiner hatte auch nur ein freundliches Wort für mich. Ich meinte, in solch einer Welt nicht mehr leben zu können und wollte Selbstmord begehen. Da ich aber meinen Hunger nicht mehr ertragen konnte, wollte ich es noch einmal versuchen, weshalb ich hierherkam. Auch wenn ich nichts zu essen bekommen kann, beglücken mich Ihre liebevollen Worte. Arme Menschen wie ich schöpfen Lebensmut, weil es Seelen wie Sie in dieser Welt gibt. Ihnen verdanke ich es, dass ich mich nicht umbringen werde. Heute bin ich zum ersten Mal, so lang ich denken kann, glücklich und zufrieden."

Meine Kinder, selbst wenn wir anderen nichts Materielles schenken können, dann doch ganz sicher ein Lächeln oder ein freundliches Wort. Das kostet uns doch nicht viel, oder? Ein freundliches Wort genügt als erster Schritt auf dem spirituellen Pfad. Wer dies beherzigt, muss sich nicht auf die Suche nach Gott begeben. Gott eilt in ein von Mitgefühl erfülltes Herz, denn es ist Gottes liebster Wohnort. Meine Kinder, wer kein Mitgefühl für seine Mitmenschen hegt, kann nicht Gottesverehrer genannt werden.

Meine Kinder, ihr seid heute hierhergekommen. Als ihr im letzten Jahr hier wart, habt ihr etwas gelobt, was die meisten von euch eingehalten haben. Viele von euch haben aufgehört zu trinken oder zu rauchen und gaben ihren Luxus auf. Wenn ihr

Amma liebt und Mitgefühl für die Welt habt, solltet ihr auch in diesem Jahr ein ähnliches Versprechen ablegen und eure schlechten Gewohnheiten aufgeben. Macht euch bewusst, wie viel Geld für Alkohol, Zigaretten, teure Kleidung und Luxusgegenstände verschwendet wird! Meine Kinder, ihr solltet alles daransetzen, eure Ausgaben für solche Dinge zu reduzieren. Mit dem auf diese Weise gesparten Geld können arme Menschen unterstützt werden. Es gibt sehr intelligente Kinder, die ihre Ausbildung abbrechen müssen, weil sie die Schulgebühren nicht bezahlen können. Ihnen könnt ihr beistehen, indem ihr das Schulgeld bezahlt und Obdachlosen beistehen. Es gibt zudem so viele kranke Menschen, die leiden, weil sie sich die notwendige Arznei nicht leisten können. Ihr könnt für sie Medikamente kaufen. So gibt es viele verschiedene Möglichkeiten, anderen beizustehen. Das momentan verschwendete Geld würde ausreichen, um andere zu unterstützen. Wahre Gottesverehrung besteht darin, Notleidenden beizustehen. Amma macht diese Form von *pada puja*[9] glücklich und zufrieden. Lasst uns zum Allmächtigen beten, es mögen unsere Herzen mitfühlend werden.

---

[9] Verehrung der Füße Gottes, des Gurus oder eines Heiligen

Mutter Natur beschützt diejenigen, die sie schützen

Ammas Geburtstagsbotschaft 1993

Die Devotees aus allen Teilen der Welt, die sich in Amritapuri zur Feier von Ammas vierzigstem Geburtstag versammelt hatten, wünschten sich an diesem verheißungsvollen Tag besonderen Segen, indem sie eine Pada Puja ausführten. In der schwermütigen Stimmung aufgrund eines kürzlichen Erdbebens im mittleren Westen Indiens, zögerte Amma sehr, eine Pada Puja oder sonst eine Feierlichkeit zuzulassen. Schließlich gab sie den von Herzen kommenden Gebeten ihrer Kinder nach. Amma erschien um acht Uhr morgens auf der Bühne, an der südlichen Seite des weiträumigen „Pandal", einer zeltartigen Konstruktion, die nach traditioneller Weise auf dem Ashramgelände errichtet worden war. Nach einer wunderschönen und hingebungsvollen Pada Puja wollte Amma die große Menge derer, die dort keinen bequemen Platz gefunden hatten, trösten, mit den Worten: „Meine Kinder, versucht euch dort hinzusetzen, wo immer es Platz gibt. Amma weiß, dass nicht alle einen angenehmen Platz finden konnten. Bitte seid darüber nicht unglücklich, meine Kinder! Ammas Geist ist auch denjenigen nahe, die weit entfernt stehen. Da es etwas Nieselregen gibt, werden wir bald in die Halle gehen." Nun begann Amma mit ihrer Geburtstagsansprache.

Meine Kinder, Amma hat den größten Fehler ihres Lebens begangen, indem sie die heutige *Puja* zugelassen hat. Hunderte von Malen hat Amma darauf hingewiesen, wie unnötig diese *Puja* ist. Amma sollte stattdessen euch dienen, denn das bereitet Amma Freude. Sie sitzt hier nur, um euch glücklich zu machen. Während der USA-Tour (zwei Monate zuvor) betonte Amma, in diesem Jahr bestünde keine Notwendigkeit für irgendwelche Feierlichkeiten an ihrem Geburtstag. Ammas Herz fühlte große

Traurigkeit. Macht euch die momentane Lage bewusst! Verwesende Leichname und Tausende verzweifelter Überlebender. Es besteht keine Möglichkeit die Überlebenden zu schützen und die Toten zu verbrennen. Es gibt dort nicht genügend Helfer. Amma würde am liebsten dorthin eilen. Sie hat bereits einige ihrer Kinder gebeten dorthin zu fahren. Denkt an all die Menschen dort, die den Verlust ihrer Liebsten und ihres Besitzes erlitten. Solch eine Situation entsteht nicht nur in Indien, sondern auf die eine oder andere Weise überall. Amma denkt jetzt nicht an diejenigen, die gestorben sind. Sie sind gegangen. Amma sorgt sich aber um die Tausende voller Leid und Schmerzen. Ihnen müssen wir helfen und ihre Sicherheit gewährleisten. Meine Kinder, ihr solltet euch dahingehend bemühen.

Schützt die Natur

Warum bürdet uns die Erde all dieses Leid auf? Denkt darüber nach, meine Kinder – wie sich Mutter Natur opfert und welch großartige Opfer die Flüsse, Bäume und Tiere uns bringen! Betrachtet einen Baum. Er schenkt uns Früchte, Schatten und Kühle. Er spendet selbst demjenigen Schatten, der ihn fällt. So verhalten sich die Bäume. Wir können in der Natur erforschen und beobachten, auf welch überwältigende Weise sie sich für die Menschheit opfert. Was aber tun wir für die Natur? Es heißt, man solle immer, wenn man einen Baum fällt, einen Baumsetzling pflanzen. Wie viele Menschen aber beherzigen diesen Rat? Und selbst wenn sie es tun – wie lässt sich die Harmonie der Natur durch einen Setzling aufrechterhalten? Aus einem kleinen Setzling erwächst der Natur nicht dieselbe Kraft wie aus einem großen Baum. Kann ein kleines Kind die Arbeit eines Erwachsenen verrichten? Wenn der Erwachsene einen Korb voll Erde trägt, dann trägt das Kind einen kleinen Löffel voll. Das ist ein großer Unterschied.

Genügt es, zur Reinigung eines Wassertanks nur ein Milligramm statt der erforderlichen zehn Milligramm Wasserreiniger hinzuzufügen? So spielt sich heutzutage Naturschutz ab. Die Natur verliert ihre Harmonie. Die kühle, freundliche Brise, die uns liebkosen sollte, hat sich in einen gewaltigen Tornado verwandelt. Die Erde, die uns bisher unterstützte, reißt uns jetzt in den Abgrund.

Doch das ist nicht die Schuld der Natur. Wir ernten die Früchte unseres eigenen Frevels. Das kann verglichen werden mit dem Mann, der von der Herstellung und dem Verkauf von Särgen lebt und am Ende selbst in einem seiner Produkte landet. Wir schaufeln unser eigenes Grab. Jeder lebt heutzutage in Angst. Wir gehen abends ins Bett, ohne sicher zu sein, ob wir am Morgen aufwachen. Meine Kinder, es sollte unser Hauptanliegen sein, die Natur zu schützen. Nur dann haben wir eine Chance zu überleben. Wir müssen aufhören, die Natur aus Profit und selbstsüchtiger Ziele wegen zu zerstören und sollten lieber versuchen, wenigstens auf einem kleinen Stück Land nah beim Haus Bäume zu pflanzen.

Die alten Weisen mahnten uns, die Bäume zu verehren und lehrten uns auf diese Weise die Wirksamkeit des Naturschutzes. Wenn wir in unserem Garten Blumen pflanzen und pflücken, um sie Gott darzubringen und eine bronzene Öllampe anzünden, wird die Atmosphäre gereinigt. Heutzutage ist die Luft nicht mehr von Blütenduft oder dem Geruch des Dochtes in einer brennenden Öllampe durchdrungen. Stattdessen quillt stinkender, giftiger Rauch aus Fabrikschloten. Die Lebenserwartung eines Menschen betrug früher 120 Jahre und ist nun auf 60 oder 80 Jahre gesunken. Und immer neue Krankheiten tauchen auf. Man führt sie auf ‹Viren› zurück, deren genaue Ursache aber niemand kennt. Die Atmosphäre ist verschmutzt, Krankheiten nehmen zu, unsere Gesundheit wird zerstört und unsere Lebensspanne verringert sich – das ist unsere Errungenschaft. Wir wollten den Himmel auf Erden erschaffen, doch diese Erde verwandelt sich zunehmend in eine Hölle. Wir möchten Süßes essen, dürfen es aber nicht, weil wir krank sind. Wiederum aus Krankheitsgründen können wir uns abends keine Tanzvorstellung anschauen, weil wir nicht so lange wach bleiben können. Die Menschen sind nicht imstande, sich ihre Lebenswünsche zu erfüllen und die Menschheit kann den von ihr selbst geknüpften Knoten nicht lösen. Kaum jemand macht sich Gedanken, wie das alles enden wird oder welche Lösung es geben könnte. Selbst wenn jemand darüber nachdenkt, wird nichts praktisch umgesetzt.

Wenn wir Blumen pflanzen, ihre Blüten pflücken und Gott darbringen, reinigt das sowohl unser Herz als auch die Natur. Der Gottesverehrer singt ein Mantra, wenn er die Blumen gießt, Blüten pflückt und eine Blumenmala anfertigt. Bei der Mantra-Rezitation nimmt unser Gedankenstrom ab und der Geist wird klar. Heutzutage lehnen die Leute dies alles jedoch als Aberglauben ab. Wir vertrauen stattdessen auf vergängliche, von Menschen gemachte Dinge wie Computer und Fernsehgeräte. Wir glauben nicht mehr an die Worte der erleuchteten Weisen. Wenn am Computer oder am Auto ein Schaden entsteht, reparieren ihn Handwerker bereitwillig und arbeiten so lange und so hart wie erforderlich – und die Leute warten geduldig auf die Fertigstellung der Reparaturen. Was aber unternehmen wir, um unser geistiges Ungleichgewicht auszugleichen?

Zentren zum Training des Geistes

Meine Kinder, ist das Gemüt ausgeglichen und gut gestimmt, sind die Dinge in Harmonie und Einklang. Sobald aber das Gemüt sein Gleichgewicht verliert, gerät alles im Leben aus den Fugen. Ashrams sind Zentren, in denen Menschen lernen können, Disharmonien nicht aufkommen zu lassen. Heutzutage neigen die Leute jedoch dazu, schlecht über Ashrams zu reden und das spirituelle Leben ins Lächerliche zu ziehen. Es gab kürzlich einen Film, der sich generell über Ashrams lustig machte. Einige Devotees waren entsetzt, als sie Bemerkungen von denen hörten, die den Film gesehen hatten und sie klagten, die Leute würden Meinungen äußern, ohne die Wahrheit zu erforschen. Es ist nicht wahr, dass jemals in einem Ashram in Kerala *ganja* (Haschisch) beschlagnahmt wurde. Die Leute glauben blindlings irgendeiner fiktiven Geschichte oder einem Ammenmärchen, das als Drehbuch für einen Film geschrieben wurde, weisen zugleich aber die Worte von Mahatmas (großen Seelen) weit von sich. Solche Leute bezeichnen sich stolz als Intellektuelle. Sie vertrauen nur erfundenen Filmgeschichten und nicht dem, was in einem Ashram anschaulich betrachtet werden kann. Viele Intellektuelle, die diesen Film sahen, reden jetzt schlecht über Ashrams, ohne sich über die tatsächliche Situation informieren zu wollen.

Angenommen, es geht jemand auf einen quicklebendigen Menschen zu mit den Worten: „Ich sah dich tot daliegen! Ich habe auch gehört, wie du gestorben bist!" So etwas passiert heutzutage. Die Menschen glauben nicht an das, was sie mit eigenen Augen sehen. Für sie zählt nur, was sie in Filmen sehen und Geschichten entnehmen. Es gehört zur Arbeit eines Schriftstellers, seine Phantasie als Wirklichkeit darzustellen. Das macht das Wesen fiktionaler Literatur aus. Autoren können damit Geld verdienen, berühmt werden und ganz unterschiedliche Stile entwickeln. Schriftsteller und Produzenten verdienen auf diese Weise und leben luxuriös. Spirituelle Menschen jedoch sind anders. Ihr Leben erfüllt sich in Selbstlosigkeit.

Amma kritisiert nicht die Künste. Sie sind notwendig. Jede Kunstform hat ihre besondere Bedeutung. Die Künstler sollten allerdings nicht versuchen, unsere Kultur zu zerstören. Kunst sollte die Menschheit aufrichten, uns geistig öffnen und nicht aus Leuten Tiere machen. Sollte man denn die gesamte ärztliche

Wissenschaft als falsch und alle Ärzte als Betrüger bezeichnen, nur weil es einige Quacksalber unter den Ärzten gibt? Wollte man solche Ideen verbreiten, wäre das Verrat an der Gesellschaft. Nur die Kunstwerke sind sinnvoll für Einzelpersonen und die Gesellschaft, die uns lehren, in allem das Gute zu erkennen.

Besucher dieses Ashrams wissen, dass die hier lebenden Menschen Tag und Nacht hart arbeiten. Sie schuften, aber nicht um dadurch in den Genuss von Annehmlichkeiten zu kommen oder etwas an ihre Familien oder Kinder weiterzugeben. Sie arbeiten hart für die Welt. Man kann sie sogar mitten in der Nacht Sandsäcke schleppen sehen, um das überflutete Land trocken zu legen und dort Unterkünfte für unsere Besucher zu bauen. Nur dank ihrer schweren Arbeit, oft unter Verzicht auf Essen und Schlaf von ihnen erbracht, gab Gott uns die Möglichkeit, innerhalb so kurzer Zeit derartig viel zu schaffen. Auch diejenigen, die in Familien leben, arbeiten so selbstlos wie möglich. Und das werden wir auch weiterhin tun. Spirituelle Menschen in verschiedenen Ashrams widmen sich dem Dienst an der Welt, und zwar nicht, um eigennützige Ziele zu erreichen. Wenn junge Leute heutzutage etwas von Ashrams hören, denken sie meist an den Ashram von Rajneesh[10] Sein Ashram wurde jedoch für die westliche Gesellschaft ins Leben gerufen. Er versammelte dort Leute, die Opfer von Drogen und anderen Rauschmitteln geworden waren und stellte sich auf ihre Ebene ein.

Wenn ihr Apfelsinen esst, genießt ihr die siebte Apfelsine nicht mehr so wie die erste. Wenn ihr euch unablässig derselben Sache zuwendet, entwickelt ihr Abwehr, wodurch euch bewusst

---

[10] Shree Rajneesh (1931-1990), auch Osho genannt, geboren im indischen Bundesstaat Madhya Pradesh, unterhielt während der achtziger Jahre des 20. Jahrhunderts einen Ashram in Oregon (USA). Seine Lehren waren umstritten.

wird, dass in keinem äußeren Objekt wahres Glück zu finden ist. Fortan sucht ihr dann nach der wahren Quelle des Glücks. Ein Hund kaut an einem Knochen. Wenn Blut tropft, meint er, das komme vom Knochen. Schließlich bricht der Hund blutend zusammen und merkt, dass das Blut nicht aus dem Knochen, sondern aus seinem verletzten Zahnfleisch stammt. So ergeht es einem, wenn man Glück in äußeren Dingen sucht.

Das sagt auch Rajneesh. Seine Lehrmethode unterscheidet sich jedoch sehr von derjenigen der alten Weisen. Seine Philosophie eignet sich nicht für die Menschen Indiens und wir stimmen auch nicht mit seiner Philosophie überein. Man muss allerdings einräumen, dass er alles öffentlich tat und nichts versteckte. Wer zu viel genießt, dem fällt Loslösung schwer – jedoch behauptet Amma nicht, das sei unmöglich. Allerdings wirkt die über Vergnügen gewonnene Loslösung nur vorübergehend. Die Loslösung von weltlichen Dingen muss ganz bewusst geschehen. Wenn wir gerne *payasam* (eine süße Reisspeise) essen und viel zu uns nehmen, sind wir zwar satt, wollen aber später doppelt so viel. Wir können niemals von unseren Sinnesfreuden ablassen, wenn wir sie ständig zu befriedigen versuchen. Nur mit einem bewusst losgelösten Verhalten können wir von weltlichen Dingen Abstand nehmen. Das ist Ammas Weg. Heutzutage folgen aber viele Menschen nicht mehr diesem von unseren alten Weisen beschriebenen Weg, sondern lieber dem von Rajneesh gewiesenen Weg. Und von dieser Warte aus werden dann alle Ashrams beurteilt. Wer Kritik übt, hat keine Augen für die harte Arbeit und Entsagung der Menschen in Ammas Ashram. Ammas Kinder arbeiten sogar in der westlichen Welt. Sie bereiten sich ihre eigenen Mahlzeiten, da es teuer wäre, auswärts zu essen und arbeiten schwer, um das gesparte Geld in freiwillige Hilfsprojekte zu geben. Wir sollten also die tatsächlichen Gegebenheiten herausfinden und nicht Meinungen aus Filmen und Zeitschriften übernehmen.

Es gibt in der heutigen Welt drei Gruppen von Menschen. Die erste Gruppe besteht aus den Ärmsten, die nichts besitzen. Amma kennt viele solcher Menschen, die hierherkommen. Da sie kein ordentliches Kleidungsstück besitzen, kommen sie mit geborgter Kleidung in den Ashram. Unzählig viele Menschen können es sich nicht leisten, ihr undichtes Dach zu reparieren oder bei Krankheiten ärztlich behandelt zu werden und können sich keine Ausbildung finanzieren. Sie kämpfen ums tägliche Überleben. Die zweite Gruppe besteht aus Menschen, die über etwas Geld verfügen, mit dem sie mehr recht als schlecht das Notwendige bestreiten können. Sie empfinden Mitgefühl für die notleidenden Menschen, können aber nichts für sie tun.

Die dritte Gruppe unterscheidet sich wesentlich von den beiden ersten. Sie besitzen das Hundertfache von dem, was sie zum Leben benötigen. Sie sind intelligent, gehen ihren Geschäften nach, verdienen sehr gut, verwenden aber ihr Geld nur für ihren eigenen Komfort und ihr Wohlergehen. Sie kümmern sich nicht um die Leidenden. Über sie kann man sagen, dass sie wahrhaftig die Ärmsten der Armen sind. Sie verdienen die Hölle, da sie das Leid der Mittellosen verursachen. Solche Menschen haben die Armen ihres Vermögens beraubt, um es an sich zu reißen. Meine Kinder, merkt euch – es ist eure Pflicht gegenüber Gott, Mitgefühl mit den Armen zu haben. Hingabe besteht nicht nur darin, ein Bildnis Gottes zu umrunden und zu singen: „Krishna, Mukunda, Murare[11]!" Wirkliche Hingabe bedeutet, ums Überleben kämpfenden Mitmenschen beizustehen. Es gibt viele, die die ausgestreckte Hand eines Bettlers einfach wegschieben oder wegschlagen, als wäre diese Hand eine Fliege. Wer kein Mitgefühl mit den Armen und Notleidenden hat, erreicht durch Mantra-Rezitation oder Meditation nichts. Auch noch so viele im Tempel dargebrachte Opfergaben verschaffen dann keinen

---

[11] verschiedene Namen Krishnas

Eintritt ins Himmelreich. Solche Menschen werden in diesem Leben keinen Frieden finden.

Sorgen sind unsere eigene Schöpfung

Meine Kinder, manche Leute fragen: „Ist Gott eigentlich parteiisch? Manche Menschen sind gesund, während andere krank sind, manche sind reich und andere hingegen arm. Warum ist das so? "

Meine Kinder, die Schuld liegt nicht bei Gott sondern bei uns. Wir wissen, wie groß Tomaten früher waren. Heutzutage sind Tomaten aufgrund künstlicher Zusätze mehr als doppelt so groß. Amma bestreitet nicht die Nützlichkeit der Wissenschaft, aber wenn Tomaten so groß werden, verringert sich ihre Qualität. Hausfrauen wissen, dass *iddlis*[12] durch Hinzufügen von Backpulver zwar größer werden, doch nicht die Qualität und den Geschmack von normalen *iddlis* besitzen. Durch Kunstdünger und andere Chemikalien bei der Tomatenzucht gelangt Gift in unseren Körper. Unsere Zellen werden zerstört. Kinder von Eltern, die solche Nahrung zu sich nehmen, sind von Geburt an krank. Wir leiden also unter den Folgen unseres Tuns. Es ist sinnlos Gott zu tadeln. Wenn wir einwandfrei handeln, erzielen wir ein gutes Ergebnis. Wir erleben jetzt die Auswirkungen von dem, was wir in früheren Leben getan haben.

Einst schenkte ein Mann zwei Freunden je eine Steinplatte. Der eine Freund war ein kerngesunder Mann und der andere dünn und schwach. Nach ein paar Tagen forderte der Mann beide Freunde auf, die Steinplatten zu zerschlagen, woraufhin sie mit einem Hammer darauf schlugen. Der kerngesunde Mann schlug zehn Mal auf die Steinplatte, ohne sie zu zerbrechen. Der geschwächte Mann schlug nur zweimal darauf und sie brach in zwei Stücke. Daraufhin fragte ihn der kräftige Mann: „Du hast nur zweimal auf die Steinplatte geschlagen und sie zerbrach!

---

[12] südindische gedämpfte Reiskuchen

Wieso gelang dir das?" Der andere antwortete: „Ich hatte zuvor schon mehrmals auf die Steinplatte geschlagen."

Wenn das gegenwärtige Leben für die einen Kampf, für andere hingegen ein leichtes Spiel ist, so hat das mit den Auswirkungen von Handlungen in Vorleben zutun. Unser gegenwärtiger Erfolg ist die Frucht früherer guter Taten und soll sich dieser Erfolg künftig fortsetzen, dann müssen wir heute Gutes tun, andernfalls haben wir in der Zukunft zu leiden. Fühlen wir jetzt mit denen, die ums Überleben kämpfen, lässt sich späteres Leid verhindern und helfen wir Menschen aus dem Loch heraus, in das sie gefallen sind, lässt sich vermeiden, dass wir morgen selbst hineinfallen.

Meine Kinder, Intellekt oder Vernunft können kaum begreifen, was *prarabdha*[13] bedeutet. Das lässt sich nur durch Erfahrung lernen. Im Leben tun sich unter Umständen viele Hürden auf, beispielsweise unheilbare Krankheiten, Unfälle, vorzeitiger Tod, Streitereien, Verlust des Vermögens usw. Es wäre in solchen Fällen sinnlos, sein eigenes *prarabdha* dafür verantwortlich zu machen. Solche Schwierigkeiten lassen sich durch eigenes Bemühen und Demut überstehen und unser prarabdha lässt sich ganz bestimmt durch Meditation und Mantrawiederholung ändern – mindestens zu neunzig Prozent, wenn auch nicht hundertprozentig. So entspricht es dem Gesetz der Natur. Es trifft sogar Mahatmas, allerdings mit dem Unterschied, dass solch große Seelen von nichts wirklich betroffen werden, da sie innerlich völlig losgelöst sind. Das Leid, das aus dem eigenen *prarabdha* erwächst, ist in bestimmter Hinsicht göttlicher Segen, denn es hilft, uns auf Gott zu besinnen. Solche Vorkommnisse lassen selbst diejenigen zu Gott zu rufen, die niemals zuvor beteten. Wir sehen, wie sie sich dem Pfad des *dharma* zuwenden. Wenn sie sich auf den

---

[13] Die Früchte vergangener Handlungen in diesem oder in früheren Leben, die sich jetzt zeigen

spirituellen Weg begeben, befreit sie das von vielen Qualen ihres *prarabdha*.

Von Spiritualität zu hören erscheckt die meisten Leute. Spiritualität bedeutet nicht etwa, keinen Wohlstand erwerben zu dürfen oder sein Familienleben aufzugeben. Ihr dürft Wohlstand erwerben und ein Familienleben führen, solltet dabei aber nach spirituellen Prinzipien leben. Wer ein Familienleben führt und Wohlstand ansammelt, ohne sich spiritueller Grundsätze bewusst zu sein, ist wie ein Kahlköpfiger, der Kämme sammelt. Da uns Besitz und familiäre Beziehungen nicht für immer begleiten werden, sollten wir ihnen im Leben nur den ihnen gebührenden Platz einräumen.

Wir müssen nicht alles aufgeben. Spirituelle Grundsätze können uns lehren, in dieser materiellen Welt weise und glücklich zu leben. Wenn jemand ins Meer geht ohne schwimmen zu können, wäre das gefährlich, denn die Wogen könnten ihn wegtragen. Diejenigen, die schwimmen können, genießen das Baden inmitten der Wellen als vergnügliches Spiel. Wenn wir Spiritualität begreifen, können wir dementsprechend mit allem in der Welt freudiger umgehen. Spiritualität gibt uns weder die Mittel, um einfach in den Himmel zu kommen, noch ist sie ein Haufen an Aberglauben. Himmel und Hölle befinden sich genau in dieser Welt. Wenn wir die Welt als kindliches Spiel betrachten, sind wir geistig auf spirituelle Erfahrungen eingestellt. Spiritualität lehrt uns, Mut und Stärke zu erlangen, um noch in diesem Leben Glückseligkeit zu genießen. Dieser Pfad ermutigt uns nicht zum faulen und untätigen Herumsitzen. Wenn jemand seine normale tägliche Arbeitszeit von acht Stunden auf zehn erhöht und sein zusätzliches Einkommen Leidenden zukommen lässt, drückt sich darin wahre Spiritualität aus – und wirkliche Gottesverehrung.

Rezitation der Tausend Namen

Manche von Ammas Kindern kamen zu ihr, um Missfallen über eine Bemerkung, die jemand gemacht hatte, zum Ausdruck zu bringen: Wer das *Lalita Sahasranama rezitiere* (die Tausend Namen der Göttlichen Mutter) und die Göttliche Mutter verehre, sei ein Dieb. Vielleicht machte der Betreffende diese Bemerkung, weil er gesehen hatte, welch ungeheuren Pomp und Luxus manche im Zusammenhang mit ihrer Gottesverehrung aufwenden. Vielleicht meinte er auch, die Rezitation der Tausend Namen solle einer Gottheit irgendwo oben im Himmel gefallen. In Wirklichkeit jedoch beten wir die Tausend Namen, um die göttliche Essenz in uns zu wecken und nicht, um eine Göttlichkeit hoch oben günstig zu stimmen. Gott, der überall alles durchdringt, wohnt auch in unserem Herzen. Das *Sahasranama* ermöglicht uns, diese göttliche Bewusstseinsebene zu erwecken.

Jedes Mantra des *Lalita Sahasranama* hat eine tiefe Bedeutung, zum Beispiel das erste Mantra: *Sri Matre Namah* – ‚Wir verneigen uns vor der Göttlichen Mutter‘. Die Göttliche Mutter ist die Verkörperung von Geduld und Vergebung. Wenn wir dieses Mantra rezitieren, wird die entsprechende göttliche Stimmung *(bhava)* in uns erweckt. Wir werden zum Rezitieren dieses Mantras angehalten, um die Eigenschaft der Geduld in uns wachsen zu lassen. Jedes Mantra der Tausend Namen ist so bedeutungsvoll wie die Mantren der *Upanishaden.* Beim Rezitieren der Mantren werden wir unbewusst auf eine höhere Ebene gehoben, das heißt, das *Sahasranama* erhebt uns vom Geisteszustand *(samskara)* einer Stubenfliege zum Göttlichen. Das ist wahrer *satsang.*[14]

Eine Familie hatte zwei Söhne. Der Vater nahm einen Sohn überall mit hin. Wenn er mit seinen Freunden Karten spielte, saß der Junge an seiner Seite und beobachtete, wie der Vater Alkohol

---

[14] Sich in der Gemeinschaft von heiligen, weisen und rechtschaffenen Menschen aufhalten. Auch: der spirituelle Vortrag eines Weisen oder Gelehrten.

trank. Die Mutter nahm den anderen Sohn mit sich, erzählte ihm anregende Geschichten und nahm ihn mit in den Tempel. Der Junge, der beim Vater aufwuchs, entwickelte mit der Zeit einen schlechten Charakter und besaß alle Untugenden, wohingegen der Junge, der bei der Mutter aufwuchs, nur von Gott sprach und göttliche Lieder sang. In diesem Jungen entwickelten sich Liebe, Mitgefühl und wahre Demut. Wie dieses Beispiel zeigt, wird unser *samskara*[15] sehr stark von unserer Umgebung beeinflusst.

Wenn wir das *Sahasranama* rezitieren und im Tempel beten, wird in uns göttliches *samskara* geweckt. Wenn wir meditieren und sehr konzentriert ein Mantra beten, erwacht die göttliche Kraft in uns, was sich auch wohltuend auf die Atmosphäre auswirkt. Richten wir unseren Willen auf ein Ziel aus, wird alles möglich – was heutige Menschen aber nicht mehr glauben. Als vor einiger Zeit das Raumschiff Skylab zur Erde zu stürzen drohte, drängten die Ingenieure darum zu beten, es möge in den Ozean und nicht in ein bewohntes Gebiet stürzen. Sie wussten somit um die großartige Kraft eines konzentrierten Gebetes. Als die Wissenschaftler dies verlauten ließen, begannen viele an die Kraft des Gebets zu glauben. Die großen Weisen offenbarten vor langer Zeit die Kraft des Geistes und die Kraft der Mantren, was wir Heutigen aber nur schwer akzeptieren können. Wenn Wissenschaftler frühere Aussagen korrigieren, sind wir sofort bereit dies zu akzeptieren.

Wir versuchen beim Wiederholen eines Mantras, unsere innere Göttlichkeit zu erwecken. Der Nährwert und Vitamingehalt eines Bohnenkeimlings steigert sich durchs Düngen. Die Rezitation eines Mantras ist ein ähnlicher Prozess, der unsere latente

---

[15] Samskara hat zwei Bedeutungen. 1. Die Gesamtheit prägender Eindrücke auf den Geist durch Erfahrungen in diesem oder in früheren Leben. Sie beeinflussen das Leben eines Menschen, seinen Charakter, seine Handlungsweisen, seinen Geisteszustand usw. 2. Der Charakter eines Menschen verfeinert sich, wenn das rechte Verständnis in ihm erwacht.

spirituelle Kraft weckt. Die Schwingungen der Rezitation reinigen außerdem die Atmosphäre. Wenn wir unsere Augen schließen, können wir erkennen, wo unser Geist sich gerade befindet. Selbst wenn wir hier sitzen, denken viele an die Heimkehr. "Welchen Bus sollte ich nehmen? Ob er überfüllt ist? Kann ich morgen zur Arbeit gehen? Ob ich das Geld, das ich dem Soundso geliehen habe, zurückbekomme?" Hunderte ähnlicher Gedanken wirbeln durch unseren Kopf. Man kann einen in viele Gedanken verstrickten Geist nicht unmittelbar auf Gott lenken; das verlangt ständige Anstrengung. Beim Wiederholen eines Mantras gelingt das ganz einfach. Beim Versuch, ein Kind zu fangen, wird es weglaufen und könnte in einen nahegelegenen Teich oder Brunnen fallen, wenn wir hinterherlaufen. Halten wir stattdessen ein Spielzeug hoch und rufen das Kind, wird es zu uns kommen. Auf diese Weise können wir verhindern, dass das Kind beim Laufen hinfällt. Durch Mantra-Rezitation erhält der Geist die Möglichkeit, sich selbst zu verbessern. Wenn Hunderte von Gedanken durch den Kopf gehen, können wir sie durch Mantra-Rezitation auf zehn reduzieren. Vielleicht fragst du dich, ob du beim Mantrabeten frei von Gedanken bist. Selbst wenn noch einige auftauchen, spielen sie keine Rolle. Gedanken sind wie ein Baby: Die Mutter kann ihre Haushaltsdinge leicht erledigen, wenn es schläft, aber sobald es aufwacht und anfängt zu schreien, wird es schwierig für sie. Dementsprechend stören uns die Gedanken, die beim Rezitieren auftauchen, nicht weiter.

Manche fragen sich vielleicht, ob ein Mantra nicht auch ein Gedanke ist. Kann man denn nicht durch wenige Buchstaben auf einem Plakat mit den Worten „Ankleben verboten!" vermeiden, dass eine Wand mit Reklame vollbeklebt wird? So ähnlich kann der eine Gedanke des Mantras verhindern, dass unsere Gedanken umherschwirren. Es tut außerdem unserer Gesundheit gut und verlängert unser Leben, wenn wir die Fülle unserer Gedanken reduzieren.

Die Garantiezeit eines Produktes beginnt erst beim Kauf, egal, wie viele Jahre diese Ware ungenutzt im Geschäft lag. Der Geist wird auf ähnliche Weise ohne Gedanken nicht schwächer, sondern stärker. Es ist gesünder, über solch einen Geist zu verfügen und man lebt länger. Ein Gedankenschwall schwächt innerlich, worunter auch die Gesundheit des Menschen leidet.

Wir wissen aus Geschichten früherer Zeiten, dass Menschen Bußübungen machten, indem sie auf einem Bein oder sogar auf einem Nagel standen, um geistige Standfestigkeit zu üben. Für uns besteht nicht die Notwendigkeit zu so etwas, es genügt einfach, das Mantra zu wiederholen. Jene Menschen damals verwirklichten Gott erst nachdem sie alle Schriften studiert und sich über lange Zeiträume in Askese geübt hatten. Die *gopis*[16] jedoch lasen nie irgendwelche Schriften. Sie waren Haus- oder Geschäftsfrauen, allerdings in ihrer Liebe zu Gott so stark, dass sie ihn einfach verwirklichten. Die Wiederholung eines Mantra ist das Allerwichtigste, vor allem in diesem Kali Yuga[17] (Dunkles Zeitalter).

Es genügt jedoch nicht, ein Mantra zu rezitieren und spirituelle Übungen zu machen. Gott können wir nur dann erfahren, wenn wir uns innerlich vollkommen hingeben. Den Geist an sich können wir nicht hingeben. Völlige Hingabe erlangen wir nur, indem wir innerlich das loslassen, was uns am stärksten bindet. Und das ist heutzutage vor allem das Vermögen. Die Leute kümmern sich nach ihrer Eheschließung meistens mehr

---

[16] Kuhhirtinnen und Milchmädchen, die in Vrindavan lebten. Sie waren Krishnas glühendste Anhängerinnen und berühmt für ihre unübertreffliche Hingabe.

[17] Es gibt vier Zeitalter (yugas). Gegenwärtig geht die Welt durch das Kali Yuga.

um ihren Besitz als um ihre Ehepartner und Kinder. Der Sohn setzt alles daran, dass auf seinem Erbteil des Familienbesitzes mehr Kokospalmen wachsen als auf dem seiner Geschwister, selbst wenn die alte Mutter schon auf dem Totenbett liegt. Wenn er etwas weniger bekommt als die anderen, zögert er nicht, seinen Eltern den Todesstoß zu versetzen. An was also hängen wir am meisten? Am Vermögen! Da der Geist am Vermögen hängt, ergibt man sich innerlich Gott durch Loslassen von seinem Vermögen. Gott benötigt unseren Reichtum nicht. Unsere Hingabe macht uns weitherzig und würdig für die Gnade Gottes.

Dienen und spirituelles Leben

Viele Leute fragen: „Warum misst Amma dem freiwilligen Helfen so große Bedeutung bei? Sind *tapas* (asketische Übungen) und spirituelle Praxis denn nicht wichtiger?" Meine Kinder, Amma behauptet niemals, *tapas* und spirituelle Praxis seien nicht notwendig. Manche Formen von *tapas* sind nötig. Wenn man einen gewöhnlichen Menschen mit einem Elektromasten vergleichen kann, dann eine *tapas* ausübende Person mit einem großen Transformator, der viel mehr Menschen dient. Durch asketische Übungen kann man die notwendige Kraft erlangen. Man sollte damit jedoch nicht erst in den Sechzigern beginnen, wenn man nicht mehr sehr gesund und vital ist. *Tapas* sollte man ausüben, wenn man gesund und voller Energie ist. Es ist nicht notwendig, sein Zuhause zu verlassen und in den Himalaja zu gehen, um *tapas* auszuüben, denn das lässt sich genau hier inmitten der Gesellschaft tun. Als wahrhaft spirituelle Wesen können nur diejenigen bezeichnet werden, die ihre durch *tapas* gewonnene Kraft zum Wohle der Welt einsetzen. Spiritualität erfordert zu sein wie ein Räucherstäbchen, das seinen Duft verschenkt, wenn es abbrennt.

Wer sein Heim und Vermögen aufgibt und irgendwo in einer Höhle sitzt um *tapas* auszuüben, gleicht einem See im undurchdringlichen Wald. Dessen Gewässer nutzt niemandem. Und wem nützen die Schönheit und der Duft der darin blühenden Lotusblumen?

Vor langer Zeit gingen die Menschen tatsächlich in den Himalaja, um *tapas* zu üben. Das machten sie allerdings erst nachdem sie sich hingebungsvoll ihrem Familienleben gewidmet und geistige Reife gewonnen hatten. Erst dann entsagten sie allem materiellen Besitz. Das geistige Klima jener Zeit war für das Ausüben von *tapas* förderlich. Die Menschen waren sich des *dharma* bewusst. Die Herrscher waren wahrhaftig und das Familienleben war auf das Ziel der Selbstverwirklichung ausgerichtet.

Die Menschen sind heutzutage selbstsüchtig. Die sogenannten „Haushälter", bzw. Familienvorstände, sind einfach nur Leute mit Familien und nicht mehr *grihastashramis*[18]. Sie wissen außerdem nicht, was selbstloses Dienen bedeutet. Spirituelle Menschen, die sich durch *tapas* und spirituelle Praxis vervollkommnen, sind ein wichtiges Vorbild selbstlosen Dienens zur Nachahmung für die Welt. Nur sie sind auf selbstlose Weise für die Welt da.

Selbstloser Dienst als spirituelle Übung führt zur Selbstverwirklichung und ist somit wahre Gottesverehrung. Sobald wir unsere Selbstbezogenheit ablegen, öffnet sich uns der Weg zum Selbst. Nur wenn selbstlose Gottessucher in ihrem freiwilligen Dienen ein Vorbild für die Welt werden, können Menschen dieses Prinzip in sich verankern. Man muss sich auf die Ebene der Leute begeben, um ihnen inneren Auftrieb zu geben und kann dabei nur schrittweise vorgehen. Dazu fällt Amma eine Geschichte ein.

Als ein *sannyasi* (Mönch) in ein Dorf kam, machten sich dessen Bewohner über ihn lustig. Er besaß zwar einige *siddhis* (magische Kräfte), doch es mangelte ihm an Duldsamkeit und er wurde wütend, wenn die Dorfbewohner sich über ihn lustig

---

[18] Ein *grihasthashrami* weiht sich dem spirituellen Leben und kommt gleichzeitig seiner Verantwortung als Haushaltsvorstand nach. Man ordnet dies der zweiten von insgesamt vier Lebensstufen zu.

machten. Er nahm etwas Asche, rezitierte einige Mantren und warf die Asche in den Dorfbrunnen, mit der Verwünschung, jeder, der das Brunnenwasser trinken würde, solle dem Wahnsinn verfallen. Es gab in diesem Dorf zwei Brunnen, der eine diente den Dorfbewohnern und der zweite dem König und seinem Minister. Alle Dorfbewohner schnappten über, als sie aus ihrem Brunnen getrunken hatten. Der König und sein Minister blieben unbetroffen, da sie das Wasser aus dem anderen Brunnen tranken. Die Dorfbewohner begannen drauflos zu schwätzen, tanzten umher und veranstalteten viel Lärm. Sie mussten zu ihrer Überraschung feststellen, dass der König und sein Minister sich nicht so benahmen wie sie. „Die beiden haben sich ganz schön verändert“, sagten die Dorfbewohner. In ihren Augen waren der König und sein Minister die Verrückten! Tatsächlich verkündeten die Dorfbewohner lauthals, der König und sein Minister seien verrückt geworden. Was macht man, wenn die Regierenden eines Landes vollkommen verrückt geworden sind? Die Leute entschieden unter großem Tumult, König wie Minister in Ketten zu legen. Es gelang dem König und seinem Minister zu entkommen und davonzulaufen, verfolgt von der Volksmenge. Unterm Weglaufen sagten der König und der Minister zueinander: „Die Leute sind verrückt geworden. Falls wir ihnen anders vorkommen als sie selbst sind, werden sie uns nicht verschonen; sie werden uns anklagen, verrückt zu sein. Wenn wir überleben und sie aus ihrer Lage befreien wollen, gibt es nur einen Weg. Wir müssen uns so wie sie verhalten – denn um einen Dieb zu fangen, muss man sich wie ein Dieb verhalten!“ Daraufhin begannen der König und sein Minister die Volksmenge zu imitieren, sie tanzten umher und stießen seltsame Laute aus. Die Leute waren entzückt und dankten Gott, dass er den König und seinen Minister vom Wahnsinn geheilt habe.

Meine Kinder, spirituelle Menschen gleichen dem König und seinem Minister in dieser Geschichte. In den Augen normaler Leute sind spirituelle Menschen verrückt; in Wirklichkeit aber sind diejenigen, die kein Interesse an Spiritualität haben, geistesgestört. Spirituelle Menschen müssen sich auf das Niveau weltlicher Menschen hinabbegeben, um die guten Eigenschaften in ihnen zu bestärken und sie auf den rechten Pfad zu lenken. Sie müssen sich eventuell unter die Leute mischen und vieles anstoßen. Nur so können die Menschen dazu bewegt werden, sich ihrer wahren Natur bewusst zu werden, denn sie kennen ihre wahre Natur nicht. Sind sie überhaupt bereit, selbst danach zu suchen?

Stellt euch beispielsweise ein Land vor, in dem alles plötzlich nur noch halb so groß ist. Dinge, die hundert Meter lang sind, schrumpfen auf 50 m und 1,80 m große Menschen sind nur noch 90 cm groß. Lediglich ein Mann schrumpft nicht, sondern bleibt 1,80 m groß, ist jetzt aber in den Augen der anderen deformiert! Nur er weiß, was tatsächlich passiert ist. Doch wer hört auf ihn? Die anderen sind sich nicht bewusst, dass der 1,80 m große Mann normale Größe hat und dass sie sich verändert haben.

Meine Kinder, durch Spiritualität kann man etwas über seine wahre Natur lernen. Spirituelle Menschen sind sich ihrer wahren Natur bewusst und bemühen sich, ihr wahres Selbst zu verwirklichen. Die Anderen verachten sie und bezeichnen sie als verrückt, da sie sich von der äußeren Welt blenden lassen. Darin liegt der Unterschied zwischen spirituellen und anderen Wesen.

Teuflisches Misstrauen

Amma würde auch gerne über die heutigen familiären Probleme sprechen. Die meisten familiären Streitereien entstehen aus Misstrauen. Viele Familien haben sich aus bloßem Misstrauen getrennt und wieviele Frauen haben deshalb bittere Tränen vergossen! Kürzlich kam eine Frau hierher, die von ihrem Mann verstoßen worden war, weil er ihr nicht vertraute. Sie war kurz davor, mit ihren drei Kindern Selbstmord zu begehen, als ihr jemand von der Mutter in Vallickavu erzählte und dass ihr Gemüt dort Frieden finden könne. Sie eilte deshalb zu Amma. Amma kennt viele solcher Frauen. Der Ehemann zahlt keinen Cent für den Unterhalt der Familie, während die Frau Tag und Nacht schuftet, um Haus und Kinder zu versorgen. Alles, was sie dafür bekommt, ist eine Tracht Prügel, wenn der Mann abends betrunken nach Hause kommt. Es gibt in unserem Umfeld zahllose derart leidgeprüfte Familien. Manchmal wird die Frau von ihrem Mann aus dem Haus gejagt, weil sie wegen irgend etwas verdächtigt wird. Wohin kann sie denn nachts mit ihren Kindern gehen? Heutzutage ist keine Frau in diesem Land sicher, wenn sie abends durch die Straßen geht. Entweder findet man am nächsten Tag ihren Leichnam am Straßenrand oder ihre Zukunft ist völlig zerstört. Die Verhältnisse sind derart aus den Fugen geraten. Ammas anwesende männliche Kinder sollten sich über diesen Hinweis nicht erregen. Amma sagt dies auch im Interesse eurer eigenen Töchter.

Eltern verheiraten ihre Tochter an jemanden, der am Persischen Golf arbeitet. Jeder kann sie verleugnen und schon wird das arme Mädchen fortgeschickt. Am nächsten Tag muss sie ins Elternhaus zurückkehren und wird dort wie eine Waise behandelt. Sie ist in den Augen der Nachbarn, die die Wahrheit nicht kennen, die Schuldige. Wie wird die Zukunft ihres Kindes aussehen? Meine Kinder, wer denkt über derartige Dinge nach? Ganze Familien werden nur deshalb zerstört, weil die Leute blindlings glauben, was irgend jemand behauptet. Und so endet das Leben einer jungen Frau in Kummer und Leid.

Amma plant, eine Hilfsorganisation ins Leben zu rufen, um Frauen beizustehen, die auf solche Weise alle Unterstützung verloren haben. Dazu werden patente Frauen benötigt, die über viel Geduld verfügen und bereit sind zu helfen. Dann können wir

Tausende von Familien retten. Man wird Amma dafür vielleicht kritisieren. Sei es so. Das beunruhigt Amma nicht. Sie nimmt das als Lebensnahrung in sich auf.

Amma erinnert sich an eine Geschichte. Aus dem Haus eines Mannes wurden einige Dinge gestohlen. Er hatte einen guten Freund und dachte bei sich: „Es muss mein Freund sein, der mich bestohlen hat! Eigentlich wirkt er neuerdings recht nervös, wenn er mich sieht. Jeder kann an seinem Gesichtsausdruck erkennen, dass er ein Dieb ist. Und sieh nur, wie er geht! Alles Anzeichen eines Diebes. Es ist eindeutig, dass er meine Sachen gestohlen hat!" So verwandelte sich in seinen Augen sein bester Freund in einen ausgefuchsten Dieb. Er vergaß völlig, wie liebevoll sein Freund stets zu ihm gewesen war und erblickte in ihm nur den feindlichen Dieb – was allerdings lediglich das Produkt seiner eigenen Einbildung war. So sieht Misstrauen aus. Wer davon befallen wird, verändert sich total.

Wenn die vielen Ehepaare, die sich aus purem Misstrauen oder Eifersucht scheiden lassen, bereit zu einem offenherzigen Gespräch wären, würden sie feststellen, dass es keinen Grund zum Misstrauen gibt. Das Problem würde sich wie ein Hirngespinst auflösen. Durch Gottes Gnade ist es Amma gelungen, zahllose Familien wieder zusammenzubringen und auf diese Weise die Zukunft vieler Kinder zu sichern.

Spendet für karitative Zwecke anstatt euer Vermögen zu verschwenden

Amma muss immerzu an das kürzliche Erdbeben denken, auch wenn es nichts nützt, jetzt darüber zu sprechen. Den dort Leidenden muss unbedingt Hilfe geleistet werden. Der Ashram möchte vier- oder fünfhunderttausend Rupien spenden. Die Devotees sollten mit gutem Beispiel vorangehen und so viel spenden wie möglich. Barmherzigkeit ist die Essenz im Leben eines spirituellen Menschen.

Amma fällt zu diesem Thema eine Geschichte ein. Ein Mann beschloss in die Politik zu gehen. Ein Freund aber warnte ihn: „Gehe nicht in die Politik, denn dann musst du alles, was du besitzest, abgeben." „Okay, das mache ich." „Wenn du zwei Autos besitzest, musst du eins spenden."- „Das ist überhaupt kein Problem!" – „Wenn du zwei Häuser besitzest, musst du eines weggeben." – „Klar, das mache ich!" – „Wenn du zwei Kühe hast, musst du ebenfalls eine demjenigen geben, der keine Kuh besitzt." – Oh nein, das ist nicht möglich!" – „Warum nicht? Du bist doch bereit, dein Auto und dein Haus wegzugeben, warum zögerst du denn, eine einfache Kuh abzugeben?" – „Weil ich weder zwei Autos noch zwei Häuser besitze, aber sehr wohl zwei Kühe!"

Meine lieben Kinder, so sieht heutzutage die Großzügigkeit der Leute aus. Sie sind sofort bereit, zu spenden, was sie nicht besitzen, wollen aber nichts von dem weggeben, was ihnen gehört! Meine Kinder, so sollte unsere Großzügigkeit nicht aussehen. Es ist die großartigste Form von Gottesverehrung, jemandem zu helfen, auch wenn uns das schwerfällt. Wir könnten mit dem Geld, das wir für Lebensmittel und Kleidung verschwenden, zahllose Menschen unterstützen. Bedenkt doch, wieviel Geld wir gegenwärtig vergeuden.

Heutzutage meinen viele Menschen, Zigaretten zu rauchen sei „cool", ein Zeichen von Männlichkeit oder von Intelligenz. Tatsächlich ist es ein Zeichen von Schwachsinn! Wahrhaft Intelligente Menschen lieben sich selbst genauso wie die anderen. Es steht doch auf der Zigarettenpackung, dass Rauchen eurer Gesundheit schadet. Wie soll man Leute bezeichnen, die trotzdem rauchen, obwohl sie das gelesen haben – intelligent oder dumm? Das von Rauchern monatlich für Zigaretten verschwendete Geld würde ausreichen, um die Armut in Indien zu lindern.

Meine Kinder, heute gehören zur Weltbevölkerung eine Milliarde mehr Menschen als noch vor fünfzehn Jahren. In Indien werden jedes Jahr Millionen von Kindern geboren. Wie wird es in zehn Jahren aussehen, wenn diese Entwicklung so weitergeht? Wenn sich die Bevölkerungszahl vervielfacht, sinkt die Lebensqualität anstatt zu steigen. Wenn wir nicht jeden Schritt sorgfältig abwägen, sieht die Zukunft düster aus. Deswegen sollte keine Familie mehr als zwei Kinder haben. Wer kinderlos ist, sollte Verantwortung für die Erziehung von Kindern aus armen kinderreichen Familien übernehmen. Versucht, den Kindern ein positives *samskara* zu vermitteln. Fühlt euch verpflichtet, euer Leben nach den Prinzipien der Rechtschaffenheit (*dharma*) zu gestalten. Wahre Spiritualität bedeutet, sein Leben dem Schutz des *dharma* zu widmen. Meine Kinder, ihr solltet versuchen, euch geistig dahingehend zu formen.

Amma will euch nicht länger mit Worten traktieren. Meine Kinder, schließt die Augen und betet für den Weltfrieden. Bittet aufrichtig, es möge euch das Herz einer selbstlosen Mutter verliehen werden. Vergießt ein paar Tränen zu den Füßen Gottes.

Setzt euch alle aufrecht hin und meditiert für zwei Minuten. Stellt euch ein helles Licht von der Größe eines Stecknadelkopfes vor, wie es sich kreisförmig ausdehnt, bis das Licht euch vollkommen durchströmt. Ruft wie ein weinendes kleines Kind aus der Tiefe eures Herzens: „Mutter, Mutter!"[19] Betet in aller Unschuld aus einem liebevoll strömenden Herzen. Wenn eine Blume keimt, kann man sich noch nicht an ihrer Schönheit oder ihrem Duft erfreuen. Sie muss erblühen! Lasst eure Herzen erblühen! Dann könnt ihr Gott umarmen. Seid wie ein Kind, das in einem Kieselstein die ganze Welt erblickt, visualisiert die Göttliche Mutter in euch und betet voller Unschuld. Vergesst alles andere und

---

[19] Amma sagt, das Höchste Wesen ist jenseits jeglicher Geschlechtszuordnung gleichermaßen unsere Mutter und unser Vater, Gott und Göttin.

ruft: „Mutter, Mutter!" und betet zu ihr aus überströmendem Herzen: „Mutter, lass mich Gutes tun, mache mich mitfühlend und großherzig!"

Nur dieser Augenblick ist wirklich

Ammas Geburtstagsansprache 1994

Amma verneigt sich vor all ihren Kindern, die wahrhaft Verkörperungen der Liebe und des Höchsten Selbst sind.

Meine Kinder, ihr alle seid heute hierhergekommen, um Ammas Geburtstag zu feiern. Amma sieht aber in diesem Tag nichts Besonderes – nichts, das nicht auch alle anderen Tage hätten. Für den Himmel gibt es keinen besonderen Tag. Der Himmel – Zeuge von Tag und Nacht – bleibt unveränderlich derselbe. Er war da, bevor dieses Gebäude errichtet wurde und ist immer noch da. Der Himmel wird auch noch da sein, wenn dieses Gebäude längst abgerissen ist. Der Himmel ändert sich nicht. Alles existiert in seinem Raum und niemand kann ihn verunreinigen. Amma meint nicht den Himmel über uns, sondern das allgegenwärtige Selbst, das alles durchdringt.

Wenn ihr fragt, warum Amma heute zur *pada puja* (zeremonielles Waschen ihrer Füße) erschienen ist, lautet die Antwort, dass Amma gekommen ist, um euch damit Freude zu bereiten. Ein Geburtstag sollte ein Tag sein, an dem wir über Leben und Tod nachdenken, da unsere Geburt auch den Tod beinhaltet. Das vergessen wir gerne. Wer geboren wird, kann dem Tod nicht entrinnen, da dieser jedem als Schatten folgt. Viele Menschen erschrecken sich schon beim Gedanken an den Tod.

Amma erinnert sich an eine Geschichte. Ein Brahmane kam einmal zu König Yudhishthira[20] und bat ihm um Geld für die Ausgaben anlässlich der Hochzeit seiner Tochter. Da der König gerade beschäftigt war, bat er den Brahmanen, am nächsten Tag

---

[20] Der älteste der fünf Pandava-Brüder, die im Epos ‚Mahabarata‘ beschrieben werden. Er war als König berühmt für seine vollendete Tugendhaftigkeit und Frömmigkeit.

wiederzukommen. Das hörte der Bruder des Königs, Bhima, der sich in der Nähe aufhielt. Er forderte alle im Palast auf: „Blast das Muschelhorn! Schlagt auf die Trommeln! Macht fröhliche Musik mit all euren Instrumenten! Jauchzet vor Freude!" Daraufhin waren im Palast die unterschiedlichsten Klänge zu vernehmen. Yudhisthira fragte überrascht: „Was soll das denn bedeuten? Solch ausgelassenes Treiben findet doch normalerweise nur statt, wenn der König ein feindliches Königreich erobert hat und siegreich von der Schlacht heimgekehrt ist. Was soll all diese Aufregung, da doch nichts von alledem passiert ist?" Die Umstehenden erklärten ihm: „Das hat uns Bhima befohlen!" Der König verlangte, auf der Stelle Bhima zu sprechen und forderte von ihm eine Erklärung. Daraufhin Bhima: „Das drückt die Freude aus, die die Leute und ich empfinden."

„Was stimmt euch so freudig?"

„Weißt du, ich habe heute erfahren, dass mein Bruder den Tod besiegt hat! Diesen Sieg gilt es zu feiern." Das verwirrte Yudhisthira und er schaute Bhima bestürzt an. Bhima fuhr fort: „Ich habe gehört, wie du zu dem Brahmanen sagtest, er solle morgen wiederkommen und sich seine Spende abholen. Es gibt aber keine Garantie dafür, dass wir morgen noch da sind. Du aber konntest dem Brahmanen voller Vertrauen sagen, er solle sich morgen hier wieder einstellen.

Hast du das denn nicht gesagt, weil du den Tod überlisten kannst?" Jetzt erst wurde sich Yudhishthira seines Fehlers bewusst. Er hatte die unumstößliche Tatsache vergessen, dass der Tod allgegenwärtig ist und dass, was jetzt zu tun ist, sofort erledigt werden sollte. Wir können uns beim Ausatmen niemals sicher sein, dass wir auch wieder einatmen. Der Tod begleitet uns mit jedem Atemzug.

Nur wer den Tod begriffen hat, lebt wirklich, denn irgend-wann entreißt uns der Tod diesen Körper – von dem wir annehmen, er sei unser wirkliches „Ich". Dasselbe geschieht mit unserem Vermögen, unseren Kindern und Angehörigen. Wenn uns stets gegenwärtig bleibt, dass der Tod unser ständiger Begleiter ist – ob uns das erschreckt oder nicht – lenken wir unser Leben in die richtige Bahn und können einen Zustand jenseits von Geburt und Tod erreichen. Wir verstehen das Leben besser, wenn wir den Tod begreifen. Die Menschen streben vergebens nach einem absolut glücklichen Leben, was schon deshalb nicht gelingt, weil alles, was wir heute gewinnen, schon morgen wieder verloren sein wird – das sind schmerzliche Verluste für uns. Sind wir uns jedoch der Vergänglichkeit der Dinge bewusst, bekümmert uns ihr Verlust nicht mehr – im Gegenteil: Er spornt uns zu einem Zustand an, von Verlusten nicht mehr berührt zu werden. Wir sollten alles daransetzen, diesen Zustand zu erreichen, denn nichts gibt uns die Sicherheit, dass wir im nächsten Moment noch da sind.

Es ist tatsächlich ein enormer Verlust, diesen gegenwärtigen Augenblick zu verlieren. Wenn du meditieren möchtest, tue es sofort. Wenn eine Aufgabe zu erledigen ist, beginne unmittelbar damit, ohne sie auf später zu verschieben. Solche Einstellung ist vonnöten und diese Entschlusskraft sollte in uns wachsen. Alle Zellen in uns sterben, wenn wir Glück nur äußerlich erfahren wollen – ob wir nun an den Tod denken oder nicht. Obwohl unsere Lebensweise Gift für uns ist, ergreifen wir sie mit beiden Händen und akzeptieren sie, ohne zu begreifen, wie giftig sie ist.

Alle Länder, Politiker und Wissenschaftler versuchen die Annehmlichkeiten des Lebens zu vermehren und tun dies mit höchstem intellektuellen Einsatz. Die äußere Welt ist hochentwickelt. Aber entsteht dadurch vollkommenes Glück oder Zufriedenheit? Nein. Die innerliche Welt wird immer dürrer. Wir mögen klimatisierte Häuser, Autos und Flugzeuge besitzen – aber können wir ohne inneren Frieden denn wirklich ungestört schlafen? Und wie gesund bleibt man ohne inneren Frieden?

Lebe in der Erkenntnis der Höchsten Wahrheit

Die Lebensqualität hängt nicht nur vom Körper, von äußerlichen Dingen und äußerem Glück ab. Wahres Glück wird vom Zustand unseres Geistes bestimmt. Wenn wir ihn beherrschen, haben wir alles im Griff. Das höchste, wahrhaftige Wissen ist die Kenntnis, wie der Geist kontrolliert werden kann, d.h. spirituelle Einsichten zu besitzen. Nur dank solcher Klugheit vermögen wir all unser erworbenes Wissen sinnvoll einzusetzen. In früheren Zeiten lebten in manchen Familien 30-50 Familienmitglieder gemeinsam in wunderbarer Liebe, Einmütigkeit und gegenseitiger Achtung! Es herrschte eine liebevolle und friedliche Atmosphäre zwischen ihnen, da sie die spirituellen Grundsätze beherzigten. Sie begriffen den wahren Sinn des Lebens und begründeten ihr Leben in der Spiritualität. Heutzutage betrachtet man das alles nur als Mythos. In einer modernen Familie aus nur drei Mitgliedern lebt jeder isoliert wie auf einer Insel. Jeder verfolgt ohne ein Gefühl für Gemeinsamkeit seinen individuellen Weg. Solch eine Situation lässt sich wenigstens in der eigenen Familie überwinden, wenn wir lernen, was Spiritualität bedeutet.

Spiritualität bringt die Herzen einander näher. Wer im Meer schwimmen kann, genießt die Wogen und erfreut sich an jeder Welle. Wer aber nicht schwimmen kann, wird möglicherweise von den starken Wogen weggerissen. Gleichermaßen kann jedes Hindernis des Lebens lächelnd gemeistert werden, wenn man spirituell klug geworden ist.

Spiritualität ermöglicht uns grundsätzlich, jeder Situation und Lebenskrise lächelnd zu begegnen. Wer mit spiritueller Betrachtungsweise nicht vertraut ist, lässt sich bereits von Geringfügigem erschüttern: Stehen wir beispielsweise irgendwo unaufmerksam und es geht ein Knallfrosch laut hoch, erschrecken wir uns; sind wir aber darauf vorbereitet, schockiert uns das nicht weiter. Wer bewusst lebt, lässt sich nicht durch widrige Umstände irritieren.

Manche Leute meinen, Spiritualität sei blinder Glaube. In Wirklichkeit aber ist sie ein Leitstern, der die Dunkelheit vertreibt. Viele Leute lenken jüngere Menschen auf die falsche Spur, statt ihnen die wahren spirituellen Leitlinien zu erklären und argumentieren bisweilen, Religion gebe den Hungernden nichts zu essen. Auch wenn das zutrifft, möchte Amma ihnen gerne eine Frage stellen. Warum begehen so viele Menschen Selbstmord? Sie können sich üppig ernähren, in klimatisierten Räumen schlafen, besitzen eigene Yachten und Flugzeuge und nehmen trotzdem Gift, erschießen sich, werfen sich unter einen fahrenden Zug oder erhängen sich. Verweist das nicht auf etwas, das jenseits der Freude an köstlichem Essen und Luxus liegt? Es ist wichtig, die tiefe Wahrheit, die uns Frieden verleiht, zu erkennen und ihr entsprechend zu leben – und genau das ist der spirituelle Pfad.

Meine Kinder, Haus und Vermögen zu erwerben oder Macht und Ansehen zu erstreben, ist wie das Sammeln von Kämmen für ein kahles Haupt!

Das soll nicht heißen, dass ihr faul dasitzen und nichts tun sollt. Wenn ihr dieses Prinzip begriffen habt, solltet ihr handeln, ohne an etwas zu hängen. Meine Kinder, wir alle sind verschiedene Ausdrucksformen des einen Höheren Selbst – wie ein Bonbon, das unterschiedlich verpackt ist. Das Bonbon in der grünen Verpackung sagt zu dem Bonbon in der roten Verpackung: „Du und ich sind getrennt." Das rote sagt zu dem blauen: „Ich bin ich und du bist du, wir sind unterschiedlich." Wenn wir aber die Verpackungen entfernen, sehen alle Bonbons gleich aus. So ähnlich grenzen auch wir uns voneinander ab und lassen uns von der äußeren Form täuschen, ohne wahrzunehmen, dass wir in Wirklichkeit nicht verschieden oder voneinander getrennt sind. Schaut, welche Probleme daraus entstehen! Warum erkennen das die Menschen nicht? Weil wir das Herz des Kindes in uns verloren haben, erkennen wir nicht die Essenz unseres wahren

Selbst *(Atman)*. Es ist uns nicht gegeben, die Seligkeit Brahmans zu genießen.

Wenn Amma vom Herzen eines Kindes spricht, meint sie damit ein unterscheidungsfähiges Herz. Ihr erwidert vielleicht: „Aber Kinder haben doch kein Unterscheidungsvermögen." Eigentlich sind damit das Vertrauen und die Vorstellungskraft eines Kindes gemeint. Ein kleiner Junge nimmt einen Stein und behauptet, das sei ein geschmückter Thron – denn das sieht er in ihm. Wenn er sich vor ihn stellt, mit einem Stock in der Hand und sich aufrichtet wie ein König, der ein Schwert hält, ist er in seiner Vorstellung tatsächlich ein König. Seine Rede und sein Verhalten bekommen etwas Königliches. Er denkt nicht, dass er auf einem Stein sitzt oder nur einen Stock in der Hand hält, sondern glaubt, ein wirkliches Schwert in der Hand zu halten. Wir haben diese Vorstellungskraft und dieses unschuldige Vertrauen verloren und uns stattdessen zum Inbegriff von Neid und bösartigem Willen entwickelt. Ein spirituelles Wesen benötigt das Herz eines Kindes und einen unterscheidungsfähigen Verstand, um sich spiritueller Glückseligkeit erfreuen zu können. Dann wird sein Leben nicht durch Kummer und Enttäuschung getrübt.

Meine lieben Kinder, um inneren Frieden zu erleben, braucht ihr ein unschuldiges Herz. Nur in einem unschuldigen Herzen kann Gott zu Hause sein.

Ein Leben voller Unsicherheit

Die Vögel lassen sich auf den Zweigen der Bäume nieder, fressen und schlafen auf ihnen. Im Wissen, dass der Wind den Zweig, auf dem sie sitzen, abbrechen könnte, sind sie ständig auf der Hut und jeden Augenblick bereit davonzufliegen. Die Dinge dieser Welt sind wie solche Zweige; sie können jeden Moment abbrechen, bzw. zerbrechen. Wenn so etwas geschieht, sollten wir uns an das Höchste Prinzip halten, um uns nicht von Kummer überwältigen zu lassen. Wenn das Haus brennt, wird niemand sagen: „Lasst es uns morgen löschen!" Man löscht das Feuer sofort. Wenn wir heute in große Not geraten, sollten wir eine Lösung suchen, anstatt unsere Zeit durch Grübeln zu vergeuden und unsere Gesundheit aufs Spiel zu setzen.

Meine Kinder, das, was wir jetzt besitzen, gehört uns nicht für immer, z.b. unser Haus, unser Vermögen und unser Grundstück. All diese Dinge werden uns nicht bis zum Lebensende begleiten. Allein das Höchste Wesen ist unser ewiger Begleiter. Amma möchte damit nicht sagen, dass wir alles aufgeben oder ablehnen sollten, sondern einfach nur erkennen sollten, dass nichts von Dauer ist. Nur wenn wir nicht an den Dingen haften, finden wir Frieden.

Wir sind in einem schmalen Kanu auf dem Meer unterwegs, als sich plötzlich der Himmel verdunkelt. Sturm zieht auf, es beginnt in Strömen zu gießen und im Meer türmen sich riesige Wellen auf. Was sollen wir tun? Wir versuchen, so rasch wie möglich mit dem Boot an Land zu kommen. Meine Kinder, wir sind in einer ähnlichen Lage und dürfen keine Sekunde vergeuden, sondern müssen dem Höchsten Wesen entgegen rudern. Dort ist unsere einzige Zuflucht. Meditiert fortwährend auf das Höchste Wesen, denn es gibt keinen anderen Weg, um Kummer zu überwinden.

Meine Kinder, ihr arbeitet hart für euer persönliches Wohl, doch vergesst dabei nicht, umherzuschauen und an die sintflutartigen Regenfälle in den letzten Monaten zu denken. Um uns herum leben Tausende von Menschen, die während der Regennächte unter ihren undichten Dächern nicht schlafen konnten und sich besorgt fragten, ob ihre Hütten einstürzen würden. Denkt an diese Menschen, wenn ihr eure mit Alkohol gefüllten Gläser erhebt. Mit dem Geld, das wir monatlich verschwenden, könnten ihre Dächer mit Stroh gedeckt werden und sie könnten nachts ruhig schlafen. Es gibt so viele bedürftige Kinder, die aus

Geldmangel von der Schule gehen müssen und Straßenkinder werden, obwohl sie die besten Schüler ihrer Klasse sind. Stellt euch jedes Mal, wenn ihr teure Kleidung anzieht, das Antlitz dieser unschuldigen Kinder vor.

Meine Kinder, Amma möchte niemanden zu etwas drängen, sondern einfach nur an das Elend der Welt erinnern, mehr nicht. Eines ist jedoch für Amma sicher: Wenn sich ihre Kinder aufrichtig bemühen, können sie die gegenwärtigen Umstände verändern. Meine Kinder, das allein wäre wahre Gottesverehrung! Das erwartet Amma von euch.

Ich bin Liebe, die Verkörperung von Liebe

Ammas Geburtstagsansprache 1995

Meine Kinder, wir sollten uns bewusst sein, dass Demut und Geduld die Grundpfeiler des Lebens sind. Die vielen Konflikte in der Gesellschaft entstehen daraus, dass diese Einsicht momentan fehlt. Die heutige Welt ist zum Schlachtfeld geworden und eine solche Welt kennt keine Verwandten, Freunde oder nahestehenden Menschen, sondern nur Feinde, die einander vernichten wollen. In einem Moment rotten sich Gruppen zusammen und bekämpfen die gegnerische Seite und schon im nächsten Augenblick spalten sie sich, um sich gegenseitig zu bekämpfen. Das lässt sich vielerorts beobachten. Viele Menschen haben es sich zur Aufgabe gemacht, selbstsüchtig und arrogant zu sein und es lässt sich schwer vorhersagen, was sie als nächstes tun werden. Daher, meine Kinder, versucht Geduld, Liebe und gegenseitiges Vertrauen zu entwickeln.

Meine Kinder, wir sind uns nicht bewusst, wie unfrei unsere Abhängigkeit von unseren Beziehungen uns eigentlich macht. Es spricht nichts gegen Beziehungen, aber bevor sie uns abhängig machen, sollte uns klar werden, wieviel uns ein bestimmter Mensch oder eine Sache im Leben bedeuten. Wirkliche Liebe entwickelt sich in einer Beziehung nur im gegenseitigen Verstehen. Die Verbundenheit mit einem Menschen sollte unabhängig sein von äußeren Umständen und nicht stärker oder schwächer werden. Eigentlich ist es nicht angemessen, wenn die Leute sagen: „Ich liebe dich!" Die Wahrheit lautet: „Ich *bin* Liebe, die wahre Verkörperung der Liebe." Wenn wir sagen, „Ich liebe dich", gibt es ein „Ich" und ein „Du", ein ‚Dazwischen', das die Liebe erdrückt. Es sollte zwischen uns allen nichts als reine Liebe strömen, frei von äußeren Gegebenheiten – aus dem Bewusstsein heraus, dass wir die Verkörperung der Liebe sind. Dann fügen wir niemandem mehr Leid zu, sondern tun einander wohl. Dieses Prinzip gilt es zu erkennen.

Wir sind innerlich unfrei, wie der Vogel mit gestutzten Flügeln im goldenen Käfig und gebunden durch Fesseln des Ruhms, gesellschaftlicher Stellung und Vermögen. Diese Fesseln sind mit wunderschönen Blumen dekoriert. Es geht hier nicht um die Frage nach Freiheit, sondern darum, wie diese uns knebelnden Fesseln gelöst werden können. Um das zu bewerkstelligen, müssen wir die Fesseln erkennen, die an uns haften und nicht die Blumen. Der Blumenschmuck ist nur oberflächlich. Beim genaueren Hinschauen erkennen wir, dass die Fesseln unter den Blumen verborgen sind. Es ist notwendig, das Gefängnis als Gefängnis anzusehen und nicht als unser Zuhause. Nur dann gelingt uns der Sprung in die Freiheit und nur so erreichen wir unser Ziel.

Zwei plus zwei ist …

Im modernen Familienleben ist für den Mann zwei plus zwei vier, wohingegen für die Frau zwei plus zwei irgendetwas sein kann, denn der Mann lebt aus seinem Intellekt und die Frau aus ihrem Herzen. Ammas weibliche Kinder brauchen sich nicht zu entrüsten, wenn sie das hören. Männer besitzen weibliche Anteile und Frauen männliche. Männer stehen im Allgemeinen fest zu ihren Entschlüssen, unabhängig von äußeren Umständen. Ihr Verhalten ist vorhersehbar. Frauen sind anders; ihre Natur ist empfindlicher, abhängig von äußeren Umständen. Sie haben ein mitfühlendes Herz. Diese mitfühlende Natur beschert ihnen viele Nöte. Es lässt sich nicht vorhersagen, wie eine Frau unter bestimmten Umständen reagiert.

Wir gehen mit Herz und Verstand auf unsere Lebensreise, wobei beide in die entgegengesetzte Richtung drängen. Aus diesem Grund fehlen oft Frieden und Harmonie im Familienleben.

Spiritualität ist wie ein Familienmitglied, das Herz und Verstand in harmonischem Rhythmus verbindet, wenn beide auseinanderdriften. Spiritualität ist das Bindeglied. Wir leben nur dann wirklich, wenn Spiritualität den ihr gebührenden Stellenwert bekommt. Das moderne Familienleben entwickelt sich dahingehend, dass der Intellekt sich nicht vor dem Herzen verneigt und das Herz sich nicht um den Verstand kümmert.

Viele Frauen beklagen sich bei Amma: „Amma, ich erzähle meinem Mann alles, was ich auf dem Herzen habe. Er gibt nur einen bestätigenden Laut von sich, ohne wirklich darauf zu antworten. Ich glaube deshalb nicht, dass er mich liebt." Wenn Amma daraufhin den Ehemann fragt: „Mein Sohn, was höre ich da? Liebst du denn meine Tochter nicht?" antwortet er: „Das ist nicht wahr. Ich liebe sie wirklich!" Meine Kinder, das ist so wie Honig in einem Stein, dessen Süße man nicht kosten kann. Wir müssen den Honig in unsere Handfläche geben, um seinen Duft zu genießen. Man soll die Liebe nicht in sich verstecken, sondern im geeigneten Moment zeigen. Eine Frau wird nicht glücklich, wenn ihr Mann seine Liebe im Herzen verbirgt. Meine Kinder, es ist unbefriedigend, eure Liebe tief im Herzen zu verbergen, da ihr einander nicht ins Herz schauen könnt. Ihr müsst sie *offenbaren* – über Worte und Taten. Amma empfiehlt euch das, damit Frieden und Harmonie ins Familienlieben einkehren. Wenn ihr eure Liebe nicht zeigt, ist das so, als ob ihr in die Hände eines von Durst gequälten Menschen einen Eisblock legtet. Eis kann keinen Durst löschen. Meine Kinder, begebt euch auf die Ebene des anderen, liebt einander mit offenem Herzen und spürt eure gegenseitige Liebe.

Amma erinnert sich an die Geschichte einer Familie. Die Ehefrau war sehr tierlieb. Als sie eines Tages mit ihrem Mann in eine Tierhandlung ging, entdeckte die Frau einen Affen, den sie unbedingt kaufen wollte. Ihr Ehemann lehnte das aber ab. Bei der

Rückkehr nach Hause war ihre Liebe für den Affen noch längst nicht erloschen. Als ihr Mann eines Tages verreist war, ging sie wieder in die Tierhandlung und kaufte das Tier. Als ihr Mann wieder nach Hause kam, sah er den Affen, festgebunden an einem Pflock. „Was hast du denn da gemacht?" fragte er. Sie erwiderte: „Ich konnte nicht anders. Ich musste ihn kaufen."

„Wie willst du ihn denn füttern?"

„Wir geben ihm etwas von unserem Essen."

„Und wo soll er schlafen?"

„In unserem Bett."

„Oh, es wird schrecklich stinken!"

„Na und? Ich bin sicher, dass das arme Tier auch aushalten kann, was ich in den letzten zwanzig Jahren ausgehalten habe!"

Was soll damit gesagt werden? In dieser Welt ist die Liebe nur hauchdünn und beruht selten auf gegenseitigem Verständnis. Man schaut einander nicht ins Herz. Weder versteht die Frau das Herz ihres Mannes, noch der Mann das Herz seiner Frau. Keiner ist kompromissbereit. Wie kann ein Leben, das sich so abspielt, von Frieden erfüllt sein? Durch Spiritualität entwickeln wir die Bereitschaft, einander zu verstehen und aufeinander einzugehen. All unser Scheitern im Leben rührt aus einem Mangel an gegenseitigem Geben und Nehmen.

Die erste wahre Liebe, die wir im Leben erfahren, ist die Liebe der Mutter. Die Liebe einer Mutter für ihr kleines Kind ist ohne Makel. Diese Liebe beruht auf keinerlei Erwartungen. Die mütterliche Liebe ist ganz entscheidend für die Entwicklung des Kindes. Obwohl man sagt, der Westen sei die Heimat der Intelligenz, gibt es dort viele Geisteskranke, weil es ihnen an mütterlicher Liebe fehlte.

Selbst für ein Auto mit Benzin braucht man eine Startbatterie um loszufahren. So ähnlich gehört die Liebe unserer Mutter, die uns geboren hat, zur „Grundnahrung" unseres Lebens.

Vielleicht fragt ihr: „Ist denn die Liebe der anderen keine Liebe?"

Gewiss, das ist auch Liebe – aber sie ist immer mit Erwartungen verbunden. Wenn die Frau etwas falsch macht, verlässt ihr Mann sie und wenn der Mann etwas falsch macht, verlässt ihn seine Frau. Diese Art von Liebe stirbt schon beim geringsten Fehlverhalten. Das entspricht eher einem Verhalten aus dem Tierreich.

Wir lieben die Kuh, weil sie Milch gibt, wenn sie aber keine Milch mehr gibt, behalten wir sie vielleicht noch einige Tage und verkaufen sie dann an den Metzger. So ist weltliche Liebe beschaffen – und die kann Amma nicht als wahre Liebe bezeichnen. Durch Spiritualität wird diese animalische Natur ins Göttliche erhoben. Eheleute mögen sich scheiden lassen, aber eine Mutter ist nicht bereit, ihr Kind herzugeben, zumindest 90 % der Mütter nicht. Die Liebe einer Mutter befähigt das Kind, selbst zu lieben und die Liebe der Welt anzunehmen. Merkt euch das, meine Kinder: Wenn eine Mutter ihrem Kind die Liebe entzöge, wäre das sein Untergang und auch der Niedergang des Landes.

Lernt die Sprache des Herzens

Wir leben in einer Welt der Vernunft und des Intellekts. Die Menschen haben die Sprache des Herzens vergessen. Die Herzenssprache ist liebevoll, vertrauensvoll und respektiert die anderen.

Eine Frau zeigte einmal ihrem Mann ein Gedicht, das sie geschrieben hatte. Sie war Lyrikerin und ihr Mann war Wissenschaftler. Da sie darauf bestand, las er das Gedicht, worin ein Kind beschrieben wurde: „Das Antlitz des Kindes gleicht dem Mond, seine Augen sind wie Lotusblüten ..." Das Gedicht enthielt in jeder Zeile ähnliche Vergleiche. Als er es zu Ende gelesen hatte, wollte sie unbedingt seine Meinung hören. Er sagte: „Was hast du denn da geschrieben? Es wurden Millionen ausgegeben für den Mann, der auf dem Mond landete – und was fand man dort?

Etwas Gestein, aber keine Luft. Wenn du den Mond auf deinem Kopf trägst, werden deine Schultern brechen!" Er kritisierte das Gedicht mit derart höhnischen Bemerkungen, bis sie schließlich sagte: „Du verstehst dieses Gedicht nicht, gib es mir einfach wieder." Ihr Mann nahm das Gedicht mit seinem Verstand und nicht mit dem Herzen auf. Er konnte nur Gestein auf dem Mond sehen. Die Menschen haben ihren unschuldigen Blick verloren und glauben beharrlich nur an das, was sie mit den Augen sehen. Der Intellekt der Leute hat sich dahingehend entwickelt, nicht mehr ohne Maschinen leben zu können, die alles für sie erledigen; es gibt sogar elektrische Zahnbürsten. Aus all diesen Gründen fehlt die notwendige Bewegung. Zur Erhaltung eurer Gesundheit müsst ihr euch Zeit zum Bewegungstraining nehmen. So betrachtet, wird deutlich, dass uns der errungene Komfort gleichzeitig auch schadet. Die Menschen leben heutzutage in ständiger Anspannung. Sie können sich alle Bequemlichkeiten und Annehmlichkeiten leisten und sind doch keinen Moment ohne Druck.

Eltern sorgen sich bereits um das werdende Kind im Bauch der Mutter, sobald sie erfahren, dass es ein Mädchen ist – bis sie das Mädchen großgezogen, eine Ausbildung ermöglicht und schließlich verheiratet haben. Neuerdings machen ihre Söhne ihnen genauso viele Sorgen.

Noch bevor der Sohn die Hochschule besucht, will er ein Motorrad und gibt keine Ruhe, bis er eins bekommt. Er würde unbedenklich alles, was ihm daheim in die Finger kommt, verwüsten und damit drohen sich umzubringen, wenn die Eltern ihm nicht das Gewünschte kaufen. Mit solchen Problemen werden Eltern heutzutage konfrontiert. Eltern, die gehofft hatten, ihre Kinder würden sich eines Tages um sie kümmern, müssen nun fürchten, von ihnen getötet zu werden! So weit ist es mit dem menschlichen Fortschritt gekommen – und das, weil heutzutage jeder nur mit sich selbst beschäftigt ist. Die Selbstsucht ist enorm gewachsen. Wenn der Intellekt wächst, schrumpft das Herz. Längst sind die Zeiten vorbei, in denen die Sorgen der anderen als eigene empfunden wurden. Heutzutage bringen die Leute um ihres eigenen Glückes willen bedenkenlos andere Menschen in Schwierigkeiten. Wenn sich das ändern soll, muss das Herz zusammen mit dem Verstand weit werden.

Auch sozial niedriger Gestellten sollten wir Zuneigung entgegenbringen

Wir bemühen uns sehr oft um das Wohlwollen von Menschen, die gesellschaftlich höher stehen oder wohlhabender sind als wir selbst. Doch das bereitet stets Verdruss. Warum denken wir nicht an die zahllosen Menschen, die mehr zu kämpfen haben als wir und denen es elender geht? Verglichen mit ihrem Leben ist unseres einfach himmlisch. Wenn wir an die Menschen denken, denen es besser geht als uns, empfinden wir schmerzlich, wir seien arm, weil wir nicht ihr Vermögen besitzen. Wenn wir krank sind, klagen wir „Oh, nein, ich bin so krank!", doch meistens leiden viele Menschen in unserem Umfeld an viel schlimmeren Krankheiten. Würden wir an sie denken, nähmen wir unsere Probleme weniger ernst, was uns trösten und von unserer Unzufriedenheit befreien würde. Andernfalls führen wir ein jämmerliches Leben.

Nur selten wollen wir uns auf Durchschnittsmenschen einlassen und ihre Sorgen mit ihnen teilen. Wir sind nicht bereit, ihnen Beistand anzubieten, obwohl dies tatsächlich auch eine Form von Gottesverehrung ist. Wären wir einfach bereit dazu, würde uns das den Schlüssel beschaffen, der die Türe ins Reich der Freude öffnet.

Liebt die Armen mit offenem Herzen und fühlt mit ihnen. Seid euch bewusst, dass es unser *dharma* ist, sie zu lieben und ihnen zu dienen. Das ist unsere Gottespflicht. Wenn wir darauf eingestellt sind, entdecken wir, dass uns keine Zeit bleibt, über unsere eigene Misere zu jammern. Es heißt, dass mehr als ein Drittel der indischen Bevölkerung in Armut lebt. Wenn wir alle unnötigen Ausgaben sorgfältig vermeiden und einander helfen, müsste hier niemand verhungern. Gott hält genug für alle bereit. Manche aber nehmen sich das, was für andere bestimmt ist und erkennen nicht, dass ihre eigenen Geschwister deshalb Hunger leiden. Solche Leute leben vielleicht in materiellem Glanz und Überfluss, leiden aber an innerer Armut, weil sie kein Mitgefühl mit den Armen und Hilfsbedürftigen haben. Sie gehören in Gottes Welt zu den Ärmsten der Armen. Sie werden aus mangelndem Mitgefühl ihrem psychischen Leid nicht entrinnen können.

Es ist bedeutungslos, die heilige Öllampe zu entzünden oder Gott etwas zu opfern, ohne ein Licht in das Leben der Armen zu bringen. Wir sollten uns in ihre Welt begeben, sie lieben und ihnen dienen. Wenn wir das unterlassen, vermögen wir die Süße der Meditation nicht zu schmecken, auch wenn wir noch so viel meditieren. Die Hilfe, die wir anderen schenken, gibt der Meditation Süße.

Amma sieht Menschen, denen es schlecht geht, weil sie keine Arbeit finden und abhängig von Drogen sind. Drogen verhelfen ihnen zu keinem Job, sondern vergrößern nur die Last ihrer Familien. Auch wenn ihr nur ein winziges Stück Land von etwa 40 Quadratmetern besitzt, pflanzt etwas darauf an. Scheut euch auch nicht mit einer höheren Ausbildung etwas Landbau zu betreiben. Pflanzt wenigsten einige Bananenstauden in eurem Garten, wenn sonst nichts möglich ist. Mögen wir und unsere Familien uns unseren Lebensunterhalt durch ehrliche Arbeit sichern.

Meine Kinder, schließt jetzt eure Augen und visualisiert die Gestalt der Göttlichen Mutter oder stellt euch vor, dass die Göttliche Mutter vor euch steht – ohne zu überlegen ob sie innen oder außen ist oder ob das Höchste Wesen Eigenschaften hat oder nicht. Versucht einfach, euren Geist auf einen Punkt zu konzentrieren und beunruhigt euch nicht, wenn ihr keine Gestalt visualisieren könnt. Schließt eure Augen und ruft lautlos: „Mutter! Mutter!" Manche werden fragen: „Ist Gott denn nicht in uns?" Ja, Gott ist tatsächlich in uns, doch wir konzentrieren uns nicht auf unser inneres Selbst. Unsere Gedanken rennen hinter vielen anderen Dingen her. Beim Wiederholen eines Mantras lässt sich der umherschweifende Geist nach innen lenken. „Mutter" zu sagen, bedeutet auch zu sagen: „Oh Ewige Liebe! Ewige Barmherzigkeit, führe mich!"

Om shanti, shanti, shanti!

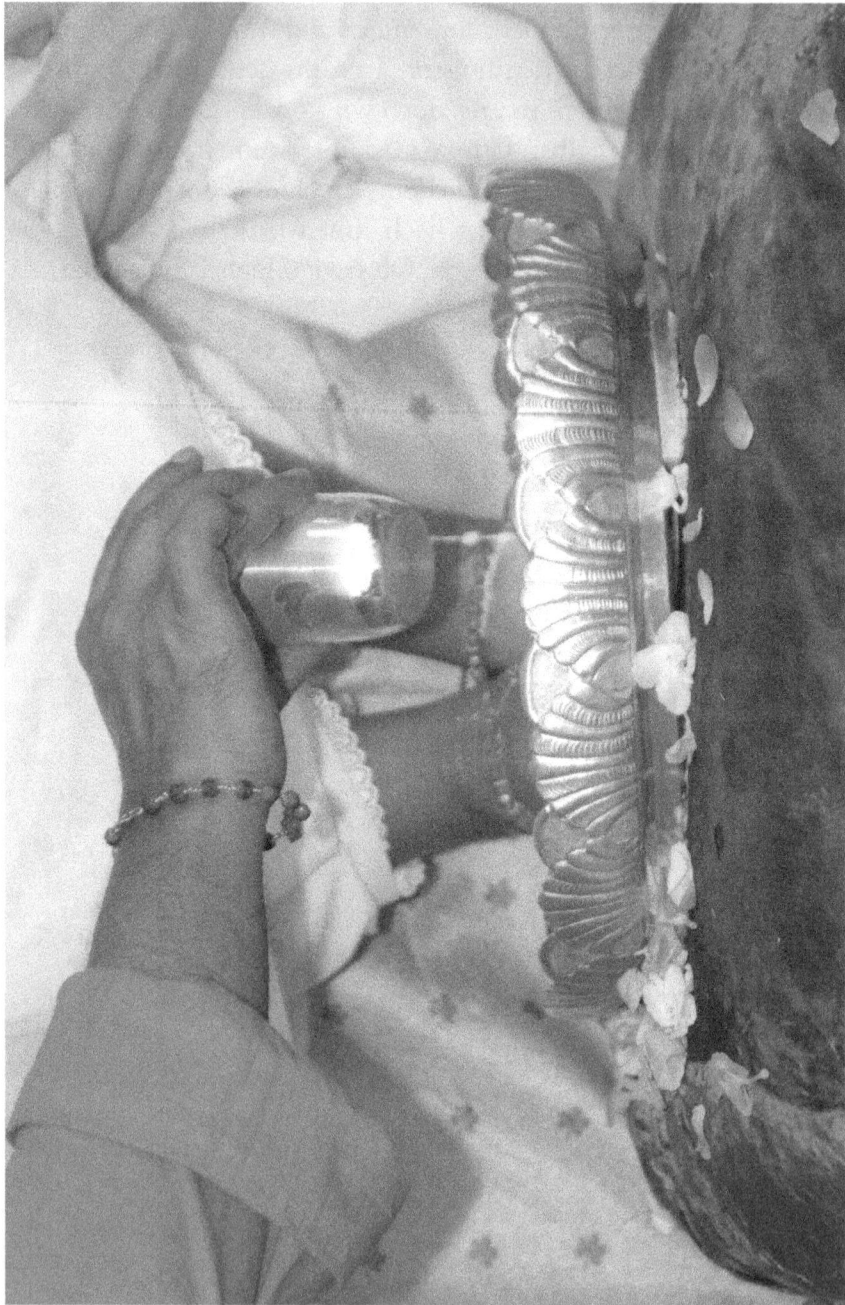

Swami Amritasva-
rupananda führt die
Pada Puja anlässlich
Ammas Geburts-
tagsfeier aus

Wiederbelebung der alten Kultur der Rishis

Ammas Geburtstagsansprache 1996

Amma verneigt sich vor euch allen, die ihr wahrhaft Verkörperungen der höchsten Liebe und des Höchsten Selbst seid. Spirituelle Wesen haben weder Geburtstage, Jubiläen oder Ähnliches. Sie haben das alles aufgegeben. Amma hat zugestimmt, hier bei all ihren Kindern zu sein, um ihnen eine Freude zu machen. Amma wäre allerdings wirklich glücklich, wenn ihr euch an diesem Tag fest vornehmen würdet, die Werte unserer Kultur zu verinnerlichen und dementsprechend zu leben, um dadurch unser *samskara* neu zu beleben. Dazu solltet ihr euch ganz fest entschließen.

Viele Leute fragen sich: „Wohin gehen wir?" Wohin bewegt sich Indien, das Land der *Rishis*[21] (die selbstverwirklichten Weisen des Altertums)? Diese sehr wichtige Frage sollte sich jeder von uns stellen. Obwohl es fast schon zu spät ist, sollten wir sie nicht länger aufschieben, denn das hätte gefährliche Folgen. Amma sagt dies nicht, um ihren Kindern Angst einzujagen, sondern spricht die Wahrheit offen aus. Es gibt noch Hoffnung. Es können noch künftige Gefahren abgewendet werden, wenn wir sie erkennen und nachhaltig handeln.

Dies ist ein Zeitalter der Unwahrhaftigkeit und Ungerechtigkeit. Die Gesellschaft, die um uns herum entsteht, hat ihr Unterscheidungsvermögen verloren. Heutzutage ist das Ansehen vieler Menschen in führenden gesellschaftlichen Positionen aus vielen Gründen geschädigt. Überall ist der Niedergang des *dharma* zu spüren. Amma hat oft den Eindruck, dass wir eigentlich eine

---

[21] Siehe Glossar.

Revolution herbeiführen sollten – dass *pralaya,* eine Ablösung geschehen sollte, auf die wir nicht bis zum Jahr 2000 warten sollten. Die Veränderung muss hier und heute stattfinden und darf keine Minute länger aufgeschoben werden. Amma bezieht sich hiermit auf einen Wandel im Denken. Wir besitzen einen Verstand, aber kein Bewusstsein, weshalb eine Reinigung unseres Herzens vonnöten ist. Spiritualität ist das großartige Geschenk der alten Weisen an uns. Ohne Verständnis für Spiritualität wäre unser Leben völlig düster. Unser Leben bleibt unbedeutend, wenn wir unsere spirituelle Kultur nicht verinnerlichen. Wenn es uns jedoch gelingt, im Einklang mit spirituellen Grundanschauungen zu leben, ist unser Leben sinnvoll und voller Schönheit und Freude. Es ist also aus vielen Gründen für unser Leben entscheidend, Spiritualität wiederzubeleben. Mutter Dharma hat ein Herzleiden. Sie braucht eine Notoperation, um geheilt zu werden. Meine Kinder, ihr solltet heute geloben ihr zu helfen.

Bharat, Land des Dharma

Heutzutage sprechen die Menschen das Wort *dharma* nur ungern aus. Bharat (Indien) ist das Land des *dharma – dharma* als Ausdruck von Herzensweite, als Essenz der Liebe. Man sagt vom *dharma* Indiens, es gleiche dem Fußabdruck eines Elefanten, der so groß sei, dass in ihm die Fußabdrücke aller anderen Tiere enthalten seien. *Dharma,* bzw. die Kultur Indiens, ist damit verglichen so umfassend, dass alles in ihr enthalten ist. Diese wird aber heutzutage zerstört, was nicht länger fortgesetzt werden darf.

Wissenschaft und Kultur

Unsere Kultur entspringt nicht der Wissenschaft, sondern dem *samskara –* dessen Ursprung die Spiritualität ist. Amma verunglimpft keineswegs die Wissenschaft. Ihr verdanken wir materiellen Komfort und Annehmlichkeiten. Spiritualität jedoch ist ganz wesentlich für ein rechtmäßig geführtes Leben (*samskara*). Woher kam unser *samskara*? Wir empfingen es von den *Rishis*, den uralten Weisen. Unser *samskara* entstammt der Überlieferungslinie der *Rishis* und enthält die Grundprinzipien des Lebens. Wir tragen es noch in uns und es ist nicht vollkommen untergegangen. Es ist von entscheidender Bedeutung für den Menschen von heute, es wiederzubeleben und neu zu verankern.

Wir wissen, was die Weisen taten. So wie der Schnee der Himalaja-Gebirge in der Hitze der Sonne schmilzt und in zahllosen Flüssen zum Wohle der Welt abwärts strömt, so fließen die Liebe, Barmherzigkeit und Gnade der Weisen zu allen Lebewesen. Sie sind die Seher *Brahmans*, der Absoluten Wirklichkeit. Ihre Liebe löst das Ego in uns auf, lässt unseren Geist und unser Herz so weit werden wie das Universum und inspiriert uns zu einem Leben im Dienst für die Welt. Die Tradition der *Rishis* folgte diesem *dharma*. Die moderne, ungezügelte Lebensart hat jedoch eine Sperrmauer gegen diese Liebe und Selbstlosigkeit errichtet.

Guru und Schüler

Die spirituellen Meister und Schüler der alten *gurukulas* rezitierten gemeinsam ein bestimmtes *mantra*[22]. Da der Meister erhabener war als seine Schüler, saßen diese zu seinen Füßen auf dem Boden, doch der Meister rezitierte das *mantra* gemeinsam mit den Schülern.

> *Om sahanavavatu*
> *Sahanau bhunaktu*
> *Sahaviryam karavavahai*
> *Tejasvinavadhitamastu*
> *Ma vidvishavahai*
> *Om shanti shanti shanti.*

---

[22] Dies ist das Eingangsmantra (Shanti-Mantra oder Friedens-Anrufung) in allen Upanishaden des Krishna-Yajurveda. Der Krishna-Yajurveda gehört zum Yajurveda, einem der vier Veden.

Möge Gott uns alle beschützen.
Möge Er uns die Seligkeit des Selbst spüren lassen.
Mögen wir tapfer und herrlich werden.
Mögen wir uns gemeinsam bemühen und unsere Studien erfolgreich sein.
Mögen wir niemals miteinander streiten.
Om, Frieden, Frieden, Frieden.

Diese Form von Demut offenbarte sich in der Traditionslinie der *Rishis*. Die *Rishis* waren bestrebt, ihre Weisheit nicht für sich selbst zu behalten, sondern sie zum Wohle der anderen weiterzugeben. Wo ist diese Weisheit geblieben, die Demut und *samskara* förderte? Was sieht man in den modernen Schulen? Die Schüler glauben klüger zu sein als ihre Lehrer, worauf diese entsprechend reagieren und sich fragen: „Wie arrogant sie sind! Was kann ich ihnen überhaupt beibringen?" Weder Lehrer noch Schüler sind bereit, das Problem genauer anzuschauen und zu verstehen – mit dem Ergebnis, dass die Lehrer nur noch wie Maschinen sind und die Schüler wie Mauern. Keine Liebe fließt zwischen ihnen und es entsteht keine wissbegierige Lernatmosphäre. Früher war die Atmosphäre in den Schulen völlig anders. Lehrer und Kinder waren hochmotiviert. Da die Kinder dem Lehrer begeistert zuhörten, vermittelte er ihnen sein Wissen voller Freude. Man langweilte sich nie miteinander, egal, wieviel Zeit man beisammen war.

In früheren Zeiten machte man sich in den Schulen üblicherweise noch keine Notizen, um mit deren Hilfe zu lernen. Die Schüler lernten ohne Hilfsmittel oder Bücher mehr, als der moderne Mensch in seinem ganzen Leben. Sie lernten die Veden, die Vedangas[23], Itihasas[24] und andere epische Geschich-

---

[23] Vedangas erhalten Erkenntnisse, die den Veden beigefügt sind.
[24] Epische Geschichtsschreibung

ten auswendig. Unter Erziehung verstand man in jenen Zeiten all das, was die Schüler, die vor dem Meister saßen, aus Liebe in sich aufnahmen. Die Schüler kannten keine Müdigkeit und entwickelten sich mit jedem Moment.

Wo Liebe ist, kann nichts zur Last werden. Das Herz des Schülers öffnet sich durch die Liebe des Meisters wie eine erblühende Knospe – und es strömt die Gnade des Meisters unmittelbar hinein. Die damaligen Schüler hörten nicht nur jedes Wort des Lehrers, sondern nahmen alles tief in sich auf. Das war die Unterrichtsmethode zu jenen Zeiten. Was ist daraus in unserem modernen Erziehungssystem geworden?

Unsere Kinder lieben

In früheren Zeiten wurden die Kinder mit fünf Jahren in die Schule geschickt. Heutzutage wird den Kindern oft schon das Alphabet beigebracht, wenn sie kaum zweieinhalb Jahre alt sind. Sie werden für diese Initiation oft auch hierher zu Amma gebracht.

Die Kinder sollten, bis sie fünf Jahre alt sind, einfach nur geliebt werden. Man sollte ihre Freiheit nicht einschränken und sie ungestört spielen lassen. Wir müssen nur aufpassen, dass sie sich nicht verletzen, z.B. dass sie sich nicht verbrennen oder ins Wasser fallen – das ist alles. Kleine Kinder sollen nur geliebt werden, was auch immer sie anstellen – und im Schoß der Liebe aufgezogen werden, genauso wie sie im Schoß ihrer Mutter getragen wurden. Die modernen Verhältnisse sind aber nicht so. Viele Kinder werden viel zu früh in die Schule geschickt und erleiden nur Druck. Das ist so, als gäbe man Würmer an Blüten, die sich eigentlich zu wunderschön duftenden Blumen entfalten möchten! Selbst wenn wurmbefallene Knospen aufblühen, sind sie missgestaltet. Das Gemüt der heranwachsenden Kinder wird gehemmt, weil man ihnen unnötige Lasten aufbürdet. Damit sich das ändert, müssen die Eltern zuerst ein Verständnis für Spiritualität entwickeln und an ihre Kinder weitergeben. Jeder sollte verstehen, welche Rolle Spiritualität im Leben spielt. Wir können aufgrund unserer weltlichen Ausbildung zwar eine Arbeit finden und unseren Magen füllen – doch damit allein ist das Leben noch nicht erfüllt.

Spiritualität – die Erfüllung des Lebens

Das Leben wird erst dann vollkommen, wenn wir Spirituelles in uns aufnehmen. Die heutigen Probleme entstehen aufgrund fehlenden spirituellen Verständnisses. Ohne Spiritualität lässt sich die Rastlosigkeit nicht aus der Welt schaffen.

Kürzlich beging eine sehr berühmte Filmschauspielerin Selbstmord. Sie hatte anscheinend niemanden, der sie liebte. Das Leben verliert nach heutigem Verständnis seinen Sinn, wenn uns ein bestimmter Mensch nicht die Liebe gibt, die wir erwarteten. Das kann nicht passieren, wenn die spirituellen Grundsätze verinnerlicht werden – denn sie lehren uns, was Leben und Liebe wahrhaft bedeuten. Heutzutage bemüht sich niemand, *dharma* wiederzubeleben oder zu befolgen – was schließlich in die Unsterblichkeit und nicht in den Tod führen würde. Die Leute jammern und klagen stattdessen, das Leben brächte ihnen nur Verdruss. Sie begehen Selbstmord oder lehnen *dharma* als altmodisch ab. Anstatt so etwas zu behaupten, wollen wir versuchen, im Sinne des *dharma* zu leben. Dann erkennen wir den wahren Sinn des Lebens und das, was Glück und Schönheit wirklich bedeuten.

Wie man die Gedanken lenkt

Meine Kinder, die Wissenschaft reguliert die äußere Welt und Spiritualität lenkt die innere. Spiritualität vermittelt die Erkenntnis, wie das Denken kontrolliert werden kann. Sie ist keineswegs blinder Glaube, ist vielmehr ein Prinzip, das die Finsternis vertreibt.

Wenn man einem Kind in einer Hand Schokolade und in der anderen eine Goldmünze hinhält – nach welcher Hand wird es wohl greifen? Nach der Hand mit der Schokolade, denn das

Kind weiß noch nicht, dass man mit einer Goldmünze viele Tafeln Schokolade kaufen kann. So sind wir heutzutage. Mit der Faszination an materiellen Dingen haben wir unseren Wirklichkeitssinn verloren. Gott ist die Süße, von der wir nie genug bekommen können. Gott ist die Quelle für Befreiung und auch für weltlichen Wohlstand. Die modernen Menschen vergessen Gott und laufen hinter flüchtigem materiellen Gewinn her. Das Ergebnis kann nur Enttäuschung sein. Jeder Moment eurer Zuflucht in Gott dagegen bedeutet Segen und Wohlergehen. Es gibt nichts Ebenbürtiges. Die in Meditation auf Gott verbrachte Zeit ist nie verloren – und noch nie ist jemand, der über Gott meditierte, an Hunger gestorben. Denkt niemals, Meditation sei Zeitverlust. Wir müssen diesen Pfad wiederbeleben und auch andere Menschen dafür gewinnen. Daraus entsteht kein Verlust, sondern reiner Gewinn.

Gott kann erfahren werden

Wir können Gott, der in uns wohnt, nur durch Meditation erreichen. Solange eine Knospe noch nicht erblüht ist, lassen sich Schönheit und Duft der Blume nicht erfassen. Meine Kinder, öffnet die Knospe eures Herzens – und ihr werdet euch ihres Segens erfreuen! Obwohl elektrischer Strom unsichtbar für uns ist, „erfahren" wir ihn beim Berühren eines Stromkabels. Gott bedeutet eine *Erfahrung* – und Meditation führt hin zu dieser Erfahrung. Meine Kinder, wenn ihr euch anstrengt, seid ihr ganz sicher erfolgreich.

Warum?

Viele Kinder kommen zu Amma und sagen: „Amma, ich kann nicht richtig lachen. Ich kann zu niemandem offen reden. Amma, ich bin immer traurig."

Meine Kinder, fragt euch selbst, was die Ursache eurer Traurigkeit ist. „Aus welchem Mangel entsteht diese Traurigkeit? Welche Last trage ich?" Ihr werdet die Antwort finden. Schaut in die Natur. Betrachtet die Bäume ringsumher, wie selig sie im Winde schaukeln. Und betrachtet die Vögel, wie selbstvergessen sie zwitschern. Und dort den Bach, wie fröhlich und melodiös er plätschert. Und die Pflanzen – und die Sterne, die Sonne und den Mond. Überall nur reine Freude. Warum sind wir inmitten solcher Wonne die einzigen Wesen, die sich grämen? Warum sind wir immerzu unglücklich? Betrachtet es genau, dann versteht ihr es. Kein Element der Natur besitzt ein Ego. Nur wir. Wir denken ständig: „Ich bin dies und das, ich möchte dies und das werden, ich wünsche mir das." Doch dieses „Ich", mit dem wir so beschäftigt sind, wird uns nicht in den Tod begleiten. Dieser Ich-Sinn bringt uns keinerlei Vorteil. Wenn wir an diesem „Ich" festhalten, entsteht daraus nur Leiden. Meine Kinder, gebt dieses „Ich" deshalb auf und fasst wieder Mut! Dann könnt ihr glücklich sein und jubeln. Seid glücklich, meine Kinder. Einzig dieser Augenblick gehört uns. Es ist nicht sicher, ob wir den nächsten Atemzug noch nehmen können. Bleibt frohgemut und blast keinen Moment Trübsal, was allerdings nur möglich ist, wenn der Ich-Sinn aufgegeben wird.

Wir verdanken der Gnade der alten *Rishis* ein so segensreiches Geschenk. Meine Kinder, lebt im Einklang mit ihrer Erkenntnis und vergeudet eure Zeit nicht länger, sonst verliert dieses Leben seinen Sinn. Denkt nicht, ihr könntet morgen etwas erledigen, denn morgen ist nur ein Traum. Selbst jetzt leben wir in einem Traum – das ist alles. Ein normaler Traum endet in einer Nacht, wohingegen dieser Traum lange währt. Nur wenn wir aus diesem Traum erwachen, können wir begreifen, was Wirklichkeit bedeutet. Und wir erwachen in Gott. Wir sollten uns dessen gewiss sein, denn nur so vermögen wir aus diesem Traum aufzuwachen.

Jeder Augenblick ist höchst kostbar und sollte nicht vergeudet werden. Es ist töricht, unser Erwachen auf morgen zu verschieben und erneut ins Träumen zu versinken. Auf die Frage nach dem Morgen bekommt man keine Antwort und es ist so, als ob man vier und vier addiert und fälschlicherweise behauptet, das sei neun. Nichts ist wertvoller als dieser gegenwärtige Augenblick. Vergeudet ihn nicht. Meine Kinder, nutzt diesen gegenwärtigen Moment und lernt aus tiefstem Herzen zu lachen. Versucht, das Lächeln auf euren Lippen zu bewahren und niemandem in Gedanken, Worten oder Taten zu schaden.

Ergreife diesen glückseligen Augenblick

Momentan denken wir an Vergangenes oder an Zukünftiges und verpassen deshalb den gegenwärtigen Augenblick, den wir genießen sollten.

Ein Mann bestellte sich einen Eisbecher und begann ihn auszulöffeln. Beim ersten Löffel begannen seine Gedanken: „Ich habe seit heute Morgen leichte Kopfschmerzen. Das Restaurant, wo ich gestern Abend aß, war nicht sehr sauber – alle Speisen standen offen herum. Ob da vielleicht ein kleiner Käfer oder so etwas hineingefallen ist? – Was für herrliche Dinge sind doch in dem Juweliergeschäft neben dem Restaurant ausgestellt! Und was für eine schicke Kleidung in dem gegenüberliegenden Schaufenster! Ob ich mir jemals so etwas leisten kann? Von meinem jetzigen Gehalt kann ich kaum leben. Was ist bloß aus meinem Leben geworden! Ach, wäre ich doch in eine wohlhabende Familie geboren worden! Hätte ich doch mehr in der Schule gelernt! Aber so war es eben!" Und so wirbelten die Gedanken durch seinen Kopf, während er sein Eis aß. Er war sich gar nicht bewusst, wie das Eis schmeckte. Seine Gedanken waren irgendwo und er lebte nicht wirklich in diesem Augenblick. Da er über Vergangenes und über Bevorstehendes grübelte, versäumte er diesen wunderbaren Augenblick, der ihm zum Genießen geschenkt worden war. Aus diesem Grund betont Amma, dass die Vergangenheit ein ungültiger Scheck ist. Es ist sinnlos, über die Vergangenheit nachzugrübeln und ist so, als ob man einen Leichnam umarmte! Die Toten kommen nie mehr zurück und die verflossene Zeit kehrt ebenfalls nicht wieder. Es ist genauso sinnlos zu überlegen, was in der Zukunft geschieht, denn auch sie ist nur ein Traum. Es kann kommen wie geplant – oder auch nicht. Deswegen ist nur dieser Augenblick gültig.

Er ist wie das uns verfügbare Geld. Wir können damit machen, was wir wollen. Geben wir es jedoch leichtfertig aus, bringt uns das nichts ein und das Geld ist verloren. Folglich sollten wir es umsichtig ausgeben. Jeden Schritt sollten wir klug abwägen, denn nur so können wir mutig auf unserem Pfad des Handelns weiterkommen. Wir sollten festentschlossen nach diesem Grundsatz leben.

Die Notwendigkeit selbstlosen Handelns

Es geschehen im Leben generell zwei Dinge: Wir handeln – und wir ernten die Früchte unseres Tuns. Handeln wir positiv, so ist das Ergebnis angenehm, wohingegen negative Handlungen nur unangenehme Ergebnisse hervorbringen. Jede Handlung verlangt deshalb große Sorgfalt.

Manche Leute haben Bücher über Vedanta gelesen und wollen diejenigen verunsichern, die handeln: „Gibt es denn nicht nur ein Selbst (*Atman*)? Welches andere Selbst könnte diesem Selbst denn dienen?" Doch dann zeigt sich, dass diejenigen, die so etwas fragen, sehr auf ihre physischen Belange bedacht sind. Sie warten begierig auf die Zeit fürs Mittagessen um ein Uhr und werden ungemütlich und ärgerlich, wenn sie ihr Essen nicht pünktlich bekommen. Wo bleibt ihr Wissen vom Selbst, wenn sie hungrig sind? Sie fragen sich nicht: „Warum braucht das Selbst Nahrung?" Wenn es um ihre körperlichen Bedürfnisse geht, um Essen, Schlafen, gute Kleidung und so weiter, kennen sie keinen

Kompromiss. Sie zögern allerdings, wenn sie anderen Gutes tun sollen. Das ist wahrhaftig keine vedantische Sichtweise. So argumentieren lediglich Leute, die faul herumsitzen und nichts tun. Das nutzt niemandem. Wahres Verstehen liegt nicht im Handeln selbst, sondern in einem Gefühl von Nicht-Handeln, d.h. dass man beim Handeln eigentlich nichts tut.

In Wahrheit können wir keinen Augenblick untätig sein. Wenn wir nicht körperlich aktiv sind, dann doch geistig. Während wir schlafen, sind wir aktiv in unseren Träumen und unser Atem und andere körperliche Funktionen arbeiten automatisch weiter. Aktivität ist also unvermeidbar. Warum dann nicht irgendetwas Nützliches für die Welt tun? Und warum sollte das keine körperliche Arbeit sein? Selbstlose Handlungen schwächen unsere angeborenen unerwünschten Neigungen ab. Durch gute Gedanken, Worte und Taten können wir unsere angesammelten Tendenzen überwinden.

In früheren Zeiten übertrugen spirituelle Meister den Schülern, die bei ihnen lebten um Vedanta zu studieren, gewisse Aufgaben, z.B. Feuerholz zu sammeln, Pflanzen zu gießen oder Kleidung zu waschen. Selbstloser Dienst verwandelt unsere Selbstbezogenheit und starke Bindung an den physischen Körper, weshalb sich niemand solchen Arbeiten entziehen oder andere davon abhalten sollte.

Wer angesichts des Leides der anderen voller Mitgefühl ist, kann nicht müßig herumsitzen. Wenn Gottes Gnade dahin fließt, wo es kein Mitgefühl gibt, bleibt sie wirkungslos – so, als ob man Milch in einen unreinen Topf gießen würde. Innere Reinheit lässt sich nur gewinnen, wenn man so handelt, dass es für andere nützlich ist.

Es gab einen König, der zwei Söhne hatte. Für ihn war nun die Zeit gekommen, sich als Einsiedler[25] in den Wald zurück-

---

[25] Vanaprastha – die dritte Lebensphase

zuziehen. Wer von seinen Söhnen sollte nun sein Nachfolger werden? Seinem Gefühl nach sollte derjenige König werden, der die Menschen liebt. Da ihm die Entscheidung schwerfiel, führte er seine Söhne zu einem spirituellen Meister, der in die Zukunft blicken konnte und erläuterte ihm seinen Wunsch. Der Meister hörte zu und sprach dann: „In wenigen Tagen werde ich mich auf eine nahegelegene Insel begeben. Schicke die Prinzen dorthin, aber sie sollen weder dorthin reiten, noch irgendein anderes Transportmittel benützen. Gib ihnen auch keine Diener mit – einfach nur etwas Wegproviant."

An dem vom Meister festgesetzten Tag schickte der König seine Söhne auf die Insel und wie vom Meister befohlen, ohne Transportmittel oder Gefolge. Der ältere Prinz brach zuerst auf. Unterwegs traf er auf einen Bettler, der ihn anflehte: „Ich sterbe vor Hunger! Ich habe seit zwei Tagen nichts gegessen. Bitte gib mir etwas zu essen!" Das gefiel dem Prinzen überhaupt nicht und er beschimpfte die umstehenden Leute: „ Bin ich denn nicht der Älteste des Königs? Gehört sich das, dass mich Bettler anpöbeln können?" Er warnte sie, das dürfe nicht wieder passieren und setzte seine Reise fort.

Kurz danach lief der jüngere Prinz auf demselben Weg entlang. Derselbe Bettler ging auf ihn zu und bettelte um etwas Essen. Der Prinz dachte bei sich: „Ich habe heute Morgen etwas gegessen, dieser arme Mann aber sagt, er habe zwei Tage nichts gegessen! Wie entsetzlich traurig!" Der jüngere Prinz setzte seinen Weg erst fort, nachdem er den armen Mann getröstet und ihm sein Essenspaket, das er bei sich trug, geschenkt hatte.

Um die Insel zu erreichen, mussten die Prinzen einen Fluss überqueren. Als sie das Flussufer erreichten, begegneten sie einem Leprakranken, dessen Körper überall mit eitrigen Wunden bedeckt war. Der Leprakranke konnte nicht schwimmen. Er rief um Hilfe, um den Fluss zu passieren. Der älteste Prinz hielt

94

sich beim Gestank des Kranken die Nase zu und watete durch den Fluss davon.

Der zweite Prinz dagegen empfand, er könne den armen Leprakranken nicht hilflos zurücklassen und dachte: „Armer Mann! Wenn ich ihm nicht helfe, wer dann?" Er hob den Leprakranken auf seine Schultern und watete in den Fluss hinein, als das Wasser plötzlich zu steigen begann. Ein gewaltiger Erdrutsch hatte flussaufwärts eine mächtige Strömung verursacht. Der ältere Prinz fand keinen Halt und das Wasser schwoll rasch an. Beim Versuch zu schwimmen, wurde er von der Strömung mitgerissen. Selbst als der Wasserpegel weiter anstieg, ließ der jüngere Prinz den Leprakranken nicht los. Er versuchte beim Schwimmen den Kranken zu tragen, bis seine Arme und Beine so schwach wurden, dass er ihn nicht länger halten konnte. Genau in diesem Moment sah er einen entwurzelten Baum den Fluss hinuntertreiben. Er griff danach und ermutigte den Leprakranken dasselbe zu tun. Während sie sich an dem Baum festhielten, erreichten sie sicher das andere Ufer. Der Prinz ließ den kranken Mann nun zurück und begab sich zu dem spirituellen Meister.

Das Mitgefühl des jüngeren Prinzen kam als Gnade auf ihn zurück, und zwar in Form des rettenden Baumes. Gnade kommt automatisch zu den Mitfühlenden. Man kann als noch so guter Schwimmer einer reißenden Strömung nicht entkommen – nur die göttliche Gnade verleiht Schutz. Diese Gnade wird aber nur dem zuteil, der Gutes tut. Meine Kinder, ihr solltet immer voller Mitgefühl handeln.

Gnade ist unerlässlich für den Erfolg

Ein Blick auf Stellenanzeigen in Zeitungsbeilagen zeigt, dass man bei einer Bewerbung beispielsweise einen Masterabschluss, ein ärztliches Gesundheitszeugnis und ein persönliches Empfehlungsschreiben vorweisen muss und über eine bestimmte Größe verfügen sollte. Bewerben kann sich nur, wer diese Voraussetzungen erfüllt. Nach der schriftlichen Prüfung und dem Interview stellt sich dann heraus, dass einige Leute die Stelle nicht bekommen, obwohl sie alle Fragen korrekt beantwortet haben – wohingegen andere ausgewählt wurden, obwohl sie nicht alle Fragen zufriedenstellend beantworteten.

Dies geschieht häufig, aber warum? Es ist so, dass es denjenigen, die nicht gewählt wurden, an der Gnade fehlte, das Herz des Prüfers zu erreichen. Wem diese Gnade zuteilwurde, erhielt die Stelle trotz einiger falscher Antworten. Somit hängt der Erfolg bei allem Bemühen auch von der Gnade ab. Voller Erfolg ist bei jeder Unternehmung nur dann möglich, wenn diese Gnade jenseits allen menschlichen Bemühens fließt. Nur dann bleibt das Leben im Fluss. Diese Gnade jedoch kann nur derjenige gewinnen, der innerlich geläutert handelt.

Gebt nur denen, die es verdienen

Neunzig Prozent von Ammas Kindern, die heute hier versammelt sind, haben die Spiritualität noch nicht richtig verstanden. Jeder Mensch kann die Dinge nur entsprechend seiner Denkfähigkeit und seines *samskara* aufnehmen. Man muss sich auf die Ebene der jeweiligen Person einstellen, um etwas zu erklären und kann nicht jedem dasselbe empfehlen. Es werden dieselben Worte unterschiedlich aufgenommen, weshalb man die Zuhörer kennen sollte, bevor man ihnen spirituelle Anweisungen gibt.

Angenommen, ein Schuhgeschäft führt nur Schuhe in einer Größe und Form. Selbst wenn hundert Käufer hereinschauen, gibt es nur eine Größe für sie. Solch ein Laden ist nicht sehr nützlich, auch wenn er eine Fülle von Schuhen auf Lager hat. Man muss unterschiedliche Größen bereitstellen, damit die Leute das Passende auswählen können. Unsere spirituelle Kultur, *Sanatana Dharma*[26] (Ewiges Prinzip), bietet viele verschiedene Wege an. Um

---

[26] Sanatana Dharma ist der traditionelle Name für den Hinduismus.

Menschen mit ihrem unterschiedlichen kulturellen Hintergrund zu inspirieren, muss man jeden entsprechend seiner individuellen Geistesverfassung und seiner Lebensumstände auf seinem Weg begleiten. Nur so kann man sie zum Ziele führen.

Es gibt nur eine Wahrheit – die Weisen haben dafür unterschiedliche Bezeichnungen

Der Hinduismus bezieht sich auf viele verschiedene Gottheiten. Die vorherrschenden Rituale und Gebräuche weichen in den einzelnen Landesteilen Indiens voneinander ab. Die indische Bevölkerung ist in unterschiedlichen Kulturen aufgewachsen, denn dieses Land wurde von Herrschern verschiedener Länder regiert. Somit entstanden mannigfaltige Anbetungsformen und Gottheiten, entsprechend der jeweiligen Kulturen. Die in allen anwesende Kraft des Bewusstseins ist jedoch immer dieselbe. Seifenschaum ist weiß, ob man nun grüne, blaue oder rote Seife benutzt. Und dementsprechend ist die Bewusstseinskraft der verschiedenen Gottheiten dieselbe. Wir sollten diese Bewusstseinskraft, diesen einen Gott in allen erkennen. Sie ist alldurchdringend und existiert auch in uns. Sie ist gegenwärtig im Ruf des Kuckucks, in der krächzenden Krähe, im brüllenden Löwen und im Tosen des Ozeans. Genau dieselbe Kraft blickt durch unsere Augen, hört mit unseren Ohren, schmeckt mit unserer Zunge, riecht mit unserer Nase, fühlt mit unserer Haut und verleiht unseren Beinen die Kraft zum Gehen. Diese Kraft erfüllt alles. Sie muss erfahren werden.

Entwickelt eine hingebungsvolle Haltung

Unsere Hingabe sollte nicht an die Art und Weise eines Affenkindes erinnern. Das Affenkind klammert sich am Bauch seiner Mutter fest. Wenn die Mutter von einem Zweig zum anderen springt und das Affenkind seinen Griff lockert, fällt es zu Boden. Wir sollten aus Hingabe beten: „Mutter, halte mich fest!" Dann ist nichts zu befürchten. Selbst wenn sich unser Griff lockert, wird uns der feste Halt des Höchsten beschützen.

Das Katzenkind kann nur schreien. Seine Mutter wird es mit ihrer Schnauze aufheben und an einen sicheren Ort tragen. Das Kätzchen hat nichts zu befürchten, denn seine Mutter lässt es nicht los. Lasst uns beten: „Oh Mutter, halte meine Hand und führe mich!" Solange sie uns führt, können wir nicht ins Loch oder in einen Graben fallen. Sie lässt nicht zu, dass wir uns in weltlichen Spielen und Attraktionen verlieren und wird uns zum Ziel führen. Entwickelt diese innere Einstellung.

Die Übung der Mantra-Wiederholung

Ein Mantra zu wiederholen ist eine spirituelle Übung, die wir mühelos immerzu ausführen können. Meine Kinder, ihr seid mit dem Bus hierhergekommen. Könnt ihr euer Mantra denn nicht von dem Augenblick an wiederholen, in dem ihr in den Bus einsteigt, bis zu eurer Ankunft? Und dasselbe auf eurem Rückweg? Warum machen wir es uns nicht zur Gewohnheit, unser Mantra auf unseren Reisen zu wiederholen? Warum den Frieden unseres Gemütes stören und unserer Gesundheit schaden, indem wir unterwegs ständig reden? Man gewinnt beim Wiederholen des Mantras nicht nur geistigen Frieden, sondern auch materiellen Vorteil. Wir erreichen nicht nur Gott – sondern ebenso Gottes Herrlichkeit.

Dienst an der Menschheit heißt Amma zu dienen

Dank des Einsatzes von Ammas Kindern wurde es unserem Ashram glücklicherweise innerhalb kurzer Zeit möglich, eine ganze Palette verschiedener Hilfsleistungen anzubieten. Wenn ihr innerlich darauf eingestellt seid, können wir noch viel mehr für die Welt tun. Sobald bekannt wurde, dass wir 25.000 Häuser für Arme planten, erhielten wir mehr als 100.000 Anfragen von Menschen, die Häuser wollten! Die meisten Anfragen waren berechtigt. Wenn Ammas Kinder entschlossen sind zu helfen, können wir für jeden Menschen, der kein Dach überm Kopf hat, ein Haus bauen. Daran besteht kein Zweifel. Das Geld, das ihr im täglichen Leben unnötig ausgebt, würde dazu ausreichen.

„Von heute an will ich nicht mehr rauchen und keinen Alkohol mehr trinken. Anstatt mir jedes Jahr zehn neue Kleidungsstücke zu kaufen, werde ich nur neun kaufen." Meine Kinder, seid dazu entschlossen und bringt das ersparte Geld zum Bau von Häusern für die Armen ein. Dann wird es heute in zehn Jahren nirgendwo mehr im Land Slums geben. Zu Amma kommen Mütter und klagen: „Amma, heute Nacht hat es geregnet und unsere Hütte war überall undicht. Damit das Baby nicht völlig durchnässt wurde, musste ich über sein Köpfchen eine Strohmatte halten." Stellt euch das vor, meine Kinder – die Mutter bleibt im strömenden Regen die ganze Nacht wach und hält eine Strohmatte über ihr kleines Kind, damit es schlafen kann und nicht nass wird in der undichten Hütte! Zur selben Zeit geben Menschen sehr viel Geld für Alkohol und Drogen aus.

Warum hat Amma beschlossen, so viele Häuser zu errichten? Weil sie an das Leiden ihrer Kinder und an nichts anderes dachte. Wenn wir all die anderen Dinge in so kurzer Zeit bewerkstelligen konnten, ist auch dies möglich. Wir haben 100.000 Anfragen und können pro Jahr 5.000 Häuser bauen. Wenn ihr alle bereit seid, können wir sogar mehr tun. Hat Amma denn nicht unzählig viele Kinder? Wenn ihr für zwei Jahre das Rauchen aufgebt, können wir von dem gesparten Geld ein Haus bauen. Eine Familie braucht zum Schlafen nicht mehr als zwei Räume, um nicht vom Regen geplagt zu werden. Meine Kinder, denkt daran, wenn ihr Geld unnötig ausgebt.

Manche von euch nehmen Alkohol, *ganja* (Haschisch) usw. zu sich. Meine lieben Kinder, wenn ihr das tut, nehmt ihr in Wirklichkeit Blut und Tränen zu euch, Blut und Tränen von

Müttern, Ehefrauen[27], Kindern und Geschwistern in euren Familien. Meine Kinder, bittet Gott um die Stärke, solch schlechte Gewohnheiten abzulegen! Amma nährt sich von der Gesinnung ihrer Kinder, die frei von Eifersucht und Boshaftigkeit sind. Wenn ihr so eingestellt seid, ist Amma glücklich. Meine Kinder, bittet Gott, frei von Eifersucht und stark genug zu werden, um positive Dinge zu tun! Bittet um die Kraft, eure schlechten Gewohnheiten abzulegen. Bittet darum, in allem nur das Gute zu sehen, wie eine Honigbiene, die aus jeder Blüte nur den Honig saugt.

Amma spricht immer von Hingabe. Versucht, all euer Tun Gott darzubringen und bittet darum, in allem den Willen Gottes zu erkennen. Diese Hingabe sollte das Ziel eures Lebens sein.

---

[27] In Kerala ist es nicht üblich, dass eine Frau raucht oder Drogen nimmt.

Das Ideal der Freiheit in Indien

Ammas Geburtstagsansprache 1997

Amma verneigt sich vor euch allen, die ihr wahrhaftig Verkörperungen der Liebe und des Höchsten Selbst seid!

Alle meine Kinder haben sich hier geduldig und voller Begeisterung versammelt. Wenn ihr diese Eigenschaften ein Leben lang aufrechterhalten könnt, wird euch alles gelingen – denn Geduld und Begeisterungsfähigkeit sind die Voraussetzung zum Erfolg.

Manche Menschen sind zwar enthusiastisch, besitzen aber keine Geduld – andere wiederum sind geduldig, doch ohne Tatendrang. Neunzig Prozent der jungen Leute sind voller Eifer, zeigen aber keine Geduld. Sie sind hektisch und handeln impulsiv. Weil es ihnen an Geduld fehlt, erreichen sie ihr Ziel oft nicht. Menschen in den Sechzigern und Siebzigern sind dagegen oft sehr geduldig. Sie haben sich dank ihrer Lebenserfahrungen Geduld, Unterscheidungsvermögen und Klugheit erworben, besitzen aber nicht mehr viel Enthusiasmus. Wenn man sie fragt warum, antworten sie: „Mein Körper hat an Kraft verloren, ich kann mich nicht mehr so bewegen, wie ich möchte." Man kann das heutzutage beobachten.

Schaut euch ein kleines Kind an. Es ist beides – voller Eifer und geduldig. Es versucht zu stehen, fällt hin, versucht es erneut und gibt nicht auf, selbst wenn es sich dabei verletzt. Schließlich gelingt es ihm zu stehen, weil es sich ständig bemüht, ohne Geduld und Tatendrang zu verlieren. Das Kind weiß, dass seine Mutter da ist und es beschützt, ihm das Blut abwischt und wenn nötig, Salbe auf die Wunde aufträgt. Das Kleinkind vertraut auf seinen Erfolg, weil seine Mutter bei ihm ist, es an die Hand nimmt und in seinem Bestreben unterstützt.

Diese drei Eigenschaften: Geduld, Enthusiasmus und Optimismus sollten die Mantren unseres Lebens sein. Es lässt sich in allen Bereichen beobachten, dass sich Erfolg bei den Menschen einstellt, die Vertrauen besitzen. Wer kein Vertrauen hat, verliert seine Kraft.

Ein Schuhunternehmen sandte zwei Händler in ein abgelegenes Dorf, um dort ihre Produkte zu verkaufen. Nach wenigen Tagen schickte der eine Händler dem Unternehmen folgende Nachricht: „Es handelt sich bei den Leuten hier um Eingeborene. Sie kennen Schuhe überhaupt nicht. Da man hier unmöglich etwas verkaufen kann, komme ich sofort wieder zurück." Die Nachricht des zweiten Händlers war völlig anders. „Die Leute, die hier leben, sind Eingeborene. Sie kennen Schuhe überhaupt nicht. Sie gehen und schlafen im Dreck. Wenn wir ihnen beibringen, wie nützlich Schuhe für sie wären, könnten wir eine Menge Sandalen verkaufen. Schickt deshalb sofort eine Ladung Sandalen hierher!" Der Händler mit der optimistischen Einstellung hatte Erfolg.

Wenn wir darauf vertrauen, dass Gott stets bei uns ist und uns in jeder Not beisteht, entwickeln wir genügend Energie und Enthusiasmus, um jedes Hindernis im Leben zu überwinden. Unser Optimismus, erfolgreich zu sein, wird uns nie verlassen.

Rama, Krishna, Christus und Mohammed hatten viele Widerstände zu überwinden, ohne jemals wankelmütig zu werden. Sie schauten nie zurück, sondern machten einfach weiter – mit dem Ergebnis, dass ihnen alles gelang. Sie sind bis heute lebendig geblieben. Wenn Amma so etwas sagt, denkt ihr vielleicht: „Aber waren sie nicht allesamt *avatare*?[28] Ihnen war so etwas möglich, aber wie könnten denn gewöhnliche Menschen wie wir mit ihnen etwas gemeinsam haben?" Meine Kinder, niemand von euch ist ein gewöhnlicher Mensch! Jeder von euch besitzt außergewöhnliche Kräfte. Wir tragen unendliche Kräfte in

---

[28] Inkarnationen des Höchsten Wesens.

uns, die aber momentan ruhen. Wir müssen sie einfach erwecken, dann ist uns der Sieg sicher.

Gnade empfangen

Unser Körper ist gewachsen, nicht aber unser Inneres. Wir müssen wie Kinder sein, d.h. das innere Kind in uns erwecken, um uns geistig so auszudehnen wie das Universum. Nur ein Kind kann sich entwickeln. Momentan tragen wir das Ego in uns und nichts lässt sich mit diesem Gefühl von „Ich" erreichen. Dieses Ego muss einem Gefühl von Weite Platz machen.

Gott zu lieben heißt, alles zu verehren und nicht einfach nur zu beten. Gott sitzt nicht irgendwo oben im Himmel. Er wohnt in jedem von uns, dessen sollten wir uns bewusst werden – und in aller Demut. Wir müssen lernen, uns immer als Anfänger zu fühlen, denn das befreit uns von Arroganz. Um das zu erreichen, müssen wir uns von etwas Riesigem verabschieden: Von unserem Ich-Sinn, denn dieser steht allem im Wege. Wenn wir ihn loslassen, wird unser Leben erfolgreich. Man sagt, Gottes Gnade trage mehr zu jedem Erfolg bei als unser eigenes Bemühen. Da unser Ego die Gnade behindert, müssen wir uns irgendwie davon lossagen. Unsere Absage an das Ego lässt uns wachsen.

Um jedoch bereit zu werden für die Gnade, müssen wir gutes *karma* schaffen. Wir sagen ständig: „Gib mir dies! Gib mir das!" und haben nicht gelernt, „danke!" zu sagen. Es ist notwendig, unter allen Umständen seine Dankbarkeit auszudrücken. Denkt darüber nach, was wir für andere tun können, anstatt immer nur von anderen etwas zu erwarten. Das sollte für uns selbstverständlich werden.

Als ein Mann einen Freund in dessen neuem Haus besuchte, stand er eine Weile davor und bewunderte das großartige Herrenhaus, bis der Besitzer hinauskam, um ihn zu begrüßen. Der Freund fragte stauend: „Wie viele Menschen leben in diesem Haus?"

„Ich lebe hier allein", erwiderte sein Freund.

„Du lebst hier ganz allein! Gehört dir das Haus?"

„Ja."

„Woher hast du das Geld, um dir in jungen Jahren solch ein Anwesen zu bauen?"

„Mein älterer Bruder hat es für mich gebaut. Er hat sehr viel Geld."

Als der Besucher daraufhin verstummte, sagte sein Freund: „Ich weiß, was du denkst. Hättest du nicht auch gerne solch einen Bruder?"

„Nein", antwortete der Besucher, „ich dachte, wenn ich doch so reich wäre wie dein Bruder, dann könnte ich auch solch ein Haus verschenken!"

Meine Kinder, wir sollten dieses Bedürfnis entwickeln, etwas zu verschenken. Nur wer gibt, kann empfangen. Geben befriedet den Geist.

Die uns umgebende Atmosphäre überträgt vielerlei Wellen. Gedanken sind auch Wellen, weshalb es heißt, man solle jeden Gedanken und jedes Wort abwägen. Man sagt, die Schildkröte brüte ihre Eier durch Gedanken aus, der Fisch mit dem Blick und die Henne durch Körperkontakt. Auch unsere Gedankenwellen sind machtvoll. Wenn wir uns über jemanden ärgern, der nichts Falsches getan hat, wird derjenige verletzt sagen: „O Gott, was habe ich bloß getan! Warum spricht man so über mich?" Der Kummer dieses Menschen dringt in spürbaren Wellen in die feine uns umgebende Aura und wird von ihr absorbiert. Unsere Aura wird dadurch dunkel wie ein rauchgeschwärzter Spiegel. So wie Rauch verhindert, dass Licht auf einen Spiegel fällt, hindert uns die durch Kummerwellen erzeugte Dunkelheit am Empfang der göttlichen Gnade. Wir sind deshalb aufgerufen, unsere schlechten Gedanken aufzugeben und stattdessen unser Denken auf Gott zu richten. Wenn wir ständig an Gott denken, werden wir göttlich.

Manche Menschen meinen: „Ich werde mich zuvorkommend verhalten, wenn die anderen zuvorkommend sind." Das ist so, als wolle man erst dann im Meer schwimmen, wenn sämtliche Wellen abgeflaut sind. Wir sollten keine Gelegenheit ungenutzt lassen, anderen etwas Gutes zu tun, anderen zu helfen. Nichts sollte uns davon abhalten, anderen Gutes zu tun – allerdings ohne deshalb eine Gegenleistung der anderen zu erwarten.

Lasst uns Mitgefühl entwickeln. All unsere Gedanken und Worte mögen davon durchdrungen sein.

Die Früchte des Handelns

Man sagt bisweilen, unser Leben solle so sein wie unsere Augen, die ihren Fokus entsprechend danach einstellen, ob ein Gegenstand nah oder fern ist. So lassen sich dann die Dinge gut betrachten. Wir sollten uns geistig auch so ähnlich verhalten, indem wir uns auf jede Lebenssituation einstellen. Das kann uns durch Spiritualität gelingen. Mit einem friedvollen Herzen vermögen wir uns auf ganz unterschiedliche Verhältnisse einzustellen. Nur durch Meditation finden wir den wahren Frieden.

Momentan sind wir wie gehorsame Maschinen, was nicht sein sollte. Wir müssen aufwachen und Unterscheidungsvermögen entwickeln.

Wenn man das übliche Leben mit einer Autofahrt auf der Straße vergleicht, gleicht das spirituelle Leben dem Flug. Autos auf der Straße können nur auf dem Boden fahren und nicht abheben. Flugzeuge sind anders konstruiert, können sich auf dem Boden bewegen und dann in große Höhen aufsteigen. Wenn wir uns in große Höhen aufschwingen, gewinnen wir Kraft, um alles vom inneren Zeugen her zu betrachten.

Viele Leute sagen, sie müssten leiden, obwohl sie wissentlich nichts falsch gemacht hätten. Eines ist gewiss: Wir ernten lediglich die Früchte unseres Tuns, ohne das je verhindern zu können. Wenn ein Kalb inmitten von tausend Kühen freigelassen wird, findet es seine Mutter und rennt zu ihr. So ähnlich kommen die Früchte unseres Tuns unweigerlich nur auf uns zu. Gott hat niemanden geschaffen, um ihn einfach nur zu bestrafen.

In einer Familie gab es drei Söhne, deren Eltern starben. Obwohl alle drei Jungen einen Schulabschluss hatten, konnten sie bis dahin noch keine Arbeit finden. Ein wohlhabender Mann erbarmte sich ihrer, lud sie zu sich nach Hause ein und gab ihnen Arbeit. Alle Drei bekamen dieselbe Position. Einer von ihnen begann, Bestechungsgelder anzunehmen. Obwohl ihn sein Chef mehrmals verwarnte, hörte er nicht auf ihn. Da er somit für eine hohe Position nicht geeignet war, wurde er seines Postens enthoben und erhielt stattdessen die Stelle eines Pförtners. Der zweite Bruder war diszipliniert und ehrlich, erschien aber am Ende eines jeden Monats, um seinen Lohn abzuholen. Er mochte keinen Tag länger warten. Da er diszipliniert und aufrichtig war, förderte ihn sein Chef. Der dritte Bruder war nicht so wie die anderen. Wie sein zweiter Bruder führte er die ihm anvertraute Arbeit gewissenhaft und zuverlässig aus. Er lehnte allerdings das ihm am Ende eines Monats angebotene Gehalt ab: „Sie gaben mir diese Arbeit und ein Zuhause. Sie versorgen mich mit Nahrung, Kleidung und allem anderen Notwendigen – wozu benötige ich da noch ein Gehalt?" Einige Zeit später starb der reiche Mann. In seinem Letzten Willen vermachte er sein gesamtes Vermögen dem jungen Mann, der unentgeltlich gearbeitet hatte. Letztendlich wurde der zweite Bruder, der ehrlich gearbeitet hatte, befördert. Demjenigen, der unehrenhaft Bestechungsgelder angenommen hatte, war der niedere Posten eines Pförtners zugewiesen worden. Schließlich erbte derjenige alles, der ganz nach den Wünschen seines Wohltäters gearbeitet und nichts für sich selbst beansprucht hatte. Das entspricht auch unserer Situation im Leben: Wir ernten die Früchte unseres Handelns.

Im Leben geschehen eigentlich nur zwei Dinge: Wir handeln und wir ernten die Früchte unseres Handelns. Aus ehrenwertem Tun entsteht Gutes, wohingegen unredliches Tun Schlechtes nach sich zieht. Als Handlung kann man nicht nur das bezeichnen, was wir mit Händen und Füßen tun, sondern Gedanken sind ebenso Handlungen. Schlecht über andere zu reden ist eine schlechte Tat und zieht Übles nach sich.

Wenn wir leiden, sollten wir uns nicht besorgt fragen, ob wir Sünder sind. Es ist gut, wenn uns bewusst wird, dass wir jetzt unter den Auswirkungen zurückliegender negativer Handlungen leiden, die wir nicht wiederholen dürfen – und fest zu beschließen, in der uns noch verbleibenden Lebensspanne nur positiv zu handeln. Verurteilt euch selbst nicht als Sünder, Nichtsnutz oder Ähnliches. Übergebt alles dem Willen Gottes und führt ein Leben voller Mitgefühl und selbstlosem Dienst. Das ist der einfachste Weg zum inneren Frieden.

Meine Kinder, erkennt, dass nichts nach unserem Willen geschieht! Wenn man zehn Eier ausbrüten lässt, werden nicht alle so ausgebrütet wie erwartet. Die Dinge geschehen niemals derartig. Ginge es nach unserem Willen, würden alle zehn Eier ordentlich ausgebrütet. Es ist notwendig, voller Demut alles dem Willen Gottes zu überlassen.

Manche fragen: „ Hat euer Krishna uns nicht angewiesen, ohne Lohn zu arbeiten?" Keineswegs. Der Herr sagte, wenn wir uns auf das Ergebnis unseres Tuns konzentrieren, sind wir möglicherweise enttäuscht, wenn es nicht unseren Erwartungen entspricht. Damit wollte er nicht sagen, dass wir ohne Bezahlung arbeiten sollten. Er hielt uns vielmehr an, Demut zu entwickeln, um später die uns zustehende Entlohnung zu empfangen.

Das Leben ist, wie gesagt, erfüllt von Freude und Kummer. Es ist wie das Pendel einer Uhr. Das Pendel schwingt hin zur Freude, verharrt dort aber nicht und schwingt zurück zum

Kummer. Spiritualität gleicht beides aus. Wer schwimmen kann, genießt die Wellen des Meeres, während der Nichtschwimmer unter den Wellen versinkt. Wenn wir die spirituellen Grundsätze verstehen, vermögen wir in allen Lebenssituationen ein Lächeln zu bewahren und unser Ziel sicher zu erreichen. Krishna hat uns angeleitet, wie wir dieses Ziel erreichen können, ohne unterwegs zusammenzubrechen.

Eheliche Liebe

Zu Amma kommen die unterschiedlichsten Menschen mit ganz unterschiedlichen Problemen. Zahllose Familienprobleme entstehen aus ganz trivialen Anlässen. Die meisten Probleme könnten mit etwas Geduld gelöst werden. Es kam einmal ein verstörtes Ehepaar zu Amma. Die Frau hatte bisweilen psychische Ausfälle und konnte sich anschließend nicht mehr erinnern, was sie gesagt hatte. Das passierte ihr unter Stress. Sie liebte aber ihren Mann wirklich. Da Amma das wusste, sagte sie zu dem Ehemann: „Sohn, du musst einfach nur etwas behutsamer sein, das ist alles. Wenn deine Frau solche Dinge sagt, musst du einfach verstehen, dass das mit ihrer Krankheit zusammenhängt und ihr verzeihen. Sie wird allmählich wieder gesund werden." Der Ehemann wollte das aber nicht akzeptieren und sagte: „Warum soll ich ihr nachgeben? Ist sie nicht meine Frau?" Das war seine Einstellung. Und was passierte? Der Streit in der Familie wurde größer und die Krankheit der Frau verschlimmerte sich, bis sie von Familienmitgliedern weggebracht werden musste. Fortan war das Leben ihres Mannes zerrüttet. Er begann zu trinken, bis er schließlich sein gesamtes Vermögen durchgebracht hatte. Sein Leben wurde zur Hölle. Dies alles wäre nicht passiert, wenn er mehr Verständnis und liebevolle Geduld für die Krankheit seiner Frau aufgebracht hätte. Meine Kinder, bemüht euch deshalb in jeder Lebenssituation um Verständnis.

Amma wird oft gefragt, wenn sie ins Ausland reist: „Werden Frauen in Indien nicht wie Sklaven behandelt?" Amma erklärt ihnen dann: „Keineswegs. In Indien wird die Verbindung zwischen Mann und Frau von Liebe getragen." Man sagt, eine Ehefrau sollte drei Eigenschaften besitzen und auch ausleben: Die einer Mutter, einer Freundin und einer Ehefrau. Es geziemt sich nicht, von ihr nur eine besondere Eigenschaft zu erwarten und sie wie einen Baum in den Blumentopf (ihres Mannes) zu pflanzen. In solch einem Topf kann der Baum nämlich nicht in den Himmel wachsen, da seine Wurzeln immer aufs Neue gestutzt werden. Das schwächt ihn. In seinen Zweigen kann kein Vogel nisten und keine Früchte wachsen auf ihm. Ein Baum, der so behandelt wird, hat keine Kraft. Pflanzt ihn lieber in Erde um, dann werdet ihr sehen, wie er wächst und sein Potential voll entfaltet!

Es ist ebenso unangemessen zu behaupten, die Frau an sich sei schwach – sie ist stark! Wir müssen dieser Kraft einfach nur die Möglichkeit zur Entfaltung geben und ihr erlauben, sich selbst zu entdecken, anstatt ihre Wurzeln zu beschneiden und in einen Topf zu pressen. Eine Frau, die ihr Potential voll entfalten kann, ist wie ein mächtiger schattenspendender Baum, der die Familie, die Gesellschaft und das Land schützt.

Mann und Frau sollten eins werden – diese Haltung gilt es zu entwickeln. Das Leben ist zum Teilen da, nicht zum Besitzen. Da fällt Amma eine Geschichte ein. Es gab einen Mann, der süchtig nach Pferderennen war. Er verlor all sein Geld auf der Rennbahn und sein Geschäft machte Bankrott. Er kam nach Hause und fragte seine Frau:"Mein Geschäft ist ruiniert. Was sollen wir jetzt machen?"

Sie antwortete: „Geh ab jetzt nicht mehr zu Pferderennen. Wir werden schon irgendwie von dem leben können, was wir noch besitzen."

„Okay, aber dann musst du aufhören, teure Kleidung zu kaufen", erwiderte der Ehemann.

„In Ordnung, " entgegnete sie. „Wir können uns auch keinen Chauffeur mehr leisten, aber du kannst ja Auto fahren."

„Das stimmt", gab der Ehemann zu. „Ich fahre von nun an den Wagen. Wir können uns auch keinen Koch mehr leisten. Ich werde dir in der Küche zur Hand gehen, wenn du Hilfe brauchst."

Die Frau willigte freudig ein. Auf diese Weise gestalteten sie ihr Leben miteinander, kürzten unnötige Ausgaben und glichen so den erlittenen Verlust aus. So sollten wir unser Leben gestalten. Werdet ein Herz und eine Seele – werdet eins. Das Leben ist nicht dazu da, sich voneinander abzusondern und sich gegenseitig Vorwürfe zu machen: „Wer bist du denn, dass du mir sagst, was ich tun soll?"

Liebe ist Indiens eigentlicher Reichtum. Liebe ist der Grundpfeiler des Lebens. Neunzig Prozent unserer körperlichen und mentalen Probleme sind zurückzuführen auf Schmerzen und Sorgen aus der Vergangenheit. Jeder von uns trägt ein Leben lang viele ungeheilte Wunden in sich. Die ärztliche Wissenschaft kennt kein Medikament zur Heilung dieser Wunden. Ein Heilmittel jedoch gibt es für all dies: unser Herz füreinander zu öffnen.

Teilt eure Gedanken und Gefühle miteinander. Bemüht euch im Miteinander, eure gegenseitigen Bedürfnisse zu erkennen und zu erfüllen. Meine lieben Kinder, wenn ihr gegenseitige Liebe und Respekt entwickelt, lösen sich eure Probleme allmählich auf. Liebe ist das eigentliche Fundament des Lebens. Da wir dies bewusst oder unbewusst verleugnen, entstehen unsere gegenwärtigen Probleme. So wie der Körper Nahrung braucht, um sich zu entwickeln, braucht die Seele Liebe. Liebe verleiht dem Kleinkind sogar mehr Stärke und Vitalität als Muttermilch.

Meine Kinder, liebt einander und werdet eins. Das ist Ammas Wunsch.

Ammas Kinder sollten dieses Ideal in sich tragen.

Versprechen am Unabhängigkeitstag

Indien feierte vor kurzem seinen fünfzigsten Unabhängigkeitstag. Amma war zu diesem Zeitpunkt im Ausland. Diejenigen, die mit Amma reisten, lasen in den Flugzeugen, die uns von einer Stadt zur anderen brachten, die Zeitungen und berichteten ihr dann traurig: „Amma, schau, was sie über Indien schreiben! Sie behaupten, es gäbe keinen Fortschritt und überall nur Hunger und Luftverschmutzung. Die Probleme werden völlig überzogen dargestellt." Wir reisten nach jeweils drei Tagen von einem Ort weiter zum nächsten. Die Berichterstattung über Indien war in allen Zeitungen nur negativ. Das Urteil über das Land war vernichtend. Niemand schrieb etwas Positives. Als wir schließlich in Europa landeten, lasen wir dort in einer Zeitung: „Man kann nicht behaupten, es gäbe keinen Fortschritt in Indien. Wenn man das heutige Indien vergleicht mit der Situation am Tag seiner Unabhängigkeitserklärung, zeigt sich ein gewisser Fortschritt." Nach so vielen Tagen war wenigstens das zu lesen.

Wie sollen wir nun Indiens fünfzigste Wiederkehr seines Unabhängigkeitstages feiern? Die Raucher sollten geloben damit aufzuhören und ebenso diejenigen, die Alkohol trinken. Wenn ihr das Geld, das ihr vorher für unnötige Dinge ausgegeben habt, zusammenlegt, können wir die baufälligen Hütten in den Dörfern durch feste Häuser ersetzen. Wir können Kindern aus ärmlichen Verhältnissen eine Ausbildung ermöglichen. Viele Kinder sind gezwungen, die Schule zu verlassen, weil dafür kein Geld vorhanden ist. Ammas Kinder im Teenager-Alter könnten zum Beispiel die Rinnsteine in den Dörfern säubern, als Beitrag zur Luftreinigung in und um die Dörfer herum. Wenn jeder sich auf seine Weise bemüht, wird unser Bharat[29] zu einem aufblühenden Land. Wir können diese Erde in einen Himmel verwandeln. Die Wohlhabenden in diesem Land könnten ganz leicht andere aus ihrer Not befreien, wenn sie bereit dazu wären. Doch leider sieht man kaum jemanden, der sich darum bemüht. Meine Kinder, ihr solltet diesbezüglich eine führende Rolle übernehmen!

Wie Amma zuvor schon sagte: Seid bereit zu handeln und erwartet nichts. Das bedeutet nun nicht alles aufzugeben. Esst, schlaft und unterhaltet euch nach euren Bedürfnissen, doch nicht im Übermaß, denn das wäre selbstsüchtig. Es heißt, Leute rauchen und trinken, um glücklich zu sein. Das wirkliche Glück liegt aber in uns und ist nicht in äußeren Dingen zu finden. Wenn wir das verstanden haben, fällt unsere Sucht nach derartigen Dingen von uns ab und wir legen Geld beiseite, um Arme zu unterstützen. Dann sind wir für Gottes Gnade und Barmherzigkeit empfänglich[30] und unser Leben wird segensreich für andere. Meine Kinder, bietet Menschen in anderen Ländern wenigstens ab jetzt keinen Anlass mehr, uns in ihren Zeitungen zu verurteilen! Gelobt dies am heutigen Tag!

Amma hat an diesen Geburtstagsfeierlichkeiten kein Interesse. Versteht den Daseinszweck eurer Geburt, meine Kinder! Es erfreut Amma sehr viel mehr als jede Geburtstagsfeier, wenn jemand das aufrichtig erforschen möchte.

Viele Menschen, die zu Amma kommen, sind festentschlossen, ein entsagungsvolles Leben zu führen. Viele haben aufgehört zu trinken oder gaben ihren luxuriösen Lebensstil auf, so dass

---

[29] Der traditionelle Name Indiens.

[30] Anmerkung des Herausgebers: Amma sagt, dass Gottes Gnade sich unaufhörlich über uns ergießt, aber diese Gnade kann nur empfangen werden, wenn unser Herz offen dafür ist. Empfänglich sein („eligible") bedeutet in diesem Zusammenhang: ein offenes Herz haben.

wir in der glücklichen Lage sind, in großem Ausmaß selbstlose Dienste zu leisten. Wenn alle Kinder von Amma so denken, können wir diese Erde in einen Himmel verwandeln. Mögt ihr mit der erforderlichen Geistesstärke gesegnet sein.

Amma betet während ihrer Geburtstagsfeier

Alle Lebewesen als das eigene Selbst betrachten

Ammas Geburtstagsansprache 1998

Amma verneigt sich vor euch allen als wahrhafte Verkörperung der Liebe und des Höchsten Selbst!

Meine Kinder, lasst uns zunächst das Mantra *Lokah samastah sukhino bhavantu* zusammen singen.

Nicht nur in Indien, sondern auch in anderen Teilen der Welt sterben viele Menschen durch Flutkatastrophen, Stürme, Erdrutsche usw.

Tausende erleiden Schreckliches in Kriegen zwischen Ländern und Auseinandersetzungen innerhalb der Gesellschaft. Eine Befreiung von solchem Elend ist uns nicht gelungen. Angesichts solcher Umstände missfällt Amma der Gedanke an Feierlichkeiten, sie sieht aber in diesem Fest die Chance einer Zusammenkunft von uns allen, um zu beten. Ein Gruppengebet ist enorm wertvoll, denn dadurch kann sich manches der gegenwärtigen beklagenswerten Umstände tatsächlich verändern. Schließt deshalb eure Augen und betet das Mantra *Om lokah samastah sukhino bhavantu*, auf dass alle Lebewesen überall Frieden und Glück erfahren mögen.

Im Leben miteinander teilen

Dieses Mantra wurde uns von unseren Vorfahren, den Rishis, geschenkt. Man betet es nicht nur zum eigenen Wohle oder dem unserer Familien. Es bedeutet: „O, Höchstes Wesen, mögen alle Wesen in allen Welten Frieden und Glück erfahren!" Meine Kinder, wir sollten uns doch fragen, ob wir so hochherzig sind, dieses Gebet sprechen zu können.

Amma fällt eine Geschichte ein. Die Ehefrau eines Mannes war gestorben. Er rief nach einem Priester, dieser möge ein Gebet für den Seelenfrieden seiner Frau sprechen. Der Priester betete während der Zeremonie das Mantra *Om lokah samastah sukhino bhavantu*. Da der Mann die Bedeutung dieses Mantras nicht kannte, fragte er den Priester: „Was bedeuten diese Worte, die du gebetet hast?" Der Priester antwortete: „Sie bedeuten ‚O Höchstes Wesen, mögen alle Wesen in allen Welten Frieden und Glück erfahren'!" Als er das vernahm, sagte der Mann: „Habe ich dich denn nicht hierher gebeten, um für die Seele meiner Frau zu beten? Und nun enthält das Mantra, das du gerade gebetet hast, keinen Hinweis auf den Namen oder die Seele meiner Frau!"Der Priester erwiderte: „Dieses Gebet brachte mir mein spiritueller Lehrer bei. Wenn du für die ganze Welt betest, erfährt die Seele deiner Frau wahrhaft Frieden und wird erhoben. Ich kenne keine andere Art zu beten."

Der Mann konnte nichts entgegnen, sagte dann aber: „Könntest du denn nicht wenigstens meine Nachbarn an der Nordseite meines Grundstücks ausschließen? Sie verhielten sich uns gegenüber so feindselig. Du kannst für alle beten, nur nicht für sie."

Meine Kinder, das ist unsere gegenwärtige Einstellung, was nicht so sein sollte. Nein – das muss sich ändern. Unsere Anschauung muss sich vollkommen verändern. Diese Mantren dürfen nicht nur mit der Zunge gesprochen werden. Sie bedeuten etwas Grundsätzliches, das es im Leben umzusetzen gilt. Nur dann kann sich die Vorstellung unserer Vorfahren verwirklichen und unsere Gebete werden erhört.

Meditation ist gut für weltliches Wohlergehen, für Frieden und Erlösung. Versucht, alles andere zu vergessen, während ihr nun hier sitzt und eine Weile meditiert. Was erreicht ihr, wenn ihr dabei an Familienangelegenheiten denkt? Das ist bloß vergeudete

Zeit. Wenn ihr in einem Boot rudert, das am Ufer festgebunden ist, könnt ihr nicht das andere Ufer erreichen.

Vergesst ‚ich' und ‚mein' und übergebt alles Gott. Gott ist alles. „Es geschieht nichts nach meinem Plan; geschieht denn nicht alles durch Deinen Willen?" Erkennt dies und überlasst alles Gott. Lebt im gegenwärtigen Moment. Wir bringen nichts mit, wenn wir in diese Welt kommen und nehmen auch nichts mit, wenn wir sie verlassen. Dessen sollen wir uns bewusst sein und meditieren. Sobald du beginnst ein Mantra zu wiederholen, spürst du seine positive Auswirkung. Es ist wie ein fest angelegtes Sparguthaben auf der Bank. Sobald es eingezahlt wird, sammeln sich Zinsen an. Glaubt nicht, Meditation bedeute lediglich mit geschlossenen Augen zu sitzen. Ein Lächeln, ein freundliches Wort, ein mitfühlender Blick sind auch Teil der Meditation. Unser Herz sollte durch Meditation mitfühlend werden und nur in solch einem Herzen kann Gottes Licht leuchten! Wir wollen ein Gefühl für das Leid der anderen entwickeln und an ihrem Leid teilnehmen. Das erinnert Amma an eine Geschichte.

Ein Junge sah vor einem Laden den Hinweis: „Welpen zu verkaufen!" Da er unbedingt einen Welpen kaufen wollte, betrat er den Laden und fragte, wie viel ein junger Hund wohl kosten würde. Man sagte ihm, zwischen hundert und zweihundert Euros. „So viel Geld habe ich nicht, aber darf ich die Welpen wenigstens sehen?" fragte er. Der Ladenbesitzer wollte dem Jungen das nicht abschlagen, blies auf einer Pfeife und schon kam ein Wurf Welpen mit ihrer Mutter aus dem hinteren Laden gerannt. Der Junge sah sie interessiert an. Als er den letzten Welpen hinter den anderen herhinken sah, rief er aus: „O, schau! Was ist mit ihm passiert?" Der Ladenbesitzer erklärte: „Dieser Welpe wurde mit einem lahmenden Bein geboren. Der Tierarzt meinte, das würde niemals heilen." Der Junge beobachtete voller Mitleid, wie der kleine Hund herumhumpelte und fragte: „Kann ich ihn kaufen? Ich kann den vollen Preis jetzt noch nicht zahlen, sondern nur einen Anteil und den Rest werde ich in monatlichen Raten zahlen." Das erstaunte den Ladenbesitzer. „Warum möchtest du ausgerechnet diesen, mein Junge? Er wird nicht mit dir herumlaufen und mit dir spielen können. Möchtest du nicht lieber einen anderen Welpen?"

Der Junge bestand aber darauf, den lahmenden zu kaufen. „In diesem Fall musst du nichts für ihn bezahlen", sagte der Ladenbesitzer. „Du bekommst ihn umsonst!"

„Nein, ich möchte ihn zum selben Preis kaufen, den Sie für die anderen Hunde verlangen", sagte der Junge hartnäckig. Als ihn der Ladenbesitzer fragte, warum er so viel Aufhebens mache wegen eines lahmenden Welpen, hob der Junge sein Bein, legte es auf den Tisch, zog ein Hosenbein hoch und zeigte auf sein künstliches Bein: „Schauen Sie! Mir fehlt auch ein Bein. Ich kann mich deshalb in das Herz des Welpen einfühlen und er sich in mein Herz! Ich verstehe sein Leid und er versteht meines."

Wir müssen nicht das Leid der anderen Menschen erfahren, um sie verstehen zu können, auch wenn es sich in Ammas Geschichte so darstellt. Wir können den Schmerz der anderen fühlen, auch wenn wir nicht dasselbe wie sie erleiden. Fühlt euch einfach in das Leid und in das Glück der anderen hinein, als würde es euch selbst widerfahren. Entwickelt und pflegt diese Haltung. Amma weiß, wie schwierig das ist. Versucht es dennoch, meine Kinder!

In Indien leben eine Milliarde Menschen. Nur ein Viertel davon verfügt über angemessene finanzielle Mittel. Die Hälfte der übrigen Leute sind kleine Bauern und der Rest ist wirklich sehr arm. Eigentlich müsste es in diesem Land keine Armut geben. Meine Kinder, die gegenwärtige Lage kann sich nur verändern, wenn Menschen wie ihr bereit seid zu helfen. Wie ihr wisst, hat der Ashram nie um Hilfe gebeten, noch haben wir für seinen Aufbau irgendwelche Spenden gesammelt. Der Ashram verdankt seine Entwicklung eurem Einsatz. Durch eurer Hände Arbeit konnten die karitativen Projekte ins Leben gerufen werden. Menschen wie ihr und die Ashrambewohner arbeiteten bis zu 22 Stunden täglich. Ihr habt ohne Lohn geschuftet, ohne Wunsch nach Gegenleistung und habt eure Bedürfnisse reduziert auf zwei Kleidungsstücke und täglich zwei, statt drei Mahlzeiten. Alles auf diese Weise gesparte Geld habt ihr im Dienst für die Welt eingesetzt. Diejenigen von Ammas Kindern, die in Familien leben, bieten so viele Dienste an wie sie können. Viele Frauen, die sich vorher pro Jahr zehn Saris kauften, kaufen jetzt nur noch acht. Menschen, die ans Trinken und Rauchen gewöhnt waren, haben diese Gewohnheiten aufgegeben. Dank menschlicher Selbstlosigkeit sind wir in der Lage, auf unsere Weise den Armen und Leidenden beizustehen. Wenn alle so dächten, könnten wir zweifellos die Verhältnisse in diesem Land verändern – wenn auch nicht vollkommen, so zumindest doch teilweise. Ihr wendet vielleicht ein: „Wenn man aus dem Meer einen Tropfen Wasser auf den Boden fallen lässt, merkt man nichts." Doch – bestimmt, denn schließlich ist jetzt im Meer ein Tropfen weniger! Wenn sich dementsprechend jeder von uns bemüht Gutes zu tun, werden wir die Veränderung in der Gesellschaft erkennen. Entwickelt solch eine Haltung, meine Kinder!

Gebt die Selbstsucht auf

Da Ammas Kinder bereit sind, die Bedeutung des Mantras, das wir rezitieren, in ihrem Leben umzusetzen, können wir zum Wohl der Gesellschaft Vieles uneigennützig bewerkstelligen. Heutzutage wird die Welt von Selbstsucht beherrscht. Was sich in der Welt als Liebe ausgibt, wird von Selbstsucht bestimmt. In einer Familie taten sich die beiden Söhne zusammen und sagten zu ihrem Vater: „Papa, wir Kinder wollen uns um dich kümmern. Möchtest du nicht dein Eigentum am Haus und all deinen Besitz auf uns übertragen?" Da der alte Mann den liebenswürdigen Worten seiner Kinder vertraute, veranlasste er, alles auf sie zu übertragen und glaubte, seine Söhne würden ihn abwechselnd für jeweils zwei Monate bei sich aufnehmen. Nachdem er seinen Besitz auf die Söhne aufgeteilt hatte, zog er zu einem der beiden. Schon nach zwei Wochen begann sich das Verhalten seines Sohnes und seiner Schwiegertochter zu ändern. Er zog also aus, um bei dem anderen Sohn zu wohnen. Nach genau fünf Tagen hielt er es dort auch nicht mehr aus, da er die spitzen Bemerkungen seiner Schwiegertochter nicht ertrug. Er weinte ständig und suchte schließlich Zuflucht in einem Ashram. Als der spirituelle Meister des Ashrams seine Geschichte vernommen hatte, gab er ihm einen Rat. Einen Monat später kehrte der Vater zu seinen Söhnen zurück und trug eine Kiste bei sich. Als die Söhne begierig wissen wollten, was sich darin befände und ihn bedrängten, es zu verraten, sagte er: „Ich habe einen Teil meines Vermögens in Gold eingetauscht, das ich in dieser Kiste aufbewahre. Ich gebe diese Kiste aber niemandem vor meinem Tod. Wenn ich gestorben bin, kann sie einer von euch haben." Als die Söhne das hörten, änderte sich ihre Haltung sofort. Es fehlte ihnen an Worten, um die plötzliche Liebe zu ihrem Vater auszudrücken. Sie und ihre Frauen beknieten ihn: „Komm zu uns und wohne bei uns, Papa! Bitte zieh bei uns ein!" Ihre Gastfreundschaft wurde zusehends größer. Schließlich kam der Tag, an dem der alte Mann starb. Nach dem Begräbnis machten sich die Söhne eilig daran, die Kiste zu öffnen, die sie so lange beäugt hatten. Mit großer Erregung öffneten sie den Deckel – die Kiste war mit normalen Steinen gefüllt!

Meine Kinder, wir bekommen von der Welt diese Art von Liebe – und werden in Tränen ausbrechen, wenn wir etwas von dieser Welt erwarten.

Meine Kinder, was im Ashram so erfolgreich entstanden ist, ist eurem Einsatz zu verdanken. Ihr seid meine Kinder! Ihr seid Ammas einziger Reichtum. Amma selbst besitzt nichts. Alles, was hier zu sehen ist, entspringt eurer Selbstlosigkeit. Meine lieben Kinder, macht euch Eines bewusst: Sobald auch nur ein Hauch von Selbstsucht Besitz von euch ergreift, macht euch davon frei so gut es geht. Ein einziger Funke genügt, um einen Brand zu entfachen, der einen ganzen Wald in Asche legt. So wirkt Selbstsucht: Lediglich ein Hauch davon kann unseren Frieden rauben.

Ab und zu kommen weinende Frauen mit zwei oder drei kleinen Kindern auf dem Arm hierher. Wenn Amma fragt, was sie bedrückt, antworten sie: „Ich bin mit meinen Kindern davon gelaufen, um Selbstmord zu begehen. Dann habe ich von Amma gehört und bin hierhergekommen." Wenn Amma mehr wissen möchte, sagen die Frauen: „Mein Mann trinkt und ist drogenabhängig. Da er trinkt, kam er nie rechtzeitig zur Arbeit und verlor sie deshalb. Er hat aber nicht aufgehört zu trinken und verkaufte unser Haus und allen Besitz, meinen Schmuck – einfach alles. Wir konnten uns schließlich keine Mahlzeit mehr leisten. Ich bekam nirgends ein Lächeln geschenkt. Jeder verachtete uns. Ich erntete überall nur geringschätzige Blicke. Das einzige, was ich schließlich noch klar vor mir sehen konnte, war der Weg in den Tod. Deshalb machte ich mich mit meinen kleinen Kindern auf und davon, doch am Ende des Weges kamen wir schließlich zu dir, Amma!"

Amma will euch etwas erklären: Diese Männer konsumieren die Tränen und das Blut ihrer Nächsten und nicht Alkohol oder Drogen.

Der Angler wirft seine Angelrute ins Wasser und wartet. Der Fisch beißt in den Köder und meint: „Großartig, für heute habe ich genug zum Fressen gefunden!" und merkt nicht, dass er sich in den Fängen des Todes befindet.

Der Hund nimmt einen Knochen ins Maul, kaut eifrig darauf herum, schmeckt das herausfließende Blut und merkt erst später, dass das Blut aus seinem eigenen wunden Zahnfleisch stammte. Glück erwächst nicht aus äußeren Dingen. Meine Kinder, ihr müsst begreifen, dass das Glück in uns selbst existiert. Wer von euch nur sein eigenes Glück anstrebt, sollte wenigstens einen Moment lang an seine Familie denken. Die Raucher unter euch, die täglich fünf Zigaretten rauchen, sollten zwei weniger rauchen. Wenn man seine Gewohnheiten vorsichtig zurückschraubt, kann man sie vollständig aufgeben. Wer gerne Alkohol trinkt, sollte dessen Dunst-Sphäre möglichst meiden. Ihr gewinnt eure Kraft zurück, wenn euch bewusst wird, dass im Trinken wirklich kein Glück liegt. Mutig ist derjenige, der sein Glück im Innern sucht. Meine Kinder, seid keine Sklaven von Zigaretten oder Alkohol. Wer Sklave solcher Dinge wird, hat keinen Schneid und ist ein Feigling. Wirklich stark ist derjenige, der gelernt hat, seinen Geist zu beherrschen. Wir brauchen uns nirgendwo anzulehnen und sollten auf uns selbst gestellt sein – festentschlossen, anderen mit jedem Atemzug Gutes zu tun. Das ist Ammas einziger Wunsch.

Wie man Herausforderungen begegnet

Wir begegnen den Herausforderungen des Lebens auf dreierlei Weise.

Wir versuchen davonzulaufen

Wir versuchen die Umstände zu verändern, weil wir glauben, dadurch all unsere Probleme zu lösen

Wir verfluchen die Umstände und machen irgendwie weiter.

Probleme lassen sich nicht vermeiden, indem man vor ihnen davonläuft; sie können dadurch sogar doppelt so groß werden. Dazu fällt mir eine Geschichte ein. Ein Mann erfuhr, dass ihn sein Onkel besuchen wollte und er beschloss daraufhin, sein Haus zu verlassen, denn sein Onkel, der Soldat war, hatte die Gewohnheit, stundenlang ohne Pause Kriegsgeschichten zu erzählen. Da ihm die Zeit dafür zu schade war, schlich sich der Neffe auf einem Weg hinter dem Haus davon – und bemerkte plötzlich, dass ihm sein Onkel auf demselben Weg entgegenkam! Sobald dieser seinen Neffen erblickte, hielt der Onkel an und begann zu reden. Das Gespräch zog sich endlos hin, unmittelbar auf dem Weg. Nach einer Weile wurde es dem Neffen sehr heiß, er war durstig und ihm taten die Füße weh. Es gab aber weder Wasser, noch war ein schattiger Baum in Sicht oder eine Bank zum Sitzen. Es wurde ihm bewusst, dass er jetzt mit seinem Onkel bequem im kühlen Schatten sitzen und reichlich Wasser trinken könnte, wenn er zu Hause geblieben wäre. Diese Geschichte verdeutlicht, dass man bei dem Versuch, vor einer Situation davonzulaufen, sich zweimal so viele Probleme einhandeln kann.

Die zweite Vorgehensweise besteht darin, sein Umfeld zu verändern. In einem bestimmten Haus herrscht Unfrieden. Die Familienmitglieder meinen, mit dem Haus würde etwas nicht stimmen. „Wir sollten das Haus vielleicht abreißen und neu aufbauen. Oder sollten wir uns ein anderes Haus kaufen? Vielleicht brauchen wir ein neues Fernsehgerät und sonst noch ein paar Dinge zur Dekoration. Wir könnten eine Klimaanlage einbauen lassen." Nichts von alledem wird die Probleme lösen. Manche Leute können selbst in einem Raum mit luxuriöser Klimaanlage nicht schlafen und müssen Schlaftabletten nehmen. Ihre Probleme sind nämlich mentaler Natur. Spiritualität beeinflusst den Geist positiv. Die Probleme des Lebens verschwinden nicht einfach, wenn wir nur das äußere Umfeld verändern, was nicht heißen soll, unsere Umgebung nicht umgestalten zu dürfen. Amma sagt nur, dass sich auch unsere innere Einstellung wandeln muss. Das lehrt uns Spiritualität.

Eine Veränderung der Umgebung löst die Probleme nicht unbedingt. Ein Paar stritt ständig miteinander. Schließlich konnten sie nicht länger zusammenleben und ließen sich scheiden.

Nach einiger Zeit heirateten beide aufs Neue, um bald schon zu entdecken, dass beide einfach nur ihre früheren Ehepartner in anderer Form geheiratet hatten! Die Personen wurden zwar ausgetauscht, doch ihr Charakter war unverändert. Solange wir uns nicht innerlich verändern, lösen wir unsere Probleme nicht durch eine Veränderung der äußeren Umstände.

Die dritte Möglichkeit im Umgang mit schwierigen Lebensumständen besteht darin, fortwährend über sie zu jammern. So klagt jemand mit Bauchschmerzen zu Hause: „Mami! Papa! Ich habe solche Bauchschmerzen! Meine Geschwister, ich kann die Schmerzen nicht aushalten!" bis schließlich jeder in seiner Nähe auch Bauchschmerzen hat. Wenn wir unentwegt über unsere Probleme klagen, rauben wir auch den anderen ihren Frieden.

Es gibt jedoch eine vierte Möglichkeit, schwierige Situationen zu überwinden: Uns innerlich zu verändern. Nur daraus erwächst uns wahre Freude. Man kann seine Umgebung den eigenen Bedürfnissen nicht vollkommen anpassen. Folglich müssen wir uns innerlich verändern, um uns auf unser Umfeld einstellen zu können. Dies ist nur durch Spiritualität möglich.

Hier kommen nun spirituelle Texte ins Spiel. Was hat Krishna Arjuna gelehrt?[31] Krishna veränderte nicht den Zustand der äußeren Welt, sondern transformierte Arjunas Einstellung. Krishna hätte einen Sturm erzeugen, eine Flutkatastrophe herbeiführen oder jedes beliebige andere Mittel einsetzen können, um den frevlerischen Duryodhana und dessen Gefolge zu vernichten – wenn er gewollt hätte. Er hätte alles zum Schutz der Pandavas tun können, denn Krishna besaß solche Macht. Er griff jedoch nicht in die äußeren Gegebenheiten ein, sondern verwandelte Arjunas Haltung der Welt gegenüber. Er lehrte ihn, das Leben an sich

---

[31] Arjuna war einer der fünf Pandava-Brüder. Krishnas Belehrung von Arjuna am Beginn des Mahabharata-Krieges, ist bekannt als ‚Bhagavad Gita‘. Sie enthält die Essenz spiritueller Weisheit für das tägliche Leben.

zu verstehen und wie man allem im Leben begegnen kann. Wir müssen uns innerlich so entwickeln, dass wir für die ganze Welt um Frieden und Harmonie beten können.

Erinnert euch an eine Szene im *Ramayana*: Rama betrat die Halle, als Sita gerade einen Gatten wählen sollte[32]. Sobald die Leute von Mithila Rama erblickten, begannen sie zu beten: „Wie schön und stark er ist und mit allen guten Eigenschaften gesegnet! Gott, bitte verleih ihm die Kraft, diesen Bogen zu spannen!" Als Rama die Halle betrat, verfluchten ihn innerlich alle dort versammelten Könige, weil sie sich Sitas Hand erhofften. „Warum kommt er ausgerechnet jetzt hierher? Habe ich überhaupt noch eine Chance gegen ihn? Ich bezweifle, dass ich Sita zur Frau bekomme. Wenn er bloß wieder gehen würde!" Und als Sita Rama erblickte, begann sie zu beten: „O Gott, warum hast du einen derart schweren Bogen erschaffen? Kannst du sein Gewicht nicht etwas verringern?" Sie erbat sich also eine Veränderung der Umstände.

Nur das Gebet der Bewohner von Mithila war angemessen. Aus einer richtigen Einstellung heraus erbaten sie keine Veränderung der Umstände, sondern beteten: „Verleih Rama die Stärke zum Spannen des Bogens!" Auch wir sollten bei jeder Herausforderung lediglich bitten, sie mutig bestehen zu können. Unser Gebet darf nicht kindisch sein.

Ein Junge ging in einen Tempel und betete: "Gott, mache China bitte zur Hauptstadt Amerikas!" Dies hörte jemand, der in seiner Nähe stand und fragte: „Kind, warum bittest du um so etwas?" Der Junge erwiderte: „Ich habe in der Prüfung

---

[32] Sitas Vater, König Janaka von Mithila, erklärte, er würde seine Tochter nur dem König oder Prinzen zur Frau geben, dem es gelänge, den großen Bogen zu spannen, der ursprünglich Shiva gehörte. Viele königliche Bewerber hatten sich versammelt, in der Hoffnung, diese Heldentat zu vollbringen und Sitas Hand zu gewinnen.

geschrieben, die Hauptstadt von Amerika ist China, aber das ist falsch. Deshalb bitte ich Gott, dass meine Antwort richtig wird!" So kindisch sollten wir uns nicht verhalten – jedoch eine kindliche Offenheit entwickeln, eine kindliche Unschuld. Kindisches Verhalten dagegen ist Ausdruck von mangelndem Unterscheidungsvermögen und innerer Unreife.

Angenommen, ihr habt Schwimmunterricht: Ihr könnt nicht schwimmen lernen, wenn der Schwimmlehrer ständig dicht in eurer Nähe bleibt. Wir selbst müssen stark werden, um in allen erdenklichen Situationen überleben zu können – und das ist nur durch inneren Wandel möglich. Vergeudet eure Zeit nicht mit Klagen über die äußeren Umstände und seid nicht deprimiert, wenn ihr sie nicht ändern könnt. Manche Leute fahren ein schickes Auto, aber was nützt es ihnen, wenn sie keinen inneren Frieden haben?

Es genügt nicht, sein äußeres Umfeld zu verändern. Manche Leute leben in klimatisierten Räumen und begehen Selbstmord. Wenn wir Herz und Verstand transformieren, können wir jeder Herausforderung mit einem Lächeln begegnen und Vertrauen in uns selbst entwickeln, anstatt uns Trost bei anderen zu holen. Nur das macht uns heiter und zufrieden. Der erste Schritt besteht also im Wandel unserer inneren Verfassung. Wir sollten Gott darum bitten.

Herzensgüte

Meine Kinder, wir sind keine isolierten Inseln. Jeder ist ein Glied in der Lebenskette. Alles, was Menschen tun, hat seine Auswirkung auf die anderen – bewusst oder unbewusst. Es heißt deshalb, man solle sehr genau auf seine Worte und seine Handlungen achten.

Ein Mann stieg in einen Bus und war überrascht, wie ruhig und freundlich der Schaffner war. Er lächelte jeden an, ließ den Bus an jeder Haltestelle anhalten, wartete, bis jeder eingestiegen war, bevor er das Signal zum Weiterfahren gab und verkaufte die Fahrscheine mit großer Sorgfalt. Seine Stimmung ließ sich weder von der Überfülle im Bus noch vom Verhalten der Fahrgäste beeinträchtigen. Dem Fahrgast fiel das auf und er fragte den Schaffner: „Wie kommt es, dass Sie in solch einem überfüllten Bus so ruhig bleiben können und lächeln? Das habe ich in anderen Bussen noch nie erlebt. Was ist Ihr Geheimnis?" Der Schaffner antwortete lächelnd: „Es gibt kein großes Geheimnis, sondern etwas, das mich das Leben gelehrt hat. Ich habe früher in einem Büro gearbeitet und musste mit dem Bus zur Arbeit fahren. Der Bus hielt oft in einiger Entfernung von der eigentlichen Haltestelle. Ich musste rennen, aber bis ich den Bus erreichte, fuhr er bereits wieder an und ich verpasste ihn. Oder der Schaffner läutete die Glocke zur Weiterfahrt genau in dem Moment als ich den Bus schon berührte, so dass es schwierig war aufzuspringen ohne zu fallen. Der Schaffner machte meistens keine Anstalten, mir Wechselgeld rauszugeben oder machte es nur widerwillig, wenn ich ihn darum bat und wurde ärgerlich, wenn er nicht wechseln konnte. Während sich das alles so abspielte, wäre mir fast der Geduldsfaden gerissen. Da mir aber bewusst war, dass ich am nächsten Tag wieder den Bus nehmen musste, konnte ich mich irgendwie beherrschen. Mit meinem unterdrückten Ärger kam ich dann ins Büro.

Ich war weder freundlich, noch lächelte ich jemanden an und schließlich wurden alle auch mir gegenüber unfreundlich. Ich konnte mich deshalb nicht richtig auf meine Arbeit konzentrieren und war so angespannt, dass ich viele Fehler machte. Mein Chef rügte mich. All das trug ich in mir, wenn ich abends nach Hause kam und ließ es an der Familie aus. Ich schimpfte mit den Kindern und stritt mit meiner Frau. Die Atmosphäre war unfriedlich. Meinen Kindern zeigte ich keinerlei Zuneigung mehr und ich öffnete auch meiner Frau mein Herz nicht mehr. Ich wurde sowohl zu Hause als auch in der Gesellschaft zum Einzelgänger. Eines Tages, als ich gerade bei der Haltestelle ankam, war der Bus im Begriff loszufahren. Als mich der Schaffner sah, läutete er die Glocke und hielt den Bus an. Er wartete, bis ich eingestiegen war, bevor er das Zeichen zur Weiterfahrt gab. Da es keinen Sitzplatz mehr gab, bot mir der Schaffner seinen an. Ich fühlte mich unaussprechlich glücklich. Ich war sehr müde und schlief ein. Bevor wir meine Haltestelle erreichten, weckte mich der Schaffner und ich konnte aussteigen. Mir war dieser Schaffner nie zuvor begegnet. Ich kann nicht beschreiben, wie mich seine Freundlichkeit tröstete. Stellt euch vor, wie erleichtert ihr seid, wenn ihr von Durst gequält seid und es bietet euch jemand ein kühles Glas Wasser an. Die Erleichterung, die ich fühlte, war noch viel größer. Ich verließ den Bus mit unglaublicher Freude und ging ins Büro. Und dort lächelte mich jeder an, was ganz ungewöhnlich war. An diesem Tag konnte ich meine Arbeit mit großer Sorgfalt ausführen und mein Chef lobte mich. Ich verhielt mich meinen Untergebenen gegenüber sehr freundlich. Das machte sie froh und offen mir gegenüber. An diesem Tag begegneten sie auch den Besuchern sehr liebenswürdig. Zu Hause konnte ich wieder liebevoll und offen zu meiner Frau und den Kindern sein. Es lag eine fröhliche Stimmung in der Luft. Ich genoss das so sehr, dass ich alles andere vergaß. Ich wurde mir bewusst, wie verändert alle um mich herum waren, weil in mir ein Wandel stattgefunden hatte – die Transformation eines Menschen.

Von nun an achtete ich sehr genau auf mein eigenes Verhalten. Ich bin überzeugt davon, dass uns genau das zurückgegeben wird, was wir selbst geben. Ich kann nicht erwarten, dass andere freundlich sind, wenn ich es nicht auch bin. Mir wurde klar, dass ich mich selbst bessern kann, auch wenn die anderen das nicht tun. Wenn ich mir ein angenehmeres Verhalten zulege, können sich die anderen auch verändern. Als ich später dann diesen Job im Bus begann, erinnerte ich mich an die großartige Lektion, die mir der Schaffner erteilt hatte. Ich habe mir geschworen, Menschen, mit denen ich zu tun habe, respektvoll zu behandeln. Ich bin fest entschlossen, meinen Teil dazu beizutragen, dass sich Liebe und ein Zusammengehörigkeitsgefühl in der Welt vermehren. Die Erfahrung des Tages, an dem sich alles veränderte, bleibt mir eine großartige Lehre." Das ist die Geschichte des Busschaffners.

Meine Kinder, die Gesellschaft besteht aus Einzelpersonen und was die einzelnen denken und tun, formt die Kultur eines Volkes. Deshalb sollten wir zuerst uns selbst transformieren anstatt zu denken „ich bessere mich erst, wenn sich die anderen ändern." Wenn sich unsere Denkweise wirklich verändert, begegnet uns überall in der Welt Herzensgüte. Wenn wir uns verändern, spiegeln uns die anderen das zurück. Meine Kinder, denkt stets daran, dass wir das empfangen, was wir geben.

Das Herz pumpt das Blut in alle Zellen und ernährt sie und schließlich fließt das Blut zurück zum Herzen. Wenn eine Störung auftritt, ist das Leben bedroht. Vom Herzen kann man lernen, nicht nur zu empfangen, sondern auch zu geben. Nur wer gibt, bekommt etwas zurück.

Wenn in der Kette des Lebens ein Glied Schaden erleidet, wirkt sich das auf alle anderen Glieder aus. Es ist gut, uns bewusst zu machen, dass wir mit unserem Lächeln, unseren Worten und Taten im Leben anderer Menschen Sonnenschein verbreiten können und deshalb so handeln sollten, dass nicht nur wir uns erfreuen und zufrieden sind, sondern auch die anderen. Wenn wir Böses in der Welt wahrnehmen, sollten wir uns weder enttäuscht zurückziehen, noch uns vom Fehlverhalten der anderen verleiten lassen, selbst falsch zu handeln.

Meine Kinder, klagt nicht über die Dunkelheit, entzündet stattdessen zumindest eine kleine Lampe und wenn das nicht möglich ist, bemüht euch, anderen zumindest kein Leid oder Schwierigkeiten zu bereiten. Ihr fragt euch vielleicht, wie das gehen soll. Ein einfacher Weg besteht darin, all unser Tun dem Höchsten Wesen darzubringen – all unser Tun als Gottesdienst zu betrachten. Dann beglückt unser Handeln sowohl uns als auch die andern und wirkt wohltuend auf sie.

Amma erinnert sich daran, was ein Sohn ihr vor vielen Jahren erzählte. Er wollte Medizin studieren, wurde aber nicht zur Hochschule zugelassen, weil ihm ein Punkt in der Gesamtbewertung fehlte. Danach machte er eine ganze Weile nichts. Schließlich bewarb er sich auf Drängen seiner Familie in einer Bank. Er wurde angenommen und bekam eine Stelle am Schalter. Anschließend kam er zu Amma und sagte: „Amma, ich bin immer so ärgerlich und kann die Kunden nicht anlächeln oder freundlich zu ihnen sein – egal, wer kommt. Ich glaube deshalb nicht, dass ich in diesem Beruf bleiben kann." Er sagte dies voller Schmerz.

Amma fragte ihn: „ Mein Sohn, wie würdest du jemanden behandeln, den dein bester Freund zu dir geschickt hat?"

„Ich würde lächeln und wäre freundlich."

„So, du wärest also nett zu ihm. Und wie würdest du dich verhalten, wenn Amma selbst jemanden zu dir in die Bank schicken würde?"

„Wenn ihn Amma geschickt hätte, wäre ich sehr zuvorkommend."

Darauf erwiderte Amma: „Versuche dir ab jetzt vorzustellen, dass jeder, der zu dir kommt, von Gott geschickt wurde. Wenn dir das gelingt, kannst du ganz sicher dein Verhalten ändern!"

Daraufhin fand tatsächlich eine Veränderung in diesem Sohn statt. Er begann seine Arbeit als Dienst an Gott zu betrachten. Das machte ihn glücklich und er übertrug seine Zufriedenheit auf die Menschen, mit denen er zu tun hatte. Wenn wir unser Handeln als Gottesverehrung betrachten, kommt das nicht nur uns, sondern der Gesellschaft im Ganzen zugute. Lasst uns ein solches Verhalten entwickeln.

Bemühen und Gnade

Meine Kinder, es geschehen grundsätzlich zwei Dinge im Leben: Wir handeln und wir ernten die Früchte des Handelns. Unser Leben wird relativ friedlich und ausgeglichen sein, wenn wir mit der richtigen Einstellung handeln und die Auswirkungen genießen können.

Wir erleben oft, dass etwas nicht so wie erwartet eintrifft oder dass etwas eintrifft, was wir nicht erwartet hatten. Die Folgen einer Handlung ergeben sich nicht nur aus der Handlung selbst, sondern darüber hinaus aus vielen anderen Faktoren. Erst alle Faktoren zusammen bringen das erwartete Resultat. Wir haben nur Kontrolle über die Handlung an sich und sollten sie nach besten Kräften ausführen, ohne uns um das Ergebnis zu kümmern. So lehrt es Krishna in der Bhagavad Gita. Das soll nicht heißen, dass wir unentgeltlich arbeiten sollten – vielmehr, dass wir dann etwas gut ausführen können, wenn wir uns nichts vom Ergebnis erhoffen. Wir ernten dann auf ganz natürlich Weise die Früchte unseres Handelns.

Selbst wenn wir in einer Prüfung alles richtig machen, erhalten wir möglicherweise nicht das erhoffte Resultat, wenn der Professor, der die Prüfung benotet oder der Assistent, der die Auswertung vorbereitet, nicht sorgfältig arbeitet. Ein Junge studierte fleißig und legte eine gute Prüfung ab. Er wollte gerne in eine Top-Bank gehen. Als aber das Ergebnis verkündet wurde, hatte er nur knapp bestanden. Er ließ sich nicht unterkriegen und unternahm alles, um die Prüfungsunterlagen einzusehen. Bei der zweiten Bewertung seiner Antworten wurde er viel höher eingestuft. Bei Nachforschungen stellte sich heraus, dass der Professor bei seiner ersten Bewertung der Prüfung in sehr schlechter Verfassung gewesen war. Seine Frau war gerade mit einem anderen Mann auf und davongegangen. Das hatte ihn so aufgebracht, dass er nicht in der Lage war, die Prüfung ordentlich zu bewerten. Amma betont deshalb immer wieder, dass über den Erfolg unserer Prüfungen nicht nur unser Bemühen entscheidet, selbst wenn wir uns noch so fleißig vorbereiten und die Fragen richtig beantworten.

Wenn ein Autofahrer unaufmerksam fährt, könnten wir verletzt werden, obwohl wir eine Straße sehr aufmerksam überqueren. Wir bedürfen deshalb der Gnade Gottes, damit für uns alle Faktoren, die das Ergebnis einer Handlung beeinflussen, günstig sind. Der einfachste Weg dazu besteht darin, all unser Tun als Gottesdienst zu empfinden.

Wenn wir eine *puja* ausführen, bemühen wir uns natürlich bei allen dazu erforderlichen Dingen um höchste Qualität. Wir verwenden niemals faules Obst, verwelkte Blumen oder schmutzige Geräte. Es wirkt sich in absehbarer Zeit auf all unser Handeln positiv aus, wenn wir alles aus dieser Haltung heraus vollziehen. Wir handeln dann nicht mehr negativ, denn wie könnten wir etwas schlecht ausführen, wenn es Gott gewidmet ist?

Demut ist die wichtigste Voraussetzung zur Durchführung einer *puja*. Wenn wir all unser Tun wie eine *puja* gestalten, können wir weder Arroganz noch Stolz an den Tag legen. Gelingt uns eine bestimmte Sache, so erkennen wir darin das Wirken von Gottes Gnade und brüsten uns nicht, der Erfolg sei unserer Fähigkeit zu verdanken.

Am Ende einer *puja* erhalten wir *prasad*[33]. Wenn wir unser Handeln als eine Form von Gottesdienst begreifen, werden auch die Früchte unseres Handelns zu Prasad. Die Demut, mit der wir handeln, sollte uns auch begleiten, wenn wir die Früchte unseres Handelns erfahren und wir sollten nicht etwa dieses Prasad schlecht machen.

---

[33] Gesegnete Dinge, wie z.B. Nahrungsmittel oder Blumen

Wenn wir mit etwas scheitern, dürfen wir nicht untätig herumsitzen und unser Scheitern als Gottes Prasad ansehen. Sollte Erfolg noch möglich sein, versuchen wir es nochmals – und wenn wir erneut scheitern, akzeptieren wir dies als Gottes Willen. Erkennen wir in unserem Erfolg die göttliche Gnade, dann prahlen wir nicht damit und feiern unseren Erfolg auch nicht derart ausgelassen, dass wir an nichts anderes mehr denken. Und falls wir scheitern, sind wir nicht völlig am Boden zerschmettert. Wer in seinem Scheitern Gottes Willen erkennt, entwickelt kein Gefühl von Nichtsnutzigkeit. Gelingt uns etwas nicht, sollten wir einfach denken, dass wir das zu diesem bestimmten Zeitpunkt verdient haben und auf diese Weise ein anderes *prarabdha* (Auswirkung einer vergangenen Handlung) verhindert wurde. Es wäre wünschenswert, in dieser Erfahrung eine Lektion des Lebens zu erkennen, aus der es etwas zu lernen gibt.

Mit der Kraft unseres Unterscheidungsvermögens können wir jede Tätigkeit zu unseren Gunsten wenden und mit der richtigen Einstellung vermeiden, dass uns etwas langweilig wird. Wenn unser begeisterter Einsatz mit göttlicher Gnade verbunden ist, wird der Sieg gewiss auf unserer Seite sein. Wir sollten niemals die Hoffnung aufgeben, was auch immer geschieht. Gott ist immer bei denen, die sich bemühen. Ihnen gehört der Sieg.

Spiritualität im täglichen Leben

Ammas Geburtstagsansprache 1999

Amma verneigt sich vor all ihren Kindern, die in der Tat Verkörperungen der Liebe und des Höchsten Selbst sind!

Heutzutage werden überall Reden und Vorträge gehalten:
Politische Reden, spirituelle, religiöse und kulturelle Vorträge.
Es gibt auch Reden gegen die Religion. Jeder hat irgendein Thema, über das er sich auslässt und jeder fühlt sich befugt, Reden
über jegliches Thema unter der Sonne zu halten. Das scheint die
generelle Einstellung zu sein.

Dazu fällt mir die Geschichte eines Studenten ein, der seinen
Freunden erzählte: „Wir haben einen großartigen Professor. Er
kann stundenlang über irgendein ihm gestelltes Thema sprechen,
selbst wenn es noch so unbedeutend ist, und zwar mehr als fünf
Stunden." Als einer seiner Freunde das hörte, erwiderte er: „Du
sagst, dein Professor referiert stundenlang über ein ihm gestelltes
Thema. Unser Nachbar redet sogar tagelang, auch ohne ihm ein
Thema zu geben! "

So sind heutzutage viele Vorträge. Wir brauchen aber keine
Vorträge, sondern Taten!

Unsere Lebensweise sollte ausdrücken, was wir zu sagen
haben. Gute Worte und Taten sind niemals vergeblich und haben
eine positive Wirkung.

Es sei hier eine Begebenheit im Mahabarata-Epos angeführt,
die sich in der Jugendzeit der Pandavas und Kauravas ereignete,
als sie von ihrem großen Lehrer Dronacharya unterrichtet wurden. Die erste Lektion betraf das Thema Geduld. Eines Tages
rief der Lehrer alle seine Schüler zu sich und forderte sie auf, den
bisher gelernten Stoff vorzutragen. Jeder wiederholte den Lernstoff
auswendig, bis schließlich Yudhisthira an der Reihe war. Er gab

lediglich eine Zeile wieder. Als ihn der Lehrer fragte: „Ist das alles, was du gelernt hast?", antwortete Yudhisthira zögernd: „Herr, ich bitte um Verzeihung. Die erste Lektion habe ich mehr oder weniger gelernt, aber die zweite überhaupt nicht." Als Drona das hörte, vermochte er seinen Ärger nicht zurückzuhalten, da er von Yudhisthira erwartet hatte, besser als die anderen zu sein. Und nun behauptete dieser, er könne sich kaum zwei Zeilen merken, wohingegen die anderen ganze Lektionen auswendig vortrugen. In seinem Ärger ergriff Drona einen Stock, der auf Yudhisthiras Rücken in Stücke zerbrach. Obwohl Yudhisthira derartige Schläge verpasst wurden, blieb er freundlich und sein Lächeln verschwand nicht von seinem Gesicht. Als Drona dies bemerkte, verrauchte sein Zorn und er bereute, was er getan hatte.

Er sagte liebevoll: „Mein Kind, du bist ein Prinz! Du hättest mich bestrafen und ins Gefängnis werfen lassen können. Das aber hast du nicht getan und bist auch überhaupt nicht ärgerlich geworden. Gibt es jemanden auf der Welt von deiner Geduld? Welche Größe du hast!"

Als Drona sich umdrehte, fiel sein Blick auf ein Palmenblatt, worauf Yudhisthira seine Lektionen notiert hatte. Die erste Zeile lautete: ‚Verliere niemals deine Geduld' und die zweite: ‚Sprich immer nur die Wahrheit.' Als Drona erneut in Yudhisthiras Gesicht blickte, empfand er, dass diese Palmenblattzeilen sich in den Augen des jungen Prinzen widerspiegelten. Er ergriff Yudhisthiras Hand und sagte mit Tränen in den Augen: „Yudhisthira! Als ich euch unterrichtete, gab ich lediglich Worte von mir – Worte, die die anderen Jungen wie Papageien wiederholten. Du bist der einzige, der diese Lektionen wirklich verstanden hat. Du bist großartig, mein Sohn! Obwohl ich diese Lektionen schon so lange unterrichte, habe ich keine Zeile begriffen. Ich konnte meinen Zorn nicht im Zaum halten und war außerdem ungeduldig!" Yudhisthira erwiderte: „Meister, verzeihe mir, aber ich war *in der Tat* ein wenig ärgerlich auf dich." Es wurde Drona bewusst, dass sein Schüler auch die zweite Lektion gelernt hatte.

Es gibt nur wenige Menschen, auf die selbst ein kleines Lob völlig wirkungslos bleibt. Die meisten verbergen lieber, wenn sie etwas verärgert sind. Schaut euch aber Yudhisthira an. Er gab unumwunden zu, ein wenig verärgert gewesen zu sein, womit er bewies, dass er auch die zweite Lektion gelernt hatte. Man hat eine Lektion erst dann richtig begriffen, wenn man sie im Leben umsetzen kann. Nur wer sich darum ernsthaft bemüht, ist ein wahrer Schüler. Wir alle brauchen Geduld im Leben, denn sie ist die wirkliche Lebensgrundlage. Öffnen wir eine Blüte gewaltsam, werden wir nie ihre Schönheit oder ihren Duft erleben. Das geschieht nur, wenn sie sich natürlich öffnen kann. Wir brauchen folglich Geduld, um uns an der Schönheit des Lebens erfreuen zu können. Geduld ist die wichtigste Voraussetzung für ein von Glück erfülltes Leben.

Es heißt, Feuer sei die Gottheit der Rede. Eigenschaften des Feuers sind Hitze, Licht und Rauch. Unsere Worte sollten – gleich dem Feuer, das Wärme und Licht spendet – anderen Menschen Energie und Weisheit schenken, nicht aber deren Gemüter verdüstern, so wie Rauch einen Raum verdunkelt. Wenn man sich anhört, wie heutzutage gesprochen wird, lässt sich tatsächlich sagen, dass Feuer die Gottheit der Rede ist: Unsere Worte stoßen Hitze und Qualm aus, aber Licht und Weisheit fehlen ihnen völlig. Unsere Worte sollten bei den Zuhörenden einen Wandel bewirken und ihnen Freude bereiten und wir sollten anderen ein Vorbild sein. Jedes Wort von uns sollte diese Kraft haben, durchdrungen von Einfachheit und Bescheidenheit. Bei kritischer Betrachtung unserer Worte findet man darin jedoch keine Spur von Bescheidenheit, sondern die Motivation, besser als die anderen sein zu wollen.

Selbst ein Mensch von sozial niedrigem Status versucht, vor den anderen als großartig dazustehen, ungeachtet der Tatsache, dass die Größe eines Menschen eigentlich in seiner Bescheidenheit liegt. Wir sind uns nicht bewusst, dass ein derartiges Verhalten in den Augen anderer uns als Dummkopf erscheinen lässt.

Ein Major des Heeres wurde zum Oberst befördert. Am Tag seiner Amtsübernahme bekam er Besuch von einem Mann. Als dieser sein Büro betrat, griff der Oberst mit wichtiger Miene zum Telefon und fing an zu sprechen: „Hallo, ist dort Präsident Clinton? Wie geht es Ihnen? Ich habe meinen neuen Posten erst heute übernommen. Ich muss mich durch so viele Akten durcharbeiten. OK, ich rufe später an. Bitte grüßen Sie Hillary." Nachdem er eine Weile so geredet hatte, legte er den Hörer auf. Der Besucher stand einfach nur da und wartete höflich. Der Oberst fragte ihn mit arroganter Miene: „Ja, was wünschen Sie?"

Der Mann erwiderte höflich: „Entschuldigen Sie bitte, Sir, ich soll das Telefon anschließen. Dies ist ein neuer Apparat, er wurde erst gestern gebracht und ist noch nicht angeschlossen."

Wer war hier wohl der Dumme? Wir erkennen gar nicht, dass wir uns mehrmals am Tag ähnlich dumm verhalten. Mehr kann man dazu nicht sagen. Wer seine eigene Bedeutsamkeit herausstreichen möchte, macht sich in den Augen der anderen lächerlich.

Wut im Zaum halten

Wir sollten ganz besonders darauf achten, unsere Wut im Zaum zu halten. Wut ist ein zweischneidiges Messer. Es verletzt sowohl denjenigen, gegen den es gerichtet ist, als auch denjenigen, der es hält. Welcher Aufruhr in uns entsteht, wenn wir uns über jemanden ärgern! Unser Geist ist dann so gestört, dass wir nicht mehr friedlich sitzen, stehen oder liegen können. Unser Blut erhitzt sich – wodurch allerlei Krankheiten Tür und Tor geöffnet wird.

In der Hitze unseres Zorns fällt uns nicht auf, welche Veränderungen in uns stattfinden.

Viele Leute lächeln jemanden erst an, nachdem sie sich berechnend gefragt haben: ‚Ob der sich mir wohl anbiedern wird, wenn ich ihn anlächle und mich um Geld bittet? Braucht diese Person gerade Geld?‘ Sie lächeln erst nach sorgfältiger Prüfung. So verhalten wir uns jedoch nicht im Zorn – denn Zorn erfasst uns spontan. In bestimmten Situationen bemühen wir uns trotzdem um Selbstkontrolle. Beispielsweise braust man gegenüber Vorgesetzten normalerweise nicht auf, wohlwissend, dass man letztendlich dafür bezahlen muss. Gesetzt den Fall, unser Vorgesetzter äußert, er wolle uns versetzen, die ursprünglich vorgesehene Beförderung sei nicht möglich oder er wolle uns sogar entlassen, so bemühen wir uns um äußerste Selbstbeherrschung. Wem das nicht gelingt, wird sich Schwierigkeiten einhandeln und andere, die die Situation beobachten, sehen darin eine Lehre für sich selbst. Aber nur wenige bemühen sich um Selbstbeherrschung, wenn sie sich über ihre Untergebenen ärgern. Hier wäre es aber wirklich angebracht, da Untergebene aufgrund ihrer Abhängigkeit nicht widersprechen können. Auch wenn sie äußerlich keine Reaktion zeigen, fühlen sie sich innerlich verletzt und denken vielleicht: „O Gott, warum muss ich mir all diese Vorwürfe über Fehler anhören, die ich nicht gemacht habe! Gott, siehst du denn nicht die Wahrheit?“ Die kummervollen Wellen, die von den Herzen anderer ausgehen, schaden uns und wir können diesen Energien kaum entrinnen.

Manche fallen trotz intensiven Studiums durchs Examen; andere finden trotz verschiedener Bewerbungsgespräche keine Anstellung. Vielleicht liegt das daran, dass sie jemanden gefühlsmäßig sehr verletzt haben und dass dessen inständiges Gebet verhängnisvoll wirkt und den Fluss göttlicher Gnade blockiert.

Das heißt nun nicht, dass wir jemanden nicht tadeln dürften, wenn es ansteht. Wir sollten Fehler korrigieren, wenn wir sie bemerken. Man kann möglicherweise nicht jedem Menschen gegenüber äußerlich liebevoll und freundlich sein, sondern muss mitunter etwas streng sein. Das sollte jedoch nicht auf die Person selbst zielen, sondern nur auf ihr inkorrektes Verhalten. Wir dürfen niemals ohne Anlass zu jemandem streng sein und müssen behutsam vorgehen, um niemanden mit unseren Worten und Handlungen zu verletzen.

In manchen Familien ereignen sich mehrere Jahre hintereinander Todesfälle und in anderen häufen sich Unfälle. Einige junge Frauen finden nicht den passenden Mann, ganz gleich, wie viele Heiratsanträge sie bekommen. In manchen Familien werden keine Kinder geboren, in anderen wiederum sterben die Angehörigen in jungen Jahren. Es gibt Familien, in denen alle Frauen in den Dreißigern oder Vierzigern verwitwen. Diese Umstände sind ausnahmslos Folgen früheren *Karmas*. Amma betont deshalb immer und immer wieder, wie behutsam wir mit jeder Handlung, mit jedem Wort und Blick und sogar mit jedem Gedanken umgehen sollten. Alles, was wir denken, sagen und tun wirkt sich auf eine bestimmte Weise aus. Jede gute oder schlechte Handlung zieht andere Handlungen nach sich.

In diesem Zusammenhang erinnert sich Amma an eine Geschichte.

Der Hofnarr erzählte dem König eine Geschichte und riss dabei mehrere Witze. Der König verstand die Witze jedoch nicht. Da er meinte, der Hofnarr mache sich über ihn lustig, wurde er zornig und schlug heftig auf den Narren ein. Der Arme erlitt furchtbare Schmerzen und knirschte vor Wut mit den Zähnen. Da es der König war, der ihn geschlagen hatte, wagte er kein Wort zu seiner Verteidigung hervorzubringen. Er vermochte es allerdings nicht seinen Zorn, grundlos geschlagen worden zu sein, zu bändigen, so sehr er sich auch bemühte. Deshalb drehte er sich um zu dem Mann, der neben ihm stand und schlug ihn. Dieser fragte den Hofnarren: „Warum machst du das? Ich habe dir doch nichts getan, warum schlägst du mich?" Der Hofnarr erwiderte: „Nun, gib es einfach an die Person neben dir weiter! Das Leben ist wie ein großes Rad. Wenn es sich dreht, erhält ein jeder, was er verdient hat. Zögere deshalb nicht, den Schlag weiterzugeben!"

Liebe – der Duft des Lebens

Es lässt sich heutzutage in unserem Umfeld beobachten, dass Wut und Rache an denen ausgelassen werden, die zufällig anwesend sind und möglicherweise überhaupt keine Ahnung haben, worum es geht. Zweifellos kommt das, was wir austeilen, früher oder später auf uns zurück. Wenn in der westlichen Welt ein Mann seine Frau schlägt, dann bekommt er das oft postwendend zurück. In Indien ist das nicht der Fall. Unsere Vorfahren haben uns gelehrt, der Ehemann sei das Göttliche in sichtbarer Gestalt. Was aber ist die Frau für den Ehemann? Viele Ehemänner lassen heute ihre Wut an ihren Frauen aus. Die Frau erträgt die Schläge und verbalen Angriffe und unterdrückt ihren eigenen Zorn. In diesem Moment kommt ihr Sohn aus der Schule nach Hause gerannt, springt aufgeregt hin und her, weil er sich darauf freut, am Abend mit seinen Freunden zu spielen. Sobald seine Mutter ihn bemerkt, verstärkt sich ihre Wut. Sie schnappt sich ihn und schimpft: „Kannst du nicht ordentlich gehen anstatt zu rennen? Hör auf so zu rennen! Warum ist deine Kleidung so schmutzig?" Und dann schlägt sie ihn, bis ihr Zorn verraucht ist. Das arme Kind! Was hat es denn falsch gemacht? Seine Welt war voller Freude und Lachen. Hat seine Mutter das überhaupt begriffen? So wird die kleine Welt der Kinder – eine von Spiel und Lachen erfüllte Welt – in einer so selbstbezogenen egoistischen Gesellschaft erdrückt.

Das Leben sollte zu einem großen Lachen erblühen. Das ist Religion, Spiritualität, wirkliches Gebet. Gott ist das unschuldige, spontane Lächeln, das im Innern entspringt. Dies ist das größte Geschenk, das wir der Welt geben können. In der heutigen Welt ist dieses Lachen den Menschen jedoch fremd geworden. Die heutige Welt kennt nur ein selbstbezogenes, boshaftes und künstliches Grinsen. Das ist kein Lächeln, sondern lediglich ein Anspannen der Lippen, da das Herz nicht daran beteiligt ist. Das ist Sünde und eine Form von Gewaltanwendung, sowie Verrat am Selbst. Wir müssen die Welt des Kindes wiederentdecken, diese von Lachen und Freude am Spielen erfüllte Welt. In jedem von uns schlummert ein Kind. Wir können uns nur entwickeln, wenn wir dieses Kind in uns erwecken.

Unsere Körper haben an Höhe und Umfang gewonnen, ohne dass unser Geist gereift wäre. Wir müssen wieder zu Kindern werden, damit wir innerlich wachsen und so weit wie das Universum werden können – denn nur ein Kind kann wachsen. Wir benötigen die Reinheit und Bescheidenheit eines Kindes. Bescheidenheit lässt uns so weit werden wie das Universum. Deshalb heißt es, dass man erst wenn man eine ‚Null‘ (zero) geworden ist, zum Helden (hero) werden kann.

Viele Menschen klagen, es sei in der heutigen Welt unmöglich, sich durch gute Taten weiter zu entwickeln. Aber jeder Augenblick im Leben bietet die Möglichkeit Gutes zu tun. Wer dies möchte, kann jeden Augenblick nützen und wer es verschiebt, betrügt sich selbst.

Würde ein Mann zu seiner Frau sagen: „Ich werde dich am Morgen um zehn Uhr bzw. am Nachmittag um fünf Uhr lieben", wäre eindeutig keine Liebe vorhanden. Liebe taucht nicht zu einer bestimmten Zeit auf oder wird irgendwann später hinzugefügt. Liebe findet in diesem Moment statt. Liebe und Glauben sind die Schönheit des Lebens. Es entspricht aber dem Naturell des

Menschen, Liebe und Glauben zu verspotten, und das muss sich ändern. Liebe ist die Rose, die dem Leben reinen Duft verleiht. Niemand sollte sie abwerten.

Der moderne Mensch macht Verstand und Intellekt zum Mittelpunkt und ist oft der Meinung, Liebe und Glauben seien blinde Konzepte. Amma sagt jedoch, dass der Verstand blind ist, denn das Leben verdorrt, wenn nur Logik und Verstand walten. Deshalb sollten Liebe, gegenseitiges Vertrauen und Glauben der Hauptlebensinhalt sein. Stellt euch eine Gesellschaft vor, die nur auf Verstand und Intellekt gegründet wäre! Solch eine Gesellschaft bestünde nur aus gut aussehenden Maschinen, die sich von selbst bewegen und sprechen. Aus diesem Grund sagt Amma, dass Liebe und Glauben die Grundpfeiler des Lebens sind.

Düngemittel gehören an die Wurzeln eines Rosenbusches, aber nicht mitten auf die duftenden Blüten – das würde ihren süßen Duft verderben! Gebt Verstand und Intellekt den ihnen gebührenden Platz, aber lasst nicht zu, dass Liebe und Glauben zerstört werden, die dem Leben Schönheit und Duft verleihen!

Die Pilgerreise nach Sabarimala[34] ist ein Beispiel dafür, wie zahllose Menschen durch Liebe und Glauben aufgerichtet werden. Die Pilger verzichten 41 Tage lang auf Alkohol, schlechten Umgang und Prahlerei; während dieser Zeit leben sie sexuell enthaltsam, achten auf rechtes Handeln und singen das Mantra, *Swamiye Sharanam* (der Herr ist meine einzige Zuflucht!). Familie und Gesellschaft bleiben zumindest während dieser Zeit frei von den Auswirkungen von Alkohol und Drogen. Und trotzdem wetteifern Leute miteinander, sogar auf diese Pilgertouren und ihre Traditionen Pfeile der Kritik abzuschießen, und zwar mit dem Argument, die Leute würden nur hinters Licht geführt und ihr Glaube werde ausgebeutet usw. Sie erkennen nicht die praktische Seite dieser Pilgerschaft. Wir sollten die Dinge sorgfältig prüfen

---

[34] Ein Pilgerzentrum in Kerala, mit dem berühmten Ayyappan-Tempel

und nur kritisieren, wenn es wirklich angebracht ist. Man sollte nicht blindlings kritisieren und damit Positives zerstören. Wir können nur durch Liebe und Glauben das Prinzip des Höheren Selbst verwirklichen.

Liebe ist heutzutage Thema in Hunderten von Filmen, Erzählungen und Schlagern und für die meisten Schriftsteller das Lieblingsthema. Liebe entsteht jedoch nicht einfach durch Lesen oder Schreiben. Wahre Liebe lässt sich in der heutigen Welt nur schwerlich finden. Sogar die Beziehung zwischen Mann und Frau wird allmählich mechanisch. Das Leben selbst ist ihnen langweilig geworden.

Amma erinnert sich an eine Geschichte. Ein Ehepaar schlief draußen in ihrem Hof in einer Hängematte. Plötzlich kam ein Wirbelsturm auf, wirbelte die Hängematte in die Höhe und trug die beiden davon. Sie landeten etwa hundert Kilometer weiter weg, glücklicherweise unverletzt. Die Frau begann zu weinen und ihr Mann fragte sie: „Warum weinst du, Liebes? Sieh doch, wie sanft wir gelandet sind. Uns ist nichts Schlimmes zugestoßen und wir haben uns nicht einmal verletzt. Warum weinst du also?" Die Frau erwiderte: „Ich weine nicht aus Traurigkeit, sondern weil ich so glücklich bin."

„Warum bist du denn so glücklich?"

Darauf antwortete die Frau: „Sind wir heute nicht zum ersten Mal seit unserer Hochzeit gemeinsam verreist? Nach so langer Zeit! Ich musste einfach weinen, als ich darüber nachdachte." So sieht heutiges Familienleben aus!

Liebe bedeutet Einheit der Herzen, bzw. ihr Verschmelzen. Liebe ist das Gefühl: „Ich und mein Leben gehören meinem Liebsten." Liebe bedeutet totale Hingabe. Vollkommene Hingabe und immerwährende Liebe kann man aber nicht für etwas empfinden, das sich verändert. Wahre Liebe und Hingabe können wir nur für den unveränderlichen Höchsten Geist empfinden.

Echte Liebe ist herzvolle Empfindung für den Höchsten Geist, eine unbezähmbare Sehnsucht nach Gott. Nur durch Gottergebenheit können wir diese Liebe, Selbstlosigkeit und vollkommene Glückseligkeit erfahren. Mögen wir unser Leben völlig in Gottes Hände legen, denn das bedeutet vollkommene Hingabe, ohne die es kein wahres Glück gibt.

Die Umstände sind vielschichtig

Unser eigenes Handeln ist nicht ausschlaggebend für den Erfolg, denn es kann uns nur aufgrund göttlicher Gnade etwas gelingen. Wenn wir eine Sache in Angriff nehmen, sind außer unserem Tun noch weitere Faktoren beteiligt. Das gewünschte Ergebnis lässt sich nur erzielen, wenn alle Faktoren günstig sind. Es ist uns bewusst, dass wir beim noch so umsichtigen Überqueren einer Straße von einem unachtsamen Autofahrer überfahren werden können. Selbst bei sorgsamer Beachtung aller Verkehrsregeln könnten wir beim Autofahren mit einem uns entgegenkommenden betrunkenen Fahrer zusammenstoßen.

Vieles ist inzwischen erforscht worden – doch wir verstehen noch immer nicht das wahre Wesen der Welt. Wir erleben erst dann inneren Frieden, wenn wir das eigentliche Wesen der Welt verstehen. Wir verfügen über alles Notwendige zur Steigerung unserer materiellen Bequemlichkeit, doch so sehr sich die materiellen Bedingungen auch wandeln – innerlich findet kein grundlegender Wandel statt.

Amma erinnert sich an einen Vorfall. Ein Herr aus Indien war nach Amerika eingeladen worden und alles war zu seinem Besuch vorbereitet. Bei Ankunft im Haus seiner Gastgeber begrüßte ihn die Gastgeberin mit der Frage: „Was würden Sie gerne trinken?" Da ihn ihre fürsorgliche Nachfrage erfreute, antwortete er: „Eine Tasse Tee wäre schön."

„Welchen Tee hätten Sie denn gerne, einen mit oder ohne Teein, oder hätten Sie lieber Zitronentee oder wäre vielleicht

Ingwertee besser?" Sie zählte Teesorten auf, von denen der Gast noch nie gehört hatte. Er kannte nur den Geschmack von normalem Schwarztee mit Milch und Zucker und war deshalb ziemlich verwirrt. Er dachte bei sich: „Warum fragt sie mich das alles?"

Als er antwortete: „Ich hätte gerne ganz normalen Tee", ging die Dame in die Küche, kam aber zurück: „Entschuldigen Sie, hätten Sie Ihren Tee gerne mit Zucker oder mit Süßstoff oder ohne Zucker? Ich habe auch reinen Naturzucker."

An diesem Punkt riss dem Besucher beinahe der Geduldsfaden. „Ich möchte einfach Tee." Sie fragte weiter: „Hätten Sie Ihren Tee gerne mit oder ohne Milch und sollte es Vollmilch oder Magermilch sein oder fettfreie Milch?" Inzwischen war er ziemlich entnervt: „Oh Gott! Ein einfaches Glas Wasser tut es auch!" Darauf beeilte sich die Dame zu fragen: „Möchten Sie gefiltertes Wasser oder Quellwasser oder bevorzugen Sie Sprudelwasser?" Seine Geduld war inzwischen am Ende. Er ging in die Küche, füllte sich am Spülbecken ein Glas Wasser und trank es aus. Das war alles, was er brauchte. Wieviele Fragen aber hatte man ihm gestellt!

Selbst unsere kleinsten Bedürfnisse können auf vielfältige Weise befriedigt werden. Und ständig kommt Neues hinzu. Man kann beispielsweise auf ganz unterschiedliche Art irgendwohin fahren. Alle möglichen Fahrzeugtypen stehen einem zur Verfügung, um beliebig schnell ans Ziel zu kommen. Wenn aber etwas schwierig wird im Leben – wenn wir leiden oder traurig sind – nützen uns solche Angebote wenig. Wir leiden dann einfach nur und sehen keinen Ausweg. Dann wird Spiritualität bedeutsam. Sie bietet einen Weg, uns aus Leid und Traurigkeit zu befreien. Warum widerfuhr uns dieses Leid? Was ist die Ursache unserer Probleme? Wir sollten versuchen, den wahren Grund zu verstehen, sonst setzt sich das Leiden fort.

Der Freund einer jungen Frau kommt auf sie zu mit den Worten: „Wie schön du bist! In deiner Nähe zu sein, macht mich so

glücklich. Ich kann mir gar nicht vorstellen, ohne dich zu leben!"
Sie ist überglücklich als sie das hört. Doch bald darauf sagt er:
„Komm mir nicht zu nahe! Ich reagiere allergisch auf dich!" Als sie
solche Worte hört, bricht sie vor Kummer zusammen. Sie leidet,
weil sie sich nicht bewusst macht, dass die Welt so beschaffen ist.

Wie ist denn die Welt beschaffen? Liebe ist an ein Objekt
gebunden. Wir lieben die Kuh wegen ihrer Milch. Wenn sie
keine Milch mehr gibt, wird sie an den Metzger verkauft. So ist
das, wenn wir von der Welt abhängig sind. Die Welt steht uns
in kummervollen Zeiten nicht bei. Wenn dir Not widerfährt,
frage dich selbst: „Warum geschieht mir so etwas?" Wenn wir in
jeder Krise eine Anwort darauf finden, wissen wir, wie es für uns
weitergeht. Wer sich jetzt stets bemüht, den Fluss zu überqueren,
kann später über den ganzen Ozean gelangen. Die Probleme, die
uns von Zeit zu Zeit im Leben widerfahren, machen uns eigentlich
stärker. Sie sind die von Gott gegebenen Situationen, die unsere
Kräfte wachsen lassen. Wenn wir uns einen Dorn in den Fuß
treten, passen wir beim Gehen besser auf, was uns möglicherweise
davor bewahrt, in ein tiefes Loch zu fallen. Wir sollten uns dessen
bewusst sein und versuchen, uns an das Höchste Wesen zu halten.

Du kannst kein Meister im Gewichtheben werden, wenn
du immer nur leichte Gewichte hebst. Du musst den erforderten
Einsatz bringen, um Meister zu werden – zuerst fünfundzwanzig
Kilo, dann dreißig, vierzig und so weiter – und das Gewicht
langsam steigern. Nur wer in seinen Bemühungen durchhält, hat
auf allen Ebenen Erfolg. Wer nur mit leichten Gewichten übt,
wird beim Versuch, schwere Gewichte zu heben, ausrutschen und
hinfallen. Gegenwärtig wissen wir nicht, wie wir auf uns selbst
gestellt sein können. Wir fallen mit Sicherheit hin, wenn das,
woran wir uns anlehnen, ins Wanken gerät. Durch Spiritualität
bekommen wir Übung, fest in uns selbst verankert zu bleiben.

Lasst Gottes Willen walten

Meine Kinder, wie oft äußern wir: „Das geschah nur, weil ich darüber nachgedacht habe und es so wollte!" Aber entspringt denn das, was geschieht, wirklich unserem Willen?

„Ich komme gleich raus", ruft jemand im Haus, macht lediglich einen Schritt, bekommt einen Herzanfall und bricht zusammen!

Hätte allein unser Wille wirkliche Macht, dann hätte der Betreffende, wie angekündigt, aus dem Haus kommen können. Wir müssen das begreifen und alles Gottes Willen überlassen.

In diesem Zusammenhang sei an eine Geschichte über Radha und die *Gopis*[35] erinnert. Die *Gopis* wurden äußerst traurig, als sie von Krishna getrennt wurden, nachdem er Vrindavan verlassen hatte, um nach Mathura aufzubrechen. Sie ließen sich am Ufer des Flusses Yamuna nieder und klagten einander ihr Leid.

„Krishna hat uns nicht mitgenommen. Wenn er zurückkommt, sollten wir ihn nicht wieder ziehen lassen", sagte eine der *Gopis*.

„Wenn der Herr zurückkommt, werde ich ihn bitten, mir einen Wunsch zu erfüllen", sagte eine andere *Gopi*.

„Um was möchtest du ihn bitten?"

„Ich werde darum bitten, für immer mit dem Herrn spielen zu dürfen."

Eine dritte *Gopi* fragte: „Darf ich auch um etwas bitten?"

„Um was?"

„Ich bitte darum, der Herr möge aus meinen Händen Butter essen."[36]

---

[35] Die Gopis waren Kuhhirtinnen und Milchmädchen und lebten in Vrindavan. Sie standen Krishna sehr nahe und sind bekannt für ihre vollkommene Hingabe an den Herrn.

[36] Krishna liebte als Kind Butter und Jogurt. Da er den Gopis gelegentlich Butter stibitzte, war er bekannt als der kleine Butterdieb.

Eine andere *Gopi* sagte: „Ich bitte darum, dass er mich nach Mathura mitnimmt." Und noch eine andere: „Ich möchte die Erlaubnis bekommen, ihm stets zu fächeln."

Da den *Gopis* auffiel, dass Radha sich überhaupt nicht geäußert hatte, fragte jemand: „Radha, warum sagst du denn nichts? Was wirst du erbitten, sag' doch, Radha!"

Sie bedrängten Radha solange, bis sie schließlich antwortete: „Wenn ich überhaupt einen Wunsch verspüre, dann offeriere ich ihn zu Füßen meines Herrn. Was immer sein Wille sein mag, ist auch meiner. Sein Glück ist mein Glück."

Überlasst also alles Gottes Willen. Wir können uns nicht einmal des nächsten Atemzugs sicher sein, denn er steht nicht unter unserer Kontrolle. Gottes Willen bestimmt. Wir können uns lediglich bemühen, mit den uns von Gott verliehenen Fähigkeiten weiterzugehen. Lassen wir nie nach in unserem Bestreben. Es ist ganz wesentlich, dass wir bemüht sind, in all unseren Unternehmungen unser Bestes zu geben.

Prakrti, vikrti, samskrti

Es stellt sich zusätzlich die Frage, wie wir dieses uns von Gott verliehene Leben leben sollen. *Prakrti, vikrti, samskrti* sind gängige Ausdrücke in Indien.

Vier Männer sind beisammen und jeder hat ein Stück Brot. Der erste isst sein Brot unverzüglich auf. Der zweite nimmt dem dritten das Brot weg und isst es zusätzlich zu seinem eigenen. Der vierte Mann gibt die Hälfte seines Brotes dem dritten, dem seines weggenommen wurde. Das Verhalten des ersten Mannes heißt *prakrti* und entspricht seiner Urnatur. Er denkt an sein eigenes Wohlergehen, schadet und hilft niemandem.

Das Verhalten des zweiten Mannes bezeichnet man als *vikrti* – gestörtes Verhalten. Dieser Mensch geht bei Erfüllung seines eigensüchtigen Verlangens sogar so weit, anderen zu schaden.

Das Verhalten des vierten Mannes nennt man *samskrti* – wahre Lauterkeit. Er gibt von seinem Besitz ab und stellt das Wohlergehen der Welt über sein eigenes. Auch wir sollten fähig sein, unser Leben zum Wohle anderer einzusetzen. Das bedeutet *samskrti* – wahre Kultur und wahre Verfeinerung.

Manche Menschen sagen: „Was ich angehäuft habe, verlor ich, aber ich besitze noch, was ich verschenkte." Was heißt das? Wenn wir anderen etwas schenken, kommt das ganz sicher morgen wieder zu uns zurück, wenn nicht schon heute. Andererseits wird das, was wir aus Selbstsucht horten, binnem kurzem verloren sein. Was auch immer geschieht: Wir können beim Sterben nichts mit uns nehmen. Wenn wir geben, fühlen wir uns genauso erfüllt wie derjenige, der von uns etwas bekommt. Amma erinnert sich in diesem Zusammenhang an eine Geschichte.

Ein Junge kam auf seinem Schulweg immer an einem Waisenhaus vorbei. Sein Herz wurde von den unglücklichen Gesichtern der Waisen berührt. Das Onam-Fest rückte näher und sein Vater schenkte ihm etwas Geld. Der Junge überlegte sich: „Ich habe Vater und Mutter, die mir Spielzeug und neue Kleidung kaufen. Wer aber beglückt diese Kinder? Sie haben keine Eltern. Sie gehören zu niemandem. Wie traurig müssen sie sein!" Plötzlich kam ihm eine Idee. Er ging zu seinen Freunden mit folgendem Vorschlag: „Lasst uns das Geld, das wir für Onam bekommen, zusammenlegen und davon Spielzeug und Masken kaufen. Wir können diese Dinge in der Stadt verkaufen und auf diese Weise Geld verdienen. Mit diesem Geld können wir dann noch mehr Dinge kaufen und wiederverkaufen. Mit unseren Einnahmen können wir genügend Spielzeug kaufen und den Kindern im Waisenhaus schenken."

Die anderen Kinder hielten aber nichts von dieser Idee. Sie wollten mit ihrem Geld Spielsachen für sich selbst kaufen und dachten nur an ihr eigenes Glück. Schließlich war ein zweiter

Junge bereit mitzumachen. Die beiden legten also ihr Geld zusammen und kauften Spielzeug und Masken. Sie legten sich die Masken an und gingen an belebte Straßenecken der Stadt, um dort ‚aufzutreten'. Beim Anblick der lustigen Mätzchen brachen die Leute in Gelächter aus. Die Jungen baten jeden: „Bitte kauft uns die Masken und das Spielzeug ab und schenkt sie euren Kindern. Das bringt sie zum Lachen und macht sie und auch euch glücklich. Ihr lacht, wenn ihr uns mit diesen Masken spielen seht, aber viele Kinder können nicht lachen. Bitte kauft uns etwas ab und helft uns auf diese Weise, sie zum Lachen zu bringen!"

Die Leute hatten Spaß am Verhalten der Jungen und an ihren Worten und kauften ihnen den gesamten Vorrat ab. Anschließend erwarben die Jungen von dem Geld weitere Artikel, um sie wieder zu verkaufen. Mit dem Erlös kauften sie noch mehr Spielsachen und Masken. Am Onam-Fest brachten die beiden Jungen alle Geschenke ins Waisenhaus. Bei ihrer Ankunft waren die Waisenkinder unglücklich und vermochten nicht einmal zu lächeln. Die Jungen riefen alle Kinder herbei und legten ihnen die Masken an. Sie zündeten Wunderkerzen (*poothiri*) an und gaben jedem Kind eine. Die Kinder vergaßen ihren Kummer, tanzten vor Freude und rannten lachend und spielend herum.

Der Junge, der das alles vorbereitet hatte, vergaß sich selbst eine Maske aufzusetzen und ein *poothiri* anzuzünden. Er beobachtete völlig versunken den Spaß, das Herumtollen und Lachen der anderen. Beim Glück der anderen vergaß er sich selbst völlig und in seinen Augen standen Freudentränen. Das Glück, das er empfand, war viel größer als das seiner Freunde. Er nahm nichts für sich selbst, bekam aber alles zurück, was er gegeben hatte. Das ist das Großartige des Mitgefühls. Wir bekommen zurück, was wir geben – Liebe, wenn es Liebe ist und Wut, wenn es Wut ist.

Schaut auf die Welt, meine Kinder! So viele Menschen leiden. Unzählige Menschen sind so arm, dass sie sich nicht einmal eine Mahlzeit leisten können. Manche müssen schreckliche Schmerzen ertragen, weil sie nicht in der Lage sind, sich Schmerzmittel zu kaufen. Während all dies geschieht, verschwenden andere ihr Geld für Tabak, Alkohol und teure Kleidung. Wenn die zehn Prozent Wohlhabenden in diesem Land wollten, könnten sie den Armen zum Aufschwung verhelfen. Käme ihnen das in den Sinn, gäbe es künftig keine Armut mehr in diesem Land. Die wirklich Armen sind doch diejenigen, die sich an dem bereichern, was anderen gehört und sich dessen nicht einmal bewusst zu sein.

Der Sinn des Lebens besteht darin, nach innen zu schauen und das Höchste Selbst zu erkennen. Nur wer das Höchste Selbst erkennt, ist wahrhaft reich. Dieser Mensch besitzt wirklichen Reichtum. Es gibt dann nichts mehr, worum er sich sorgen müsste. Wer sich in seiner Nähe aufhält, kann an diesem Reichtum teilhaben und sich ebenso daran erfreuen.

Neunzig Prozent aller körperlichen und mentalen Probleme entspringen Leiden der Vergangenheit. Momentan tragen wir unser Leben lang diese Wunden in uns. Der einzige Weg zur Heilung dieser Wunden besteht darin, einander mit offenem Herzen zu lieben. Genauso wie der Körper Nahrung braucht, um sich zu entfalten, braucht die Seele Liebe. Aus dieser Liebe ziehen wir die Kraft und Vitalität, die uns selbst Muttermilch nicht geben kann. Lasst uns versuchen eins zu werden in gegenseitiger Liebe! Lasst uns das geloben!

Teil zwei

Nimm deine Zuflucht in Mir allein

Gib alle Dharmas auf
und nimm deine Zuflucht in Mir allein!
Ich werde dich von allen Sünden befreien,
sei unbekümmert!

– Bhagavad Gita (18,66)

Meine Kinder,
Selbstverwirklichung ist die Fähigkeit,
uns selbst in allen Lebewesen zu erblicken.

– Sri Mata Amritanandamayi

Alles in Gottes Hände legen

Meine Kinder, wir sind abhängig geworden von materiellen Dingen und völlig selbstbezogen. Deshalb ist in uns kein Platz für Gott. Um von diesem Zustand befreit und im Herzen geläutert zu werden, gehen wir in einen Ashram und nehmen Zuflucht bei einem spirituellen Meister. Heutzutage bitten die Leute aber selbst an solchen Orten um materiellen Wohlstand. Sie sagen von sich: „Ich habe große Liebe für Gott". Es ist aber notwendig, alles, was uns innerlich gefangen hält, Gott zu übergeben. Erst dann verstehen wir den eigentlichen Sinn von Gottergebenheit und Liebe zu Gott.

Ein Mädchen schrieb ihrer Freundin zum Geburtstag einen Brief. „Ich dachte so glücklich an deinen Geburtstag und verbrachte Tage damit, nach einem schönen Geschenk für dich zu suchen. Als ich es schließlich in einem Geschäft fand, habe ich es doch nicht gekauft, weil es 10 Euros kostete. Vielleicht kaufe ich es dir zu einem anderen Anlass."

Obwohl das Mädchen ihre Freundin sehr gern hatte – sie hatte geäußert, sogar ihr Leben für ihre Freundin einzusetzen – war sie nicht bereit, 10 Euros für sie auszugeben. Ebenso sieht unsere Liebe zu Gott und Hingabe an ihn aus. Wir äußern lediglich Lippenbekenntnisse, wenn wir sagen: „Ich habe alles in Gottes Hand gegeben."

Wir versprechen der Gottheit im Tempel eine Kokosnuss, um etwas zu bekommen – doch wenn wir das Gewünschte dann erhalten, suchen wir die billigste und kleinste Kokosnuss aus, um sie Gott anzubieten.

Meine Kinder, das hat überhaupt nichts mit wirklicher Liebe und Hingabe zu tun. Wir sollten bereit sein, sogar unser Leben hinzugeben.

Wir selbst profitieren davon, wenn wir Gott etwas schenken. Andernfalls wäre es so, als würde man aus der Abflussrinne einen

Eimer Wasser füllen, um ihn dem Fluss mit den Worten anzubieten: „Oh, Fluss, du wirst durstig sein, trinke dies hier!" Gott möchte nichts von uns; er ist es, der uns alles gibt und der uns reinigt. Im Kontakt mit Gott werden wir geläutert.

Meine Kinder, nur mit einem Sinn für Rechtschaffenheit *(dharma)* können wir Gott nahekommen. Wie waren die Menschen in den alten Zeiten? Sie waren bereit, ihr Leben sogar für ein Vogelbaby einzusetzen. Solch eine Verbundenheit mit dem *dharma* bringt uns näher zu Gott, dem Höchsten Wesen. Weitherzigkeit befähigt uns zu Gottesnähe, lässt göttliche Eigenschaften in uns aufleuchten und bringt die in uns angelegten göttlichen Eigenschaften zur Entfaltung. Unsere guten Taten und positiven Eigenschaften sind wie Dünger, der den Samen nährt, bis aus ihm ein Baum wird. Gottes Gnade ist für einen eigensüchtigen Menschen unerreichbar. Wir müssen unsere Selbstsucht aufgeben, um für die göttliche Gnade würdig zu werden. Dies wird uns gelingen, wenn wir dem Pfad des *dharma* folgen. Aus einem Samenkorn, das wir aussäen, gewinnen wir zehn neue Samenkörner und was wir Gott geben, erhalten wir tausendfach zurück. Wenn wir uns Gott ergeben, werden wir tausendfach beschenkt. Gott ist die uns beschützende Kraft und nicht umgekehrt. Dies sollte klar erkannt werden.

Wenn wir uns Gott nicht körperlich und geistig überlassen können, sollten wir ihm dann nicht wenigstens unsere Wünsche übergeben? Das aber setzt voraus, zunächst unsere Selbstsucht aufzugeben, die uns daran hindert.

Müsst ihr denn weiterhin euer Gepäck tragen, sobald ihr in den Zug eingestiegen seid? Legt es ab! Der Zug wird die Last tragen und zum Ziel bringen. Lasst die Bürde los. Ihr müsst sie nicht mehr selbst tragen.

Im Vertrauen auf Gott wächst unsere Hingabe und verleiht uns Frieden und Harmonie. Solange man in seiner Selbstsucht verharrt, muss man die Bürde selbst tragen – Gott ist dafür nicht verantwortlich. Es genügt nicht, seinem Arzt zu vertrauen – man muss die Arznei einnehmen und die verordnete Diät einhalten. Gottvertrauen allein reicht nicht aus. Wir müssen nach den göttlichen Richtlinien leben, denn das heilt uns von der Krankheit des endlosen Zyklus von Geburt, Tod und Wiedergeburt (*samsara*) und lässt uns das Ziel erreichen. Meine Kinder, legt Gott all eure Lasten zu Füßen und lebt in Frieden und Harmonie!

Hingabe äußert sich in positivem Handeln

Gottes Gnade verdienen sich jene, die Gott nicht nur preisen, sondern nach seinen Richtlinien leben. Sie sind die Gewinner im Leben.

Ein wohlhabender Mann hatte zwei Gehilfen. Der eine lief immer hinter ihm her und rief: „Meister! Meister!" Er pries seinen Meister unentwegt, ohne jedoch irgendeine Arbeit zu verrichten. Der zweite Gehilfe hielt sich fast nie in der Nähe seines Meisters auf. Er konzentrierte sich vollkommen darauf, die ihm aufgetragene Arbeit zu vollenden und arbeitete für seinen Meister ohne an Essen und Schlaf zu denken. Welchen Gehilfen wird der Meister wohl geliebt haben?

Ramas Gnade fließt mehr zu denen, die nach seinen Anweisungen leben, als zu Menschen, die „O Rama! Rama!" rufen. Gott erfreut sich mehr an Menschen, die Entsagung üben (*tapas*) und selbstlos dienen, was nicht heißt, wir sollten Gott nicht anrufen. Gott anzurufen, ist jedoch nur dann wirksam, wenn wir positiv handeln. Schlechte Taten annulieren, was wir durchs Rezitieren der göttlichen Namen gewonnen haben und machen unsere guten *samskaras* zunichte. Die Leute gehen in den Tempel und umrunden dreimal das Bildnis der Gottheit; beim Hinausgehen misshandeln sie den armen Bettler, der an der Türe steht, indem sie ihn anschreien, er solle verschwinden. Liebe Kinder, das hat überhaupt nichts mit Hingabe zu tun. Es ist unsere Gottespflicht,

Mitgefühl mit den Armen zu haben. Meine Kinder, ihr vollbringt gute Taten, aber auch schlechte, weshalb ihr die Früchte wieder verliert, die eure guten Taten euch eingebracht haben. Wenn ihr auf der einen Seite einen Zuckerhaufen angesammelt habt und eine große Ameisenkolonie auf der anderen – was bedarf es mehr, um den Zucker zu verlieren?

Wenn man Gutes tut und das Mantra einige Male rezitiert, ist das so, als rezitiere man dieses den ganzen Tag lang. Unser Leben sollte gesegnet sein durch gute Gedanken und Taten. Das ist nicht sehr schwierig, wenn ihr versucht, in allem nur das Gute zu sehen. Beneidet niemanden. Lebt ohne unnützen Luxus. Wenn ihr normalerweise zehn Kleidungsstücke pro Jahr kauft, reduziert diese möglichst auf sieben und schließlich auf fünf, um auf auf diese Weise eure unnützen Ausgaben zu senken. Kauft nur das Notwendige und spendet das auf diese Weise gesparte Geld für gute Zwecke. Es gibt Kinder, die nicht zur Schule gehen, weil das Schulgeld nicht aufgebracht werden kann. Wir können dazu beitragen, ihr Schulgeld zu bezahlen. Lasst uns wenigstens so viel für die Gesellschaft beitragen. Gott hört am liebsten die Mantren von Menschen, die solches erbringen, denn gute Taten sind der Pfad, der uns zu Gott führt.

Vielleicht fragt ihr: „Erlangte Ajamila[37] denn nicht Befreiung, indem er nur einmal den göttlichen Namen rezitierte?" Nun, eigentlich führte ihn nicht diese einmalige Anrufung zu Gott; es waren vielmehr die positiven Auswirkungen seiner in der Vergangenheit vollbrachten guten Taten.

---

[37] Ajamilas Geschichte wird in der Shrimad Bhagavatam erzählt. Als Brahmane geriet er in schlechte Gesellschaft, heiratete eine Prostituierte und führte ein grausames Leben voller Korruption. Er war tief verbunden mit dem Jüngsten seiner zehn Söhne, der Narayana hieß – das ist Vishnus Name. Als Ajamila im Sterben lag und den Namen seines Sohnes rief, erschienen auf der Stelle die Gesandten des Gottes Vishnu und verjagten die Boten des Herrn des Todes, die gekommen waren, um Ajamilas Seele mitzunehmen.

Es gab einen Kaufmann, der sein Leben lang anderen Menschen schadete. Er hatte keine einzige gute Tat vollbracht. Als er Ajamilas Geschichte gelesen hatte, gab er all seinen Kindern göttliche Namen, die er dann auf seinem Totenbett ausrufen wollte, um Befreiung[38] zu erlangen.

Als er im Sterben lag, versammelten sich seine Kinder um ihn. Er öffnete seine Augen, schaute sie an und sah, dass alle anwesend waren. Es beunruhigte ihn, dass alle zugegen waren und niemand sich um sein Geschäft kümmerte. „Wer ist im Laden?" platzte er heraus – und das war sein letzter Atemzug.

Dieses Schicksal widerfährt jedem, der durchs Leben geht, ohne sich auf Gott zu besinnen und sich dennoch Befreiung erhofft, obwohl er Gott erst ganz am Ende seines Lebens anruft. Die Gedanken, die am Lebensende auftauchen, entsprechen der Lebensführung des Menschen und seine letzten Gedanken werden davon bestimmt. Wer ein Leben lang Gutes tut, wird an seinem Ende von guten Gedanken erfüllt sein.

Wer ein Familienleben führt, selbstlos handelt und die göttlichen Namen rezitiert, kann genauso viel erreichen wie die Weisen durch Entsagung (*tapas*). Der Entsagende lenkt den normalerweise umherschweifenden Geist durch Meditation auf einen bestimmten Punkt. Die Weisen, die nach spirituellen Grundsätzen leben, widmen die Kraft, die sie durch Askese gewinnen, der Welt. Die Meister empfehlen denjenigen, die ein Familienleben führen, Dienst an der Welt, da sie nicht den ganzen Tag meditieren oder ein Mantra rezitieren können. Sie erlangen dann Befreiung dank der Gnade des Meisters, dessen Herz beim Anblick ihres selbstlosen Dienstes schmilzt. Ein *Satguru* (verwirklichter Meister) ist wie eine Schildkröte. So wie von der Schildkröte gesagt wird, dass sie ihre Eier durch Gedankenkraft ausbrüte, erlangen Menschen, die

---

[38] Im Hinduismus und in anderen östlichen Religionen glaubt man, dass der letzte Gedanke eines Sterbenden das nächste Leben beeinflusst.

ein Familienleben führen, durch die Gedankenkraft des *Satgurus* Befreiung. Was durch selbstlosen Dienst erreicht werden kann, ist keineswegs geringer als das durch Entsagung (*tapas*) Erreichte. Das heißt nun nicht, wir brauchen Gott nicht anzurufen – doch unsere Gebete sollten begleitet werden von positivem Tun. Gott hört nicht auf das leere Rezitieren seiner Namen – gute Taten müssen diesem folgen. Nur dann wird uns Gottes Mitgefühl zuteil.

Krishna ermutigte Arjuna zum Kampf, ohne zu sagen: „Ich werde all diese Menschen vernichten und dich retten! Du kannst hier sitzen bleiben!" Stattdessen sprach er: „Arjuna, du sollst kämpfen! Ich werde dir beistehen." Das verdeutlicht die Unerlässlichkeit menschlichen Bemühens.

Die Notwendigkeit eines spirituellen Meisters

Meine Kinder, der Vorteil von Entsagung sollte im Lichte der Situationen, denen wir begegnen, verstanden werden. Schwierigen Begebenheiten sollten wir ohne Schwäche und Zaudern begegnen. Darin liegt wahre Größe. Für einen spirituell Suchenden geziemt es sich nicht, in der Meditation Frieden zu erfahren und sich anschließend über etwas aufzuregen.

Jeder kann ohne Begleitung singen. Die Fähigkeit eines Sängers zu harmonischer Grundtonmodulation wird jedoch erst in Begleitung eines Harmoniums deutlich, wenn er gleichzeitig den Takt halten kann. Dementsprechend zeigt sich die wahre Stärke eines Suchenden darin, wenn er unter allen Umständen innerlich Harmonie und Rhythmus bewahren kann. Das ist wahre Entsagung. Aufsteigender Ärger sollte uns nicht beeinträchtigen, denn für einen Suchenden ist es unpassend, seinem Ärger nachzugeben und sich von äußeren Umständen abhängig zu machen.

Einst lebte in einem Dorf am Fuße des Himalajas ein Schmied. Er formte Metallstangen, die er neben seiner Werkstatt auf einem Stein bearbeitete. Eines Tages entdeckte er nahe des Steins eine Kobra. Sie lag auch am nächsten Tag noch dort, da sie sich wegen der Kälte nicht bewegen konnte. Der Schmied gab der Schlange einen Schubs, doch sie bewegte sich nicht. Da er Mitleid mit ihr hatte, trug er sie in seine Werkstatt, gab ihr Milch und Früchte und nahm seine Arbeit wieder auf. Er erhitzte eine Eisenstange im Feuer und schmiedete sie, und als er die Stange herausholte, berührte sie die Schlange. Die Kobra hob ihren Kopf und wollte ihn angreifen. Er hatte geglaubt, die Schlange sei ganz sanft und würde niemanden verletzen. Als die Schlange der Hitze in der Schmiede ausgesetzt war und nicht mehr vor Kälte erstarrt, veränderte sich ihre Natur. Das Gemüt „erstarrt" gleichsam durch *tapas* – doch wenn man nicht aufpasst und die Umstände dies begünstigen, kommen die angeborenen Eigenschaften wieder hervor. Der spirituelle Aspirant sollte deshalb stark werden, um jede Situation durchzustehen. Es ist Aufgabe des spirituellen Meisters, den Schüler auf dieses Niveau anzuheben. Wir sollten in allem Gott, das Höhere Selbst erkennen können. Erst dann sind wir wirklich stark.

Wir sollten uns darin üben, in allem nur das Gute, das göttliche Prinzip zu schauen und die Glückseligkeit des Selbst zu kosten, ähnlich den Bienen, die auf der Suche nach Honig in Blüten nur den Honig schmecken. Der Meister verpflichtet sich, den im Schüler verborgenen Ärger seines Egos aufzudecken und aufzulösen. Ein Schüler, der sich kurze Zeit in Gegenwart eines Meisters aufhält, gewinnt dadurch mehr Reife als durch eine lange Phase spiritueller Praxis. Wenn der Meister dem Schüler irgendeine einfache oder auch schwierige Arbeit aufträgt, dann mit dem Ziel, das Ego des Schülers aufzulösen und ihn auf die Verwirklichung des Selbst vorzubereiten. Der Schüler benötigt ein Zeugnis des Meisters. Es ist Pflicht und Schuldigkeit des Schülers, dem Meister aufs Wort zu gehorchen. Der Schüler sollte Werkzeug in der Hand des Meisters werden – wie der Hammer in der Hand des Schmiedes. Jede Anordnung des Meisters sollte befolgt werden, denn der Meister besitzt absolute Autoriät und Weisungsbefugnis gegenüber dem Schüler. Dieser hat nur dann Erfolg, wenn er bereitwillig zum Werkzeug wird.

Ein Junge fiel in jeder Klasse (der Jahresabschlussprüfung) vier oder fünf Mal durch, bevor er versetzt wurde. Schließlich gelang es ihm irgendwie, die 10. Klasse zu erreichen, d.h. die oberste Schulstufe. Der Junge war überzeugt, den Abschluss der 10. Klasse selbst nach zehn Prüfungsversuchen nicht zu schaffen. Der Klassenlehrer wollte aber dem Jungen helfen, diesen Abschluss zu bestehen. Tag und Nacht brachte er ihm unermüdlich alle Lektionen bei und bemühte sich vor allem, die Aufmerksamkeit des Jungen nicht von seinen Aufgaben abzulenken. Schließlich kam die Zeit der Prüfung. Der Junge ging in die Prüfung und bestand sie beim ersten Versuch. Der *Satguru* ist wie dieser Lehrer, der einem Schüler, den alle anderen als unfähig abgeschrieben haben, zum Erfolg verhilft. Es ist sehr schwierig das Reich des Höheren Selbst zu gewinnen, auch wenn wir uns tausend Leben lang darum bemühen. Mit Hilfe des Meisters kann der Schüler jedoch in nur einem Leben Erleuchtung erlangen.

Wenn man die Erlaubnis hat, bei einem Meister zu leben, ist man damit noch nicht als Schüler angenommen. Der Meister nimmt jemanden erst nach sorgfältiger Beobachtung und Prüfung als Schüler an. Ein wahrer Schüler vertraut jedem Wort des Meisters vollkommen und reagiert sehr aufmerksam auf seine Worte. Der Schüler ist seinem Meister vollkommen ergeben.

Nur durch Uneigennützigkeit kann Unsterblichkeit erlangt werden. Kinder, wie oft haben wir das Mantra gehört, *Tyagenaike amritatvamanashuh* („Nur durch Entsagung kann Unsterblichkeit erlangt werden"). Dieses Mantra soll man nicht einfach nur rezitieren oder sich anhören: Es ist eine Richtlinie für unser Leben und ist dazu gedacht, gelebt und nicht nur rezitiert zu werden.

Wenn unser Baby krank wird, bringen wir es ins Krankenhaus und gehen sogar zu Fuß, wenn uns kein Fahrzeug zur Verfügung steht, selbst wenn das Krankenhaus weit weg ist. Dort bitten wir inständig alle Zuständigen, unser Kind aufzunehmen. Auch wenn die Eltern noch so vermögend sind, sind sie bereit, die Nacht in der Ambulanz zu verbringen und sogar auf dem schmutzigen Boden zu schlafen, wenn kein Privatzimmer zur Verfügung steht. Sie lassen sich unbefristet beurlauben, um ihr Kind betreuen zu können. Das alles wird aber nur für das eigene Kind getan und um des inneren Friedens willen. Das kann deshalb nicht als wirkliche Uneigennützigkeit oder als Opfer bezeichnet werden.

Wir sind bereit, wegen eines Quadratmeters Land etliche Male die Stufen des Gerichts hinauf- und hinunter zu gehen, tun das aber nur wegen unseres persönlichen Eigentums. Wir verzichten auf Schlaf und machen nächtliche Überstunden, aber lediglich, um mehr Geld für uns selbst zu verdienen. Das alles kann man nicht als Entsagung oder Uneigennützigkeit bezeichnen. Uneigennützigkeit oder Nächstenliebe bedeutet: Anderen unter Verzicht auf eigene Bequemlichkeit und eigenes Glück zu helfen; unser schwerverdientes Geld für das Wohl eines leidenden Mitmenschen zu spenden; im Krankenhaus freiwillig Tag und Nacht das kranke Kind des Nachbarn, um das sich niemand kümmern kann, zu versorgen[39] ohne irgendeine Gegenleistung zu erwarten, nicht einmal ein Lächeln.

Auch das ist selbstlos: Wenn wir unser gespartes Geld für einen guten Zweck ausgeben und auf eigene Bequemlichkeit verzichten.

---

[39] In indischen Krankenhäusern sind die Schwestern – anders als in westlichen Krankenhäusern – nur für die medizinische Behandlung zuständig. Deshalb muss im Krankenhaus bei dem Patienten ein Verwandter oder ein Freund bleiben, um ihm die Medizin zu besorgen und bei seinen persönlichen Belangen zu helfen.

Mit solchen Verhaltensweisen klopfen wir an die Pforte des Höheren Selbst und dank unseres selbstlosen Handelns öffnet sich diese Pforte. Nur uneigennütziges Verhalten kann als *karma yoga* (Weg des selbstlosen Handelns) bezeichnet werden. Selbstlose Taten führen die Seele ins Reich des Höheren Selbst, wohingegen andere Verhaltensweisen in den Tod führen. Wenn wir etwas mit der Einstellung von „ich" und „mein" tun, wird uns das niemals von Nutzen sein.

Wir besuchen eine Freundin, die wir lange nicht gesehen haben und überreichen ihr liebevoll einen Blumenstrauß. Vorher erfreuen wir selbst uns an der Schönheit und dem Duft des Straußes und erleben die Genugtuung des Schenkens. Dieselbe Freude und Zufriedenheit empfinden wir im selbstlosen Handeln.

Unser Körper ist von einer Aura umgeben, und so wie unsere Stimme auf einem Tonband festgehalten wird, hinterlassen all unsere Handlungen ihre Spuren in unserer Aura. Wenn man selbstlos handelt, erhält die Aura eine goldene Farbe. Was auch immer solche Menschen unternehmen – die Hindernisse verschwinden aus ihrem Weg. Für sie ist alles günstig. Wenn sie sterben, lösen sie sich auf in der Glückseligkeit des Höchsten Seins, der Absoluten Wirklichkeit – gerade so wie die Kohlensäure einer Sprudelflasche sich mit der Atmosphäre vereint, wenn sie zerbricht. Die Aura derjenigen hingegen, die negativ handeln, wird dunkel und sie sind nie frei von Problemen und Hindernissen. Wenn sie sterben, verbleibt ihre Aura unten auf der irdischen Ebene als Nahrung für Insekten und Ungeziefer. Sie müssen außerdem auf der Erde wiedergeboren werden.

Meine Kinder, selbst wenn jemand, der selbstlos handelt, keine Zeit findet, sein Mantra zu wiederholen, wird er Unsterblichkeit erlangen. Solch ein Mensch ist für andere so wohltuend wie Nektar. Ein selbstloses Leben ist das großartigste spirituelle

Vorbild, das man geben kann. Andere können es betrachten und ihm nacheifern.

Wohltätigkeit

Meine Kinder, wenn wir mildtätige Gaben nicht sehr bewusst und wohlüberlegt geben, wird das, was die Empfänger unserer Gaben damit anstellen, eine entsprechende Rückwirkung auf uns haben. Wenn dich ein gesunder Mann anbettelt, gib ihm kein Geld, gib ihm lieber etwas zu essen. Ermuntere ihn, für seinen Lebensunterhalt zu arbeiten. Wenn wir gesunden Menschen Geld geben, unterstützen wir ihre Faulheit. Sie geben das Geld vielleicht für Alkohol und Drogen aus oder könnten es auf vielerlei andere Weise negativ verwenden. Mit dem Geld, das wir ihnen geben, ermöglichen wir ihnen, Ungutes zu tun, unter dessen Folgen auch wir zu leiden haben. Bietet solchen Leuten, wenn sie um Geld betteln, eine bezahlte Arbeit an, beispielsweise in eurem Garten oder irgendeine andere Arbeit. Bezahlt sie erst nach getaner Arbeit. Überlegt euch, ob der Betreffende dazu bereit ist, denn Menschen ohne Bereitschaft zu irgendeiner Arbeit sind zügellos. Wenn man einem solchen Menschen hilft, unterstützt man dessen Faulheit und schadet somit auch der Welt. Wenn wir jemanden kostenfrei ernähren, wird er nur untätig dasitzen und aus Bewegungsmangel erkranken, sowie eine Last für sich und die Welt sein. Die größte Ansammlung von Nichtstuern kann man vor Wohltätigkeitseinrichtungen beobachten, wo kostenloses Essen ausgeteilt wird.

Wir können jedoch armen, kranken Menschen beistehen, die arbeitsunfähig sind. Es ist gut Waisenkinder zu unterstützen, die keine Schulausbildung bezahlen können, indem wir ihr Schulgeld und andere Ausgaben übernehmen. Wir sollten Witwen unter die Arme greifen, wenn sie ums Überleben ringen. Wir können denjenigen helfen, die ihre Gliedmaßen verloren haben und nicht einmal betteln gehen können. Wir helfen im positiven Sinne, wenn wir mittellosen Kranken, die sich keine Arznei leisten können, Medikamente kaufen. Wir können Geld an Ashrams und andere Wohlfahrtsinstitutionen spenden – sollten aber vorab prüfen, ob das Geld auch wirklich den Armen und Leidenden zugutekommt. Ashrams und ähnliche Institutionen sind in der Lage Dienstleistungen anzubieten, die der Allgemeinheit zugutekommen. Wenn wir sie darin unterstützen, helfen wir der Gesellschaft insgesamt. Wir sollten also unsere mildtätigen Gaben mit großer Umsicht und kritisch abwägend verteilen. Unsere Freundlichkeit und Hilfeleistung sollte die Empfänger niemals zu Untaten verleiten. Wem auch immer wir helfen – wir dürfen niemals irgendeine freundliche Gegenleistung erwarten. Mitunter ernten wir als Gegenleistung möglicherweise sogar eine schlechte Behandlung. Es wird uns nur Kummer bereiten, wenn wir erwarten, dass man uns freundlich gesinnt ist. Unser Wesen sollte wie ein brennendes Räucherstäbchen sein, das seinen Duft an jeden verströmt, selbst an den, der es abbrennt. Auf diese Weise erreichen wir die Füße des Höchsten Wesens. Wir sollten selbst denen von Nutzen sein, die uns Schaden zufügen und so eingestellt sein, denjenigen, die uns mit Dornen bewerfen, Blumen zu schenken. Wenn wir solche innere Haltung entwickeln, können wir in Frieden und Harmonie leben.

Lacht aus vollem Herzen

Meine Kinder, gibt es hier jemanden, der nicht gerne lacht? Natürlich nicht – es sei denn, er empfände Schmerzen und tiefe Traurigkeit. Er wird automatisch wieder lachen, wenn sein Leiden beendet ist. Wie viele Menschen können heutzutage eigentlich noch aus vollem Herzen lachen?

Wir lächeln, wenn jemand scherzt oder wenn wir Freunde treffen, aber gleichzeitig sind wir innerlich von Kummer erfüllt. Wahres Lächeln entspringt dem Herzen. Nur ein echtes Lächeln lässt unser Gesicht und die Herzen unserer Mitmenschen aufleuchten.

Bei vielen Menschen ist das Lachen zum Bewegungsspiel bestimmter Gesichtsmuskeln verkommen. Solchem Lachen fehlt wahre Herzlichkeit. Über die Fehler anderer zu lachen ist kein wirkliches Lachen. Wir sollten fähig sein, über unsere eigenen Fehler schallend zu lachen, aus der Tiefe heraus zu lachen, dabei alles zu vergessen und uns nur auf die Höchste Wahrheit zu besinnen. Das bedeutet wahres Lachen – Lachen aus Glückseligkeit. Aber gelingt uns das?

Heutzutage lachen wir meistens, wenn wir uns die Unvollkommenheiten anderer vor Augen halten oder schlecht über sie reden. Meine Kinder, wir schaden uns selbst, wenn wir über andere schlecht reden.

Amma fällt eine Geschichte ein. Ein Meister hatte zwei Schüler. Beide waren gleichermaßen egoistisch und kritisierten einander ständig. Ihr Verhalten veränderte sich trotz aller Ratschläge und Hinweise des Meisters nicht. Schließlich fand der Meister eine Lösung. Eines Nachts, als beide Schüler tief schliefen, bemalte er ihre Gesichter mit grellen Farben, so dass sie wie Clowns aussahen. Als der eine am Morgen aufwachte und das Gesicht des anderen sah, brach er in schallendes Gelächter aus: „Ha ha ha!" Der zweite Schüler wurde davon wach. Sobald er das Gesicht des anderen erblickte, begann auch er schallend zu lachen. Beide brüllten vor Lachen. Unterdessen brachte jemand einen Spiegel, hielt ihn dem einen vors Gesicht und sagte: „Schau!" Der Schüler schnappte sich den Spiegel und hielt ihn dem anderen vors Gesicht und sagte: „Schau dir das an!" Und da verging beiden ganz schnell das Lachen.

Meine Kinder, wir verhalten uns genauso. Wir ziehen über andere her ohne zu merken, dass auch sie sich über unsere Fehler lustig machen. Meine Kinder, es ist so einfach, bei anderen Leuten Fehler zu entdecken und darüber zu lachen – doch das sollten wir unterlassen und stattdessen unsere eigenen Unzulänglichkeiten und Fehler erforschen und darüber lachen. Dadurch entwickeln wir uns höher.

Nun zum Thema Glück: Es gibt zwei Wege zum Glück. Es beglückt uns, wenn uns etwas Gutes widerfährt – oder wir freuen uns über das Unglück anderer. Kummer erfahren wir auch auf zweierlei Art: Wir erleben unseren persönlichen Kummer oder das Glück anderer bereitet uns Kummer.

Ein Kaufmann sandte ein mit Handelsware beladenes Schiff ins Ausland. Das Schiff sank aber. Der Kaufmann geriet darüber in solche Verzweiflung, dass er bettlägrig wurde. Er aß, schlief und sprach nicht mehr und grübelte unablässig über seinen Verlust. Obwohl ihn viele Ärzte und Psychiater behandelten, konnte er nicht von seinem Kummer und seiner Krankheit geheilt werden. Er lag einfach so da. Eines Tages eilte sein Sohn zu ihm mit den Worten: „Vater, hast du schon das Neueste gehört? Das Geschäftshaus des Mannes, der immer dein Widersacher war, ist abgebrannt! Es ist nichts mehr übrig, er hat alles verloren!" Als der Mann, der so lange nur still dagelegen hatte, das vernahm, sprang er mit einem Satz auf, brach in Gelächter aus und äußerte: „Das ist großartig! Ich habe immer schon gedacht, so etwas sollte ihm wegen seines Egos zustoßen! Sohn, bring mir schnell etwas zu essen!" Dieser Mann hier hatte also bis zu diesem Moment weder essen noch schlafen können und wurde nun plötzlich überglücklich, als er hörte, dass jemand anders alles verloren hatte.

Meine Kinder, so ist unser Glück beschaffen. Wir brauchen den Kummer anderer Menschen, um lachen zu können. Das ist kein wahres Lachen. Wir sollten mit anderen ihren Kummer teilen und uns mit ihnen über ihr Glück freuen – und jeden Menschen als Teil unseres Selbst betrachten. Erst wenn unsere Herzen in Liebe und Selbstlosigkeit geläutert sind, können wir die Glückseligkeit unserer wahren Natur genießen – und erst dann aus vollem Herzen lachen. Bis dahin bleibt unser Lachen aufgesetzt, weil es nicht echter Freude entspringt.

Liebt ohne euch zu binden und dient ohne Erwartung

Meine geliebten Kinder, viele von euch mögen sich verwundert fragen, warum der Ashram ein Krankenhaus unterhält. Hat der Herrgott sich denn nicht als Dhanvantari inkarniert, als Gott der Medizin? Hat er uns denn nicht gezeigt, wie essentiell Arznei und medizinische Behandlung sind? Die Schriften sagen, dass wir unseren Körper erhalten sollen. Dies wird offenkundig, wenn wir nachforschen, wie große Seelen der Vergangenheit lebten. Ramakrishna, Swami Vivekananda oder Ramana Maharshi ließen sich alle behandeln, wenn sie krank wurden. Sie blieben nicht untätig oder erklärten: „Ich bin Brahman (die Höchste Wirklichkeit) und nicht der Körper." Da Krankheit unvermeidbar zum Körper gehört, muss man sich selbstverständlich behandeln lassen, um seinen Körper zu erhalten. Nur mit Brennstoff kann man Feuer machen. Wenn unser Höheres Selbst erkannt werden soll, müssen wir unser Werkzeug dementsprechend pflegen und erhalten. Spiritualität und Krankenhäuser oder ärztliche Behandlung schließen einander nicht aus, ganz im Gegenteil: Solche Dinge tragen dazu bei, unseren Körper zu erhalten, als das notwendige Instrument zur Erkenntnis unseres Höheren Selbst.

Viele Menschen haben sich nach ihrer Begegnung mit Amma im Ashram niedergelassen. Sie kamen aus Indien und dem Ausland. Viele von ihnen sind Ärzte. Sie möchten bei Amma leben. Amma wollte ihnen ein Seva (selbstlosen Dienst) ermöglichen, bei dem sie eine vertraute Arbeit verrichten können – denn wie viele Menschen können vierundzwanzig Stunden am Tag meditieren? Was sollen sie in der restlichen Zeit tun, wenn sie nicht meditieren? Wenn sie nur untätig herumsitzen, tauchen viele Gedanken auf. Das ist zwar auch eine Tätigkeit, doch sie nutzt niemandem. Wenn sie sich aber praktisch betätigen, dient es dem Wohlergehen der Welt.

Manche Leute mögen einwenden, sie wollten nichts anderes als Befreiung und falls notwendig, nicht einmal ärztliche Behandlung und seien gegebenenfalls bereit, an einer Krankheit zu sterben. Aber auch sie bedürfen der Gnade Gottes, um Befreiung zu erlangen und müssen sich innerlich läutern, um diese Gnade zu empfangen. Um ein reines Herz zu entwickeln, ist es unerlässlich selbstlos zu handeln. Selbstloses Tun macht uns würdig zum Empgang von Gottes Gnade. Selbstloses Tun setzt aber voraus, seinen Körper zu pflegen und jedwede Krankheit behandeln zu lassen.

Jnana (höchstes Wissen) und *bhakti* (Hingabe) sind wie die zwei Seiten einer Münze und *karma* (Handeln) ist die Gravur auf dieser Münze, der sie ihren Wert verleiht.

Bhakti und *karma* lassen sich mit den zwei Flügeln eines Vogels vergleichen und *jnana* mit dessen Schwanz. Nur mit allen drei zusammen kann sich der Vogel in große Höhen aufschwingen.

Selbst in den *gurukulas* der alten Zeiten arbeiteten die Schüler, empfanden das aber nicht als *karma,* sondern als *guru seva,* als Dienst für den spirituellen Meister. Was man für den spirituellen Meister tut, gilt nicht als Tätigkeit, sondern als Meditation. Es heißt, man sollte beim *seva*-Dienst den Ashram als Leib des Meisters empfinden und in einem späteren Stadium die ganze Welt als Leib des Meisters betrachten und ihr dienen. Das bedeutet wahre Meditation. Es ist in der Tat ebenfalls Meditation, sich unaufhörlich an diesen Grundsatz zu erinnern.

Die meisten kennen die Geschichte des Schülers[40], der sich vor den schadhaften Damm legte, um zu verhindern, dass das

---

[40] Eine Geschichte aus dem Epos Mahabharata. Der Schüler hieß Aruni. Er wurde durch den Segen seines spirituellen Meisters zu einem großen Weisen.

Wasser die Felder seines Meisters überflutete. Für den Schüler war das Feld mehr als nur ein Feld. Er war sogar bereit, sein Leben hinzugeben, um die Ernte seines Meisters vor Schaden zu bewahren. Das übertrifft einfaches Handeln; es ist die höchste Form der Meditation, ein Zustand vollkommener Selbstvergessenheit.

In den alten Zeiten wurden in den *gurukulas* alle Arbeiten von den Schülern verrichtet. Sie sammelten in den Wäldern Feuerholz, weideten die Kühe und verrichteten alle sonstigen Arbeiten. Sie betrachteten das nicht einfach als Arbeit, sondern als spirituelle Praxis. Es war für sie Dienst für den Meister und eine Form von Meditation.

Hunderte von Ammas Kindern kommen in den Ashram, sind gut ausgebildet und haben Berufserfahrung. Wie könnten sie gleich bei ihrer Ankunft damit beginnen, den ganzen Tag zu meditieren? Es ist doch viel besser, etwas zum Wohle der Welt zu tun als dazusitzen, ohne richtig meditieren zu können und sich durch noch mehr Gedankenandrang zu belasten. Jeder kann entsprechend seiner Fähigkeiten etwas tun und dabei sein Mantra wiederholen. Das nutzt sowohl einem selbst als auch der Welt. Es läutert uns innerlich und bringt uns dem Ziel näher.

Niemand kann das Ziel erreichen ohne eifriges Bemühen, was sowohl für das weltliche als auch spirituelle Leben unerlässlich ist. Doch erst durch göttliche Gnade entfaltet sich unser Bestreben zu voller Schönheit. Selbstlosigkeit macht bereit zum Empfang dieser Gnade.

Meine Kinder, ihr denkt vielleicht, wenn ihr selbstlos für die Welt tätig seid: „Ich kann wegen all der Arbeit keinen Moment an Gott denken. Die Arbeit verschlingt all meine Zeit. Hat mein Leben (spirituell) einen Sinn? " Wer selbstlos handelt, muss keine Mühe darauf verwenden, Gott irgendwo zu suchen, denn das Herz des selbstlos Dienenden ist Gottes wahrer Tempel.

Und so sind die einzelnen Einrichtungen hier entstanden. Es kamen Ammas Kinder mit Erfahrung im Unterrichtsbereich und eröffneten Schulen. Als Computer-Experten in den Ashram eintraten, entstanden Computer-Institute und Ingenieure errichteten die erforderlichen Gebäude. Mithilfe eintreffender Ärzte konnten Krankenhäuser eingerichtet werden. Sie alle empfinden dies nicht als Arbeit, sondern als spirituelle Praxis, Meditation und *guru seva*. Meine Kinder, Amma möchte euch sagen, dass schon der Atem von Menschen, die selbstvergessen zum Wohle der Welt arbeiten, wohltuend ist.

Manche Menschen, die dem Vedanta-Pfad folgen, sind der Meinung, dass durch Handlungen neue Gebundenheiten entstehen, selbst wenn sie zum Nutzen der Welt ausgeführt werden. Das aber sind Bemerkungen von faulen Leuten. Krishna sagt in der Gita: „Arjun, obwohl ich in allen drei Welten nichts zu gewinnen habe, handle ich auch weiterhin." Handelt, ohne euch davon abhängig zu machen. Handelt ohne zu denken: „Ich bin der Handelnde", sondern mit der Einstellung: „Gott lässt mich dieses tun." Solch eine Einstellung zur Arbeit verursacht niemals Gebundenheit, sondern führt zur Befreiung. Aus jedem Abschnitt der Gita wird ersichtlich, wie wichtig menschliches Bemühen ist.

Selbst Vedanta-Praktizierende, die von sich sagen: „Ich bin Brahman, warum sollte ich irgendeine Arbeit verrichten?" lassen sich behandeln, wenn sie krank sind. Sie fordern pünktlich um ein Uhr ihr Mittagessen und um zehn Uhr abends müssen ihre Betten gerichtet sein. Warum kommt es ihnen nicht in den Sinn, wenn sie all diese Dienste benötigen, dass auch die Welt Hilfe braucht?

Wenn man der Ansicht ist, dass alles mit dem einen Selbst identisch ist, kann man nichts zurückweisen, sondern akzeptiert alles. Die spirituelle Haltung eines Menschen lässt sich nach dem Grad seiner Selbstlosigkeit beurteilen. Manche Menschen meinen, ein *sannyasi* müsse lediglich in den Himalaja gehen und dort leben. Meine Kinder, selbstloser Dienst für die Welt ist Anfang und Ende der wahren Suche nach dem Höheren Selbst. Wir sind vor Gott verpflichtet zu Mitgefühl für die Leidenden und Bedürftigen. Unsere höchste und wichtigste Pflicht in dieser Welt besteht darin, unseren Mitmenschen zu helfen. Gott benötigt nichts von uns. Das Höchste Wesen ist stets vollendet. Die Sonne braucht kein Kerzenlicht. Gott ist der Beschützer des gesamten Universums, Verkörperung der Liebe und des Mitgefühls. Wir werden nur dann offen und weitherzig, wenn wir diese Liebe und dieses Mitgefühl tief in uns aufnehmen. *Sannyasis* lernen zu lieben, ohne sich zu binden und zu dienen, ohne etwas zu erwarten. Sie sollten das Gepäck ihrer Selbstbezogenheit abwerfen und stattdessen die Bürde des Dienstes an der Welt auf sich nehmen.

Nur wenn es uns gelingt, alle Lebewesen zu lieben und ihnen ohne selbstbezogene Wünsche zu dienen, kann Gottes Gnade zu uns fließen.

Wenn wir meditieren, ohne uns durch selbstlosen Dienst zu läutern, ist das so unnütz wie Milch in einen schmutzigen Topf zu gießen. Wir vergessen diese Tatsache genauso, wie wir unsere Verpflichtung vergessen, Menschen zu helfen, die es schwer haben. Wir gehen in den Tempel und beten, aber wenn uns beim Hinausgehen Kranke begegnen oder Menschen, die keine Arbeit finden können und ihre Hände uns entgegenstrecken, um etwas Nahrung zu erbitten, beachten wir sie nicht oder schreien sie sogar an und stoßen sie weg. Meine Kinder, wahre Gottesverehrung bedeutet aktive Nächstenliebe gegenüber den Leidenden. Meine Kinder, wir sollten uns also mitten unter die Leidenden begeben. In Verbindung mit unseren selbstlosen Aktivitäten sollten wir bestrebt sein, den Menschen spirituelle Grundsätze zu vermitteln. Es reicht nicht, den Hungrigen Nahrung zu geben, so wichtig das auch ist. Selbst wenn wir ihren Magen füllen, werden sie bald wieder hungrig sein. Wir sollten ihnen zusätzlich die spirituellen Prinzipien erklären und ihnen vermitteln, worin der Sinn des Lebens liegt und wie die Welt beschaffen ist. Dann werden sie lernen, unter allen Bedingungen glücklich und zufrieden zu sein. Erst dann ist unser Dienst von echtem Erfolg gekrönt.

Heutzutage möchte jeder einen höheren Status als er bereits hat. Keiner denkt über die Bedingungen derer nach, die weniger begünstigt sind als er selbst.

Amma fällt dazu eine Geschichte ein. Eine arme Witwe arbeitete einst als Bedienstete im Haus eines reichen Mannes. Ihre einzige Tochter war körperlich behindert. Die Frau brachte das Mädchen immer mit zur Arbeit. Der reiche Mann hatte ebenfalls eine Tochter. Diese mochte das Kind der Bediensteten sehr. Sie streichelte das kleine Mädchen, gab ihr Süßigkeiten und erzählte ihr Geschichten. Ihrem Vater gefiel das aber gar nicht. Tag für Tag beschimpfte er seine Tochter: „Du sollst nicht mit ihr spielen! Warum trägst du das schmutzige, verkrüppelte Kind herum?"

Seine Tochter gab ihm keine Antwort. Da er glaubte, sie spiele nur deshalb mit dem Kind, weil sie niemand anderen zum Spielen habe, brachte er eines Tages die Tochter eines seiner Freunde mit nach Hause. Seine Tochter sah das Mädchen und sprach es freundlich lächelnd an, nahm dann aber das Kind der Bediensteten auf den Arm und liebkoste es. Als der Vater das sah, fragte er: „Liebling, magst du denn nicht dieses Mädchen, das Papa für dich zum Spielen mitgebracht hat?" Sie antwortete: „Ich habe es sehr gern, möchte dir aber etwas sagen. Selbst wenn ich das Mädchen, das du mitgebracht hast, nicht mögen würde, gäbe es noch viele andere, die es gern hätten. Aber Papa, was dieses Kind betrifft, wer außer mir würde es wohl liebhaben? Es hat keine eigenen Freunde."

Meine Kinder, so sollten wir uns verhalten. Ihr solltet die Armen und Leidenden von ganzem Herzen lieben, euch in sie einfühlen und sie aufrichten. Das ist unsere Gottespflicht. Vielleicht fragt ihr: „Worin liegt die Notwendigkeit zu Meditation und Entsagung (*tapas*), wenn selbstloses Dienen so großartig ist?"

Meine Kinder, wenn ein gewöhnlicher Mensch wie Normalstrom ist, dann ist derjenige, der *tapas* ausübt, wie Starkstrom. Durch *tapas* lässt sich große Kraft gewinnen. Es ist zu vergleichen mit der Gewinnung von Wasserkraft durch Errichtung eines Staudammes über einen Fluss mit neun Armen.

Wir sollten aber auch bereit sein, unsere durch *tapas* gewonnene Kraft dem Wohl der Welt zur Verfügung zu stellen und alles zu opfern – wie ein Räucherstäbchen, das verbrennt und dabei seinen Duft nach allen Seiten verströmt. Gottes Gnade fließt automatisch in solche weitgeöffneten Herzen.

Meine Kinder, wir sollten bestrebt sein, Mitgefühl zu entwickeln und den Drang zu verspüren, Leidenden zu helfen, sowie in jeder Sitation bereit zu sein, uns zum Wohle der Welt einzusetzen. Viele Leute meditieren, indem sie einfach ihre Augen schließen oder versuchen, nur ihr drittes Auge zu öffnen, um mehr wahrzunehmen als die beiden Augen, die die Welt sehen. Damit werden sie keinen Erfolg haben. Es reicht nicht aus, in Meditation zu sitzen, so wichtig diese auch ist. Wir dürfen unsere Augen nicht im Namen der Spiritualität vor der Welt verschließen. Selbst-Verwirklichung bedeutet, mit offenen Augen unser eigenes Höheres Selbst in jedem Lebewesen zu erblicken. Wir sollen uns selbst in den anderen erkennen, sie lieben und ihnen beistehen. Dann erreicht die spirituelle Praxis ihre Vollendung.

Teil drei

Seine Hände und Füße sind überall

Seine Hände und Füße sind überall,
Seine Augen, Häupter und Ohren
umfassen alle Richtungen,
Er wohnt der Welt inne und erfüllt alles

- Bhagavad Gita (13, 14)

Meine Kinder,
dieses Land kann sich nur entwickeln
und gedeihen,
wenn wir Menschen hervorbringen,
die über die Kraft und Vitalität des Selbst
sowie Gottergebenheit verfügen

- Sri Mata Amritanandamayi

Amma spricht zu ihren Kindern anlässlich eines Onam-Festes

Universelle Liebe – die Erfüllung von Hingabe

Ammas Ansprache anlässlich des
Onam-Festivals in Amritapuri

Das Onamfest ist ein Tag des Sich-Besinnens auf das Verschmelzen des Gottesverehrers mit dem Höchsten Wesen. Nur wenn wir uns Gott vollkommen ergeben, können wir mit ihm verschmelzen.

Wie aber erreichen wir Gottergebenheit? Indem wir das loslassen, was uns am stärksten bindet – und das ist heutzutage unser Wohlstand. Wir sind nicht bereit, auch nur das Geringste abzugeben. Wenn wir uns auf eine spirituelle Pilgerschaft begeben, legen wir für Bettler etwas Kleingeld bereit, aber möglichst kleine Münzen, 10- oder 20-Centstücke und sicherlich keine, die mehr als 50 Cent wert sind.

Der Sinn von Wohltätigkeit besteht darin, unsere Selbstbezogenheit in Selbstlosigkeit zu verwandeln und gleichzeitig den Armen zu geben, was sie benötigen. Aber selbst dann sind wir geizig und wir knausern, wenn wir der Gotthheit im Tempel opfern. Wirkliche Hingabe an Gott besteht nicht nur aus Worten, sondern aus unseren Taten. Der echte Jünger ist Gott vollkommen ergeben. Es ist heutzutage eigentlich unberechtigt, das Wort „Devotee", Anhänger oder Jünger, auszusprechen.

Mahabali war jedoch ganz anders. Er gab Gott alles hin, was er besaß, woraufhin er unverzüglich den höchsten Zustand erreichte. Es wird oft gesagt, Gott habe Mahabali mit seinem Fuß in die Unterwelt (Patala) gestoßen. Das ist aber nicht wahr. Gott ließ Mahabalis Seele in sich aufgehen. Und sein Körper, als ein Werk der Unwissenheit, wurde in die Welt geschickt, die er verdiente.

Obwohl Mahabali einem Geschlecht von *asuras*[41] entstammte, war er ein Gottesanhänger mit vielen guten Eigenschaften. Aber er war auch recht stolz und dachte: „Ich bin der König! Ich bin wohlhabend genug, um jedes beliebige Geschenk zu machen." Er erkannte nicht, dass er sich wegen seines Stolzes um das brachte, was er hätte erreichen können. Obwohl er von Natur aus großzügig war, brachte ihn sein Stolz um die wahren Früchte seiner Großzügigkeit.

Es ist Aufgabe des Herrn, das Ego seines Jüngers aufzulösen. Der Herr näherte sich Mahabali in Gestalt Vamanas, des göttlichen Zwergenjungen[42]. Er erbat von Mahabali gerade so viel Land, wie er mit drei Schritten umfassen würde. Mahabali dachte, das sei doch nur ein unbeträchtliches Stück Land, das dieser sich vom König erbat, in dessen Macht es doch stünde, ein ganzes Königreich zu verschenken. Kaum aber hatte Vamana zwei Schritte gemacht, war alles, was Mahabali besaß, verloren, denn das gesamte Königreich wurde von diesen beiden gigantischen Schritten umfasst. Und damit verschwand auch Mahabalis Ego. „Wie bedeutungslos ist all mein Reichtum vor dem Herrn! Neben ihm bin ich nichts!" Diese Demut entwickelte sich in ihm. „Ich vermag nichts. Alle Macht ist seine!" Als Mahabali seinen Stolz überwunden hatte, verneigte er sich vor dem Herrn. Er verschmolz vollkommen mit dem Höchsten Geist. Mahabali ging tatsächlich zu den Füßen des Herrn in Gott ein, als das Gefühl von „ich" und „mein" dank der göttlichen Gnade verschwand. Der Herr stieß Mahabali mit seinem Fuß also nicht in die Unterwelt, wie oft dargestellt wird.

Schließlich fragte der Herr Mahabali: „Hast du noch irgendwelche Wünsche?" Mahabali antwortete: „Ich habe nur den einen Wunsch: dass alle Menschen in dieser Welt, ob jung oder alt, sich satt essen, neu einkleiden und fröhlich miteinander

[41] Ein Dämon oder eine Person mit dämonischen Eigenschaften
[42] Die Verkörperung des Herrn Vishnu

tanzen können; dass dies eine Welt voller Freude und Frieden sein möge." Das ist das Bestreben eines echten Gottesverehrers. Dieser wünscht sich nicht Selbst-Verwirklichung oder Befreiung, sondern hat nur den einen Wunsch, dass alle Lebewesen auf dieser Welt glücklich sein mögen. Wenn ihr euch auf Gottes Pfad begebt, werden sich manche beklagen, ihr hättet alle im Stich gelassen, wegen eurer eigenen Befreiung oder um den Himmel zu erlangen und sagen: „Ist das denn nicht selbstsüchtig?" Aber wer Gott verehrt, nimmt einzig und allein bei ihm Zuflucht, um der Welt selbstlos dienen zu können. Deshalb nimmt er Entsagung auf sich. Es ist sein Bestreben, eine Welt zu erleben, in der jeder mit Freuden die göttlichen Namen rezitiert.

Onam ist ein Tag, der völlige Gottergebenheit symbolisiert. Solange der Ich-Sinn noch vorhanden ist, kann man nicht in den höchsten Zustand eintauchen. Unsere Selbstbezogenheit muss sich vollständig auflösen.

Amma erinnert sich an eine Geschichte. Einst lebte in dem alten Königreich von Magadha ein König namens Jayadeva. Er hatte drei Söhne. Als der König alt wurde, beschloss er, abzudanken und fortan ein *vanaprastha*-Leben zu führen. Normalerweise erbte der älteste Sohn den Thron, aber König Jayadeva entschied, den Thron dem Sohn zu überlassen, der die Menschen wirklich selbstlos liebte. Er rief seine drei Söhne zu sich und fragte: „Habt ihr in letzter Zeit irgendeine gute Tat vollbracht?"

Der älteste Sohn sagte: „Ja, ich habe etwas Gutes getan. Ein Freund vertraute mir Edelsteine an, die ich für ihn sicher aufbewahren sollte. Als er sie später wieder einforderte, gab ich ihm alle zurück.

"Ja und?" fragte der König.

„Ich hätte einige Edelsteine aus der Sammlung stehlen können", antwortete der Prinz.

„Und warum hast du nichts gestohlen?"

„Hätte ich etwas entwendet, so hätte dies an meinem Gewissen genagt und mir Unbehagen bereitet."

„Um dir kein Unbehagen zu bereiten, hast du also nichts gestohlen", erwiderte der König.

Er rief den zweiten Sohn und fragte ihn: „Hast du irgendeine eine gute Tat vollbracht?"

„Ja. Ich war auf Reisen und sah zufällig, wie ein Junge von der starken Strömung eines Flusses weggerissen wurde. Er war kurz vor dem Ertrinken und der Fluss war voller Krokodile. Obwohl sich dort viele Menschen aufhielten, kam ihm aus Angst vor den Krokodilen niemand zu Hilfe. Ich aber sprang in den Fluss und rettete den Jungen!"

„Warum warst du bereit, dein eigenes Leben für seine Rettung aufs Spiel zu setzen?" fragte der König.

„Hätte ich das nicht gemacht, hätten die Leute behauptet, ich sei aus Angst weggelaufen, obwohl ich der Sohn des Königs bin. Sie hätten mich Feigling genannt!"

„Du hast ihn also gerettet, um Lob von den Leuten zu ernten und deines guten Rufes wegen," erwiderte der König.

Er rief seinen dritten Sohn und fragte ihn: „Hast du irgend etwas Gutes getan?"

„Ich bin mir keiner guten Tat bewusst", sagte der jüngste Prinz. Als das der König vernahm, war er bestürzt. Da er nicht glaubte, dass sein Sohn nichts Gutes getan hatte, rief er nach seinen Untertanen und befragte sie: „Ist euch irgendeine gute Tat meines jüngsten Sohnes bekannt?" Jeder erwiderte: „Er erkundigt sich immer nach unserem Wohlergehen, gibt uns Geld, wenn wir es brauchen und unterstützt uns. Wenn wir hungern, sendet er uns Lebensmittel und er baut Häuser für Obdachlose. Die Zahl seiner guten Taten ist endlos, er hat uns aber gebeten, niemandem davon zu erzählen."

König Jayadeva wurde klar, dass sein jüngster Sohn der Beste seiner Söhne war und überließ ihm den Thron.

Meine Kinder, was auch immer ihr tut, es sollte nie mit der Einstellung verbunden sein: „*Ich* tue dies." Macht nie etwas, um andere lediglich zu beeindrucken. Betrachtet jede Handlung als eine Möglichkeit Gott zu verehren. Wenn wir etwas bewerkstelligen können, verdanken wir das einzig und allein der Macht Gottes. Der Brunnen sagt: „Die Leute trinken mein Wasser und haben es mir zu verdanken, dass sie sich waschen und baden können!" Der Brunnen macht sich aber nicht klar, woher sein Wasser kommt.

Meine Kinder, wir sind nur Werkzeuge. Hinter allem steht die Macht Gottes. Vergesst das nicht! Vertraut euch in eurem weiteren Leben vollkommen Gott an. Gott wird euch beschützen.

Meine Kinder, unsere Liebe und Verbundenheit sollte unmittelbar dem Höchsten Sein gelten. Schon bei geringfügigen Änderungen unserer Lebensumstände verlassen uns Verwandte und Nahestehende. Das Höchste Wesen ist unser wahrer Verwandter. Das Höchste Wesen allein ist ewig. Dessen sollten wir uns stets bewusst sein. Dann wird uns nichts Kummer bereiten.

„Oh Mutter, wenn *ich* deine Hand halte, kann es geschehen, dass ich sie loslasse, um einem weltlichen Vergnügen nachzulaufen. Bisweilen falle ich vielleicht den Freuden und Leiden dieser Welt anheim. Aber wenn *du* meine Hand hältst, kann das nicht geschehen, denn du bist immer bei mir. Ich bin in deinen Händen sicher."

Betet auf diese Weise, meine Kinder. Bemüht euch, unablässig an Gott zu denken. Gebt euch ihm vollkommen hin. Dann könnt ihr ganz gewiss den höchsten Zustand erreichen.

Mumbai, Amrita Kripa Sagar, Hospiz für unheilbar kranke Krebspatienten

Mitgefühl als Inbegriff von Spiritualität

Ammas Segensansprache anlässlich der Grundsteinlegung von ,Amrita Kripa Sagar', dem Hospiz für unheilbar kranke Krebspatienten, das von Ammas Organisation, dem M.A. Math, 1995 in Mumbai eröffnet wurde

Meine Kinder, wir brauchen keine Vorträge, sondern Taten. Amma hat mittlerweile nahezu alle Gegenden der Welt bereist und hatte die Möglichkeit, Hunderttausenden von Menschen zu begegnen und zu sehen, welche Schmerzen sie erleiden. Das veranlasste Amma, dieses Hospiz hier zu gründen.

Der heutigen Welt mangelt es am meisten an Liebe. Viele Paare kommen zu Ammas *darshan*. Die Frau klagt: „Amma, mein Mann liebt mich nicht!" Wenn Amma den Mann fragt: „Sohn, warum liebst du sie nicht?", kommt gewöhnlich die Antwort: „Aber ich *liebe* sie doch! Ich zeige es nur nicht, das ist alles!"

Meine Kinder, das genügt nicht. Was nützt Honig, der in einen Stein eingeschlossen ist? Welchen Sinn macht es, jemandem Eis zu geben, wenn er beinahe vor Durst stirbt? Das entspricht Worten wie: „Ich hege meine Liebe für sie im Innern." Meine Kinder, ihr solltet eure Liebe klar und deutlich zum Ausdruck bringen!

Ohne den Pass der Liebe erhalten wir das für unsere Befreiung notwendige Visum nicht. In den heiligen Schriften heißt es, es sollte unser Bestreben sein, der Welt das zu geben, was wir unsererseits von der Welt begehren. Da wir uns wünschen, dass andere uns Freude bereiten, sollten wir unsererseits anderen niemals Kummer zufügen. Christus sagt, liebe deinen Nächsten wie dich selbst. Im Koran heißt es, wenn der Esel deines Feindes krank wird, sollst du ihn behandeln. Heutzutage ist unsere Denkweise aber völlig anders. Das Leben hat sich grundlegend gewandelt. Es gibt kein Mitgefühl mehr. Wir freuen uns, wenn das Ladengeschäft des Nachbarn Verluste macht oder wenn es unseren Nachbarn schlecht ergeht – und wenn sie glücklich sind, macht es uns unglücklich. So sieht das Mitgefühl für andere aus!

Meine Kinder, wenn ihr wirklich liebt, so habt ihr auch die Wahrheit. Wahre Liebe entspricht Gott, dem *dharma* und der Glückseligkeit. Wer wirklich liebt, vermag nicht zu lügen, denn es gibt nur noch den Raum der Wahrheit. Wir fügen denjenigen, die wir wirklich lieben, keinen Schaden zu. In diesem Zustand endet jegliche Gewalt. Wo wahre Liebe herrscht, heben sich alle Gegensätze auf. Ein geflutetes Feld ist von Dämmen umgeben. Wenn man diese Dämme beseitigt, entsteht eine einzige Wasserfläche. In der Liebe verschwinden automatisch alle Begrenzungen. Liebe umfasst alles.

Manche Menschen interpretieren Liebe möglicherweise anders, was in Ordnung ist. Der Bauer, der auf dem Feld Futter für seine Kühe sucht, sieht dort das Gras, während der Kräutersammler auf demselben Feld die Heilkräuter wahrnimmt. Die Menschen haben unterschiedliche Sichtweisen, da sie unterschiedlich veranlagt sind. Dies aber ist Ammas Betrachtungsweise.

Der volle Fluss, in dem reichlich Wasser fließt, benötigt kein weiteres. Wir hingegen benötigen sauberes Flusswasser, um unsere Rinnsteine zu reinigen. Gott möchte von uns nichts. Es leiden so viele Menschen in unserem Umfeld. Lasst uns sie trösten und ihnen die notwendige Hilfe geben! Darin zeigt sich die wahre Liebe für Gott. Das ist der Inbegriff echter Spiritualität.

Viele Kinder von Amma sind bitterlich weinend zu ihr gekomen. Eines Tages fragte Amma einen weinenden Jungen: „Sohn, was ist passiert?" Er antwortete: „Meine Mutter hat Krebs und weinte gestern den ganzen Tag vor Schmerzen, aber wir hatten kein Geld, um ihr Schmerzmittel zu kaufen!" Stellt euch vor, wie diese Frau stundenlang vor Schmerzen stöhnt, weil ihre Familie nicht die 10 oder 20 Rupien aufbringen kann, die diese Tabletten kosten. Amma kennt zahllose Menschen, denen es ebenso geht. An jenem Tag beschloss Amma etwas zu unternehmen, um diesen Menschen zu helfen. Und deshalb wird dieses Hospiz gebaut.

Im Gedanken an die Pein dieser Menschen kommt noch etwas in den Sinn. Wenn jemand in einer Wohnung wegen unerträglicher Schmerzen weint und stöhnt, so geschieht es nicht selten, dass in einer benachbarten Wohnung Leute völlig betrunken sind und alles kaputt schlagen. Hätten sie nur etwas Mitgefühl mit denjenigen, die vor Schmerz schreien, so würde ihre Selbstsucht verschwinden.

Mitfühlende Menschen erfahren das Mitgefühl Gottes, des Höchsten Prinzips, und erfreuen sich der Glückseligkeit ihres eigenen Selbst. Es ist ein Zeichen von heldenhafter Tapferkeit, in sich selbst Freude zu finden. Wer von äußeren Dingen abhängt, um Freude erfahren zu können, ist nicht tapfer, sondern schwach.

Wenn Ärzte für einen Krebspatienten nichts mehr tun können, beenden sie ihre Behandlung. Wenn die Familie des Patienten merkt, dass die Ärzte nicht mehr weiterhelfen können, richten sie ihren Hass auf die Ärzte und vernachlässigen den Sterbenden. Dieser wird in seinem Sterbeprozess alleingelassen, den Tod immer vor Augen und muss zu seinem körperlichen Schmerz noch die seelische Qual ertragen, von seiner Familie vernachlässigt zu werden. Wir können solche Menschen in den Straßen von Mumbai sehen.

Wir alle wünschen uns Möglichkeiten anderen uneigennützig zu helfen sowie spirituelle Übungen auszuführen. Lasst uns denjenigen beistehen, die in Schmerzen leben, sie trösten und mit ihnen auch über spirituelle Werte sprechen. Amma hofft darauf, da viele Kranke alle Hoffnung verloren haben. Die Hilfe, die wir ihnen schenken, ist wahrer Dienst.

Meine Kinder, beten besteht nicht nur aus dem Rezitieren eines Mantras. Zum Gebet gehören auch ein freundliches Wort, ein lächelndes Gesicht und Mitgefühl.

Egal wieviel *tapas* wir auch ausführen – ohne liebevolle Freundlichkeit wäre das so, als ob wir Milch in einen schmutzigen Kübel gießen würden.

Manche Leute fragen: „Was ist wichtiger – spirituelle Übungen oder Aktivitäten?" Wahre Entsagung bedeutet, unter allen Umständen körperliches und psychisches Gleichgewicht zu wahren. Manche Leute sind gut in ihrer spirituellen Praxis, werden aber aus lächerlichen Gründen wütend und sind sich dann nicht bewusst, was sie sagen oder tun.

Andere handeln mit großer Ernsthaftigkeit und Begeisterung, rasten aber aus nichtigem Anlass aus und verlieren völlig ihre Selbstbeherrschung. Es genügt also nicht, sich entweder auf spirituelle Übungen oder auf Taten zu konzentrieren. Wir brauchen beides zusammen. Ein gewöhnlicher Mensch lässt sich mit einer Kerze vergleichen, könnte aber durch Entsagung wie die Sonne leuchten. In Ammas Augen jedoch sind wahre *tapasvis* diejenigen, die ihre enthaltsame Lebensweise (*tapas*) ebenfalls der Welt widmen.

Möge der Segen aller Anwesenden mit diesem Projekt sein. Das ist Ammas Gebet.

Liebe ist wirklicher Reichtum

Ammas Ansprache an Onam 1995

Meine Kinder, dies ist der Tag der Gemeinsamkeit und gegenseitigen Zuwendung. Allein schon dadurch lässt sich wahres Glück gewinnen. Dieser Tag ist der wahren Freude gewidmet. Die Leute pflegten aus diesem Grund zu sagen: „Feiere an Onam, selbst wenn du Grund und Boden verkaufen musst!" Dahinter verbirgt sich ein großartiger Gedanke. Wir haben die Neigung, alles Mögliche im Leben anzusammeln. Wir horten und verzichten darüber sogar auf Essen und Schlaf. Wir konkurrieren miteinander, bringen wenig Liebe für unsere Familie und Freunde auf und denken nur an die Arbeit und ans Geld. Doch nichts von all dem Angehäuften können wir am Ende mitnehmen. Wenn man sich vor Augen führt, wie Menschen in ihrer Selbstbezogenheit leben, wird deutlich, dass sie eigentlich in der Hölle leben – und in die Hölle kommen sie auch nach ihrem Tod. Meine Kinder, was über allem steht und ewig währt, hat nichts mit Reichtum, Macht, Titel oder Stellung zu tun: Es ist die Liebe.

Ein Ehepaar unterhielt sich. Der Ehemann sagte: „Ich werde ein großes Geschäft aufbauen und wir werden in Zukunft sehr reich sein." Die Ehefrau erwiderte: „Aber sind wir nicht jetzt schon reich?"

„Wie meinst du das? Wir kommen mit den momentanen Einkünften kaum aus."

„Mein Liebster, bist du nicht bei mir und bin ich nicht hier bei dir? An was fehlt es uns denn?" Als der Mann die liebevollen Worte seiner Frau vernahm, vergoss er Tränen der Rührung und umarmte sie. Meine Kinder, Liebe ist wirklicher Reichtum. Liebe ist wahres Leben.

Heutzutage leben die Menschen in der Hölle – auch wenn sie noch so wohlhabend sind – denn es mangelt ihnen an gegenseitiger Liebe. Die mitmenschlichen Beziehungen sind von Selbstsucht gekennzeichnet. Das heißt nicht, dass wir uns nicht um Wohlstand bemühen sollten oder dieser unnötig sei. Wir sollten lediglich begreifen, dass uns nichts für immer bleibt; nichts wird uns in den Tod begleiten. Mit dieser Einstellung macht uns Wohlstand weder überglücklich, noch sein Verlust todtraurig. Wenn wir unsere weltlichen Güter verlieren, verbleibt unser unvergänglicher Schatz der Liebe, der unserem Leben Frieden und Harmonie verleiht.

Viele Leute sagen beim Gedanken an Onam, Mahabali sei ihrer Meinung nach Unrecht geschehen: „Hat der Herr denn Mahabali nicht mit Seinem Fuß in die Unterwelt gestoßen, obwohl Mahabali Ihm alles hingegeben hatte?" Mahabali gab in der Tat alles Materielle hin, war aber bei allem, was er tat, der Meinung: *„Ich* mache das." Diese Auffassung wollte er nicht aufgeben. Der Herr forderte von ihm dieses „Ich" als Gabe. Es ist Gottes Aufgabe, seine Anhänger zu beschützen. Man sagt oft, der Kopf sei der Sitz des Egos. Wenn wir uns vor jemandem verneigen, geben wir unser Ego auf, was nicht jedem leicht fällt. Mahabali verlor tatsächlich sein Körperbewusstsein, als er sich vor dem Herrn verneigte und ging in das Reich des Höheren Selbst ein. Das soll diese Geschichte uns lehren.

Ein reicher Mann hegte den Wunsch, *sannyasi* zu werden. Er verschenkte sein gesamtes Vermögen, baute sich eine kleine Hütte oben auf einem Hügel und zog dort ein. Als die Leute hörten, dass neuerdings ein *sannyasi* auf dem Hügel lebte, wollten viele ihn sehen. Das einzige, was er zu sagen hatte, war: „Wisst ihr, wer ich bin? Wisst ihr, wie groß mein Reichtum war? Alles, was ihr dort seht, gehörte mir! Ich habe das alles an verschiedene Leute verschenkt." Er hatte alles verschenkt und hinter sich gelassen, doch sein Geist hatte nichts von alledem hinter sich gelassen! So verhielt es sich auch mit Mahabali. Es ist jedoch Gottes Pflicht, seinen Jünger zu erretten. Mahabalis Ich-Sinn – sein Ego – stand diesem weitherzigen und großzügigen Jünger auf seinem Weg zum Ziel im Wege. Um dieses Ego überwinden zu können, sind Demut und die Gnade von Mahatmas (großen Seelen) unentbehrlich.

Meine Kinder, welche Geschichte ihr auch wählt, die grundlegende Botschaft ist immer die Liebe. Liebet einander! Liebt mit offenem Herzen! Liebet einander ohne irgendwelche Erwartungen. Dann müsst ihr euch nicht länger auf die Suche nach dem wahren Himmel begeben.

Liebe als spirituelle Übung

In einem Ashram lebte ein Meister mit seinen Mönchen. Als der Meister seinen Körper verlassen hatte, lebten die Mönche noch eine Weile friedlich miteinander. Doch allmählich gerieten ihre spirituellen Übungen ins Stocken. Sie hörten auf zu meditieren und ihre Mantren zu rezitieren. Es gab zunehmend Gehässigkeit und Eifersucht untereinander. Jeder strebte nur nach Rang und Status. Die Atmosphäre des Ashrams veränderte sich völlig. Immer weniger Menschen suchten den Ashram auf und es wurde dort ganz eintönig und still. Wenn sich das Leben der Menschen nur noch um Macht und Prestige dreht, schnappen sie über. Dann gibt es keine Regeln mehr, was zu tun oder zu lassen ist. Ein Mönch aber wurde tief traurig angesichts des Zustandes im Ashram. Er suchte deshalb einen in der Nähe lebenden betagten Heiligen auf und schilderte ihm die Situation. Er beschrieb den Ashram als einen Ort, den früher täglich Hunderte von Menschen aufgesucht hatten und wo stets eine freudige Atmosphäre herrschte, der jetzt aber wie ein Friedhof geworden sei. Der Heilige hörte zu und sagte: „Unter euch lebt ein Heiliger. Er verbirgt jedoch seinen wahren Zustand. Wenn ihr seine Worte befolgt, wird sich euer Ashram sogar in größere Höhen aufschwingen als zuvor und sein Ruhm wird sich verbreiten." Der Mönch fragte: „Wer ist es?" Der Heilige aber war bereits in den Zustand des *samadhi*[43] eingetaucht.

Mit dieser Nachricht kehrte der Mönch in den Ashram zurück und dachte intensiv über das, was er gehört hatte, nach. „Wer mag wohl der Heilige unter uns sein?" fragte er einen Mönch. „Ist es der Koch? Wahrscheinlich nicht. Er kann nicht einmal gut kochen! Wegen ihm schmeckt uns das Essen schon lange nicht mehr. Wie könnte er ein Heiliger sein? Ob es der Gärtner ist? Nein – er ist überhaupt nicht sorgfältig und sehr impulsiv. Käme der Mann, der die Kühe versorgt, in Frage? Wahrscheinlich nicht. Er wird so leicht wütend."

Auf diese Weise dachte er so über jeden nach. Der andere Mönch entgegnete: „Was bringt es, ihr Handeln zu kritisieren? Heilige kann man nicht nach ihren Handlungen beurteilen. Ihre Aktivitäten sind auf unser künftiges Wohlergehen ausgerichtet. Wir müssen uns ihnen gegenüber demütig verhalten, um von ihnen zu profitieren! Wir sollten nichts an ihnen auszusetzen haben.

Lass uns Folgendes tun: allen im Ashram gegenüber bescheiden sein und uns bemühen, die anderen zu lieben, ohne etwas an ihnen auszusetzen. Lass uns die Disziplin im Ashram so einhalten wie wir es früher taten." So bemühten sich also beide, zu allen liebevoll zu sein und sich höflich und bescheiden zu verhalten. Als die anderen das bemerkten, begannen sie sich ebenso zu verhalten. Alle begannen sich gut zu fühlen. Der Ashram gewann seine frühere freudige Atmosphäre zurück und wurde zu einem

---

[43] Ein innerer Zustand vollkommener Einheit mit dem Höchsten Geist, der Absoluten Wirklichkeit; eine Erfahrung, in dem alles eins ist: das, was man erfährt, die Erfahrung selbst und derjenige, der die Erfahrung macht.

segensvolleren Ort als zuvor. Und alle Bewohner des Ashrams befanden sich auf dem Weg zur Selbstverwirklichung.

Meine Kinder, Liebe ist das Lebensfundament. Mitgefühl mit anderen entspricht Gottergebenheit. Gott ist in uns. Momentan ruht diese innere Gegenwärtigkeit jedoch noch wie ein Same in uns. Dieser Same benötigt das Wasser des Mitgefühls, damit er sprießen kann. In der Brühe der Selbstbezogenheit wird er zweifellos eingehen. Mitgefühl bedeutet, auch für andere und nicht nur für sich selbst etwas zu tun. Der Same kann nur sprießen, wenn er Wasser aus dieser Quelle erhält.

Meditation allein genügt nicht, meine Kinder – ganz wesentlich ist auch Mitgefühl. Kleidung kann mit Seife gewaschen werden, doch zum Entfernen von Flecken braucht man ein stärkeres Mittel. So benötigen wir also außer Meditation auch Mitgefühl. Wir brauchen das notwendige Maß an Liebe und Empathie, um den Leidenden beistehen zu können. Das ist wahres Dienen. Gottes Gnade fließt nur in ein Herz, das dieses Mitgefühl besitzt.

Innere spirituelle Praxis

Amma sagt stets, dass Meditation so wertvoll ist wie Gold. Meditation begünstigt das spirituelle wie auch das körperliche (materielle) Wohlergehen.

Die Währung eines bestimmten Landes gilt nur dort und nicht in anderen Ländern. Selbst innerhalb des eigenen Landes ist die Banknote wertlos, wenn die Seriennummer fehlt.

Anders bei einer Goldmünze: Auch ohne Gravur behält sie in allen Ländern ihren Wert. Genauso verhält es sich mit der Meditation. Zeit, die man in Meditation verbringt, ist niemals verlorene Zeit. Stellt euch vor, wie kostbar Gold wäre, wenn es auch noch wunderbar duftete! Dem entspricht Meditation plus Mitgefühl! Dann verschwinden alle Hindernisse, die dem Fluss von Gottes Gnade im Wege sind.

Viele Leute kommen hierher und beklagen sich: „Diese Person hat mich übel verwünscht! Man hat mich verhext", und so weiter. Glaubt nicht an so etwas, meine Kinder! Was wir heute erleben, ist das Ergebnis unseres früheren Handelns. Es bringt nichts, jemand anderen dafür verantwortlich zu machen. Glück und Traurigkeit gehören zum Leben. Wir müssen begreifen, was Spiritualität ist, um beides im Gleichgewicht zu halten und uns weiter entwickeln zu können. Sogenanntes Schicksal ist das Ergebnis unseres früheren Handelns. Deshalb ist es so wichtig, wie wir uns verhalten. Versucht konzentriert zu beten und gebt eure mildtätigen Gaben denen, die es verdienen, anstatt euer Geld für Magie usw. zu verplempern. Positive Schritte führen mit Sicherheit zu den erwünschten Ergebnissen.

Nur Menschen, die intensiv *tapas* ausgeführt haben, vermögen die Kraft von Mantren zu demonstrieren. Sie könnten uns sogar mit bestimmten Mantren schaden, denn es gibt sowohl gute als auch schädliche Mantren. Wer vermag aber heutzutage solche Kräfte durch *tapas* zu entwickeln? Es besteht also kein Grund, sich vor solchen Dingen zu fürchten. Wir haben entsprechend unseres Horoskops in manchen Phasen unseres Lebens zu leiden. Wenn es sehr heiß ist, können wir nicht konzentriert arbeiten. Ein betrunkener Mensch weiß nicht, was er redet und wird möglicherweise deswegen von anderen verprügelt.

In ähnlicher Weise gibt es im Leben im Zusammenhang mit unserer Geburtszeit schwierige Phasen. Wir ordnen diese Zeiten den Einflüssen von Mars, Saturn, Rahu usw. zu: Verlust von Vermögen, Unfälle, Streitereien, Krankheiten, Leiden in der Familie oder im Freundeskreis, Beschuldigungen für Fehler, die wir nicht begangen haben oder allgemeine Schwierigkeiten. All das kann in solchen Perioden vorkommen und wird nicht durch Hexerei oder schwarze Magie irgendeines Menschen verursacht.

Ihr könntet mit dem Geld, das ihr für solche Dinge ausgebt, stattdessen eure Schulden bezahlen.

Wir dürfen in derartigen Lebensphasen nicht träge sein, sondern sollten bemüht sein, ganz konzentriert auf Gott zu meditieren und sollten ohne Ausnahme täglich das *sahasranama archana* sprechen und unablässig Mantren rezitieren. Die Intensität der Schwierigkeiten kann auf diese Weise erheblich verringert werden. Wenn wir uns bemühen, können wir neunzig Prozent unserer Schwierigkeiten aus dem Weg räumen.

Meine Kinder, noch etwas gibt es zu beachten. Wir sollten nie etwas tun, was anderen Menschen Leid zufügt, denn daraus entsteht viel Unheil. Möglicherweise verletzen wir jemanden, der nichts Falsches getan hat. Wenn derjenige in seiner Not verzweifelt aufschreit: „Oh Gott, man behauptet solche Dinge von mir, obwohl ich damit gar nichts zu tun habe!" wird dieser Kummer sich in subtiler Weise auf uns auswirken und uns später schaden. Deshalb heißt es, wir sollten andere weder in Gedanken, Worten oder Taten verletzen. Selbst wenn wir andere nicht glücklich machen können, sollten wir darauf bedacht sein, sie nicht zu verletzen. Wenn wir uns so verhalten, wird uns Gottes Gnade zuteil.

Es werden Stellen ausgeschrieben sowie Tests und Interviews durchgeführt. Wir erleben, dass diejenigen die Stelle bekommen, die bei den Tests oder Interviews gar nicht so gut abgeschnitten haben. Ginge es nach unserem Willen – würden dann nicht diejenigen die Stelle erhalten, die die besten Antworten gaben? Das ist aber nicht immer der Fall. Alles untersteht Gottes Willen. Mögen wir uns also dem göttlichen Willen fügen! Diejenigen, die weniger gut abgeschnitten haben, bekamen die Stellen, weil der Interviewer für sie mehr Sympathie als für die anderen Kandidaten hatte. Die Ursache dieser Sympathie waren frühere positive Handlungen dieser Kandidaten. Das ist Gottes Gnade. Wir sollten uns nicht grämen, wenn uns günstige Gelegenheiten entgehen, sondern stattdessen Gutes tun, um die göttliche Gnade empfangen zu können. Wir bedürfen des Mitgefühls anderer. Dahinter steht wiederum die Gnade Gottes. Um sie empfangen zu können, müssen wir unsererseits Gutes tun.

Wir säen Samen aus und fügen Düngemittel hinzu; wir graben Brunnen, um daraus im Sommer Wasser zum Bewässern zu pumpen; wir jäten regelmäßig Unkraut. Doch genau zur Erntezeit kommt eine Überschwemmung und vernichtet die gesamte Ernte. Vorfälle dieser Art sind immer wieder zu beobachten. Ohne göttliche Gnade lässt sich nichts erreichen, auch wenn wir uns noch so sehr bemühen.

Bemühen und Gnade sind miteinander verknüpft. Nur wenn wir Gutes tun, wird uns die Gnade Gottes zuteil. Meine Kinder, gebt deshalb nur guten Gedanken innerlich Raum, denn unsere Gedanken bestimmen unsere Handlungsweise. Lasst uns zu Gott beten, dass stets nur gute Gedanken in uns aufsteigen und daraus gute Handlungen entstehen.

Om Namah Shivaya!

Selbstloses Dienen ist nicht-duale Wahrheit

Ammas Segens-Ansprache 1995 in Mumbai anlässlich der Eröffnung von ‚Amrita Kripa Sagar', dem Hospiz für unheilbar kranke Krebspatienten

Seid alle gegrüßt, die ihr die Verkörperung der Liebe seid.

Vielleicht fragen sich manche Kinder von Amma angesichts des hier eröffneten Krankenhauses: „Welche Rolle spielt das Dienen in einem Leben der Entsagung (*sannyasa*)?"Meine Kinder, Mitgefühl mit den Armen ist in der Tat unsere Pflicht vor Gott. Die Sonne braucht kein Kerzenlicht. Sie schenkt ihr Licht der ganzen Welt. Der Fluss muss nicht umherstreifen und nach Wasser suchen, um seinen Durst zu stillen. Wir sind es, die das Flusswasser benötigen, um unseren Durst zu stillen.

Und in ähnlicher Weise bedürfen wir der Gnade Gottes, um ein Leben in Frieden und Harmonie genießen zu können. Es ist notwendig, Gottes Liebe und Mitgefühl anzunehmen und anderen Menschen entgegenzubringen. Das ist der einzige Weg zu einem lichterfüllten Leben.

Wir gehen in den Tempel, um Gott zu verehren und beim Herauskommen zischen wir den Bettler an der Türe an, der klagend ruft: „Oh, ich habe solchen Hunger!" und verscheuchen ihn dadurch. Meine Kinder, für Anhänger Gottes ziemt es sich nicht, sich so verhalten. Vergesst nicht, dass wir Gott gegenüber verpflichtet sind mitfühlend zu sein.

Ein *sannyasi* streifte auf der Suche nach Gott überall umher. Er suchte Wälder, Berge, Tempel und Kirchen auf – vermochte aber nirgends Gott zu schauen. Schließlich kam er völlig erschöpft an eine verlassene Stelle in einem dicht bewaldeten Gebiet und hielt sich dort einige Tage auf. Jeden Tag sah er dort ein Ehepaar vorbeikommen; beide trugen ein Gefäß. Sonst sah er niemanden in dieser Gegend. Da er neugierig war und wissen wollte, wohin sie gingen, folgte er ihnen heimlich und entdeckte, was sie da taten. Das Paar besuchte eine Lepra-Kolonie. Die Körper der Leprakranken waren bedeckt mit den furchtbaren Wunden dieser Krankheit. Niemand sonst half diesen Menschen und sie konnten nur aufgrund gelegentlicher Essensgaben überleben. Manche krümmten sich vor Schmerzen. Das Paar ging zu ihnen und sprach liebevoll mit ihnen. Voller Mitgefühl reinigten sie ihre Wunden, gaben ihnen Medikamente und fütterten sie eigenhändig mit dem mitgebrachten Essen. Sie gaben den Kranken viele aufbauende Erläuterungen und deckten sie mit sauberen Tüchern zu. Die Gesichter dieser armen, kranken Menschen leuchteten, wenn sie dieses Paar erblickten. Da die Leprakranken derart liebevoll von diesem Paar gepflegt wurden, vergaßen sie während ihrer Besuche all ihre Not.

Der *sannyasi* ging auf das Paar zu und bat sie, ihm ihre Geschichte zu erzählen: Sie sparten einen Teil ihres Gehaltes und verwendeten das Geld für ihre selbstlose Tätigkeit.

Der *sannyasi* erlebte so etwas zum ersten Mal in seinem Leben. Die Handlungsweise dieses Paares ließ ihn laut ausrufen: „Heute habe ich Gott geschaut!" Er fühlte sich so glücklich, dass er zu tanzen begann. Wer ihn hörte, fragte erstaunt: „Ist er von Sinnen? Er behauptet Gott gesehen zu haben. Wo ist dieser Gott? Ist denn dieser Leprakranke sein Gott?"

Die Leute kamen auf ihn zu und fragten: „Du behauptest, Gott gesehen zu haben. Wer ist Gott?" Er erwiderte: „Seht ihr, Gott ist dort zu finden, wo Mitgefühl waltet. Gott wohnt im mitfühlenden Herzen. Ein Mensch mit solch einem Herzen ist wahrhaftig göttlich."

Amma fällt eine andere Geschichte ein. Eine Frau widmete sich unablässig der Hilfe von Notleidenden. Es befielen sie aber Zweifel. Sie betete: „Lieber Gott, es ist mir wegen all dieser Arbeit nicht möglich, mich auch nur einen Moment auf dich zu besinnen oder mit dir zu kommunizieren. Habe ich überhaupt einen Platz in deiner Nähe?" Ihre Augen waren vor Traurigkeit mit Tränen gefüllt. Plötzlich hörte sie die Stimme Gottes: „Meine Tochter, auch wenn es dir so scheint, als ob du keinen Platz in meiner Nähe hättest – ich bin dir immer nahe!"

Meine Kinder, wenn man selbstlos dient, ist Gott ganz bestimmt zugegen. Manche Leute laufen herum und reden über *advaita* (Nicht-Dualität): „Ist denn nicht alles das Selbst? Wer soll also wen lieben?" Die Antwort darauf lautet: *Advaita* kann man nicht mit Worten beschreiben. *Advaita* bedeutet Leben. Wahres *advaita* beinhaltet, jeden als sein eigenes Selbst zu betrachten und zu lieben. Wir identifizieren uns dann nicht mehr mit unserer individuellen Persönlichkeit, sondern erkennen, dass wir und das Universum nicht zweierlei, sondern eine Einheit sind, d.h. Nicht-Zweiheit, Non-Dualität. Darin besteht wahres Leben.

Der Himmel ist dort zu finden, wo Menschen selbstlos handeln. Vielleicht fragt ihr: „Reicht es denn nicht, selbstlos zu handeln – sind Meditation und fortlaufende Mantra-Rezitation notwendig?" Wenn man einen Durchschnittsmenschen mit einem normalen Elektromasten vergleicht, so entspricht ein *tapasvi* (Entsagender, der spirituelle Übungen ausführt) einem Transformator, da er ein großes Maß an Kraft anzusammeln vermag. Wenn wir uns in unserer spirituellen Praxis auf einen Punkt konzentrieren und nicht länger über unwirkliche Dinge nachdenken, werden wir feststellen, dass unsere innere Kraft tatsächlich zunimmt. Dann brauchen wir nirgends mehr nach der Kraft zum uneigennützigen Einsatz zu suchen.

Es sollte unser Bestreben sein, so zu werden wie ein Räucherstäbchen, das der Welt seinen Duft schenkt, während es abbrennt. Nur solch ein Geist wird erfüllt vom Licht Gottes und durchströmt von göttlicher Gnade.

Wir sollten unsere spirituelle Praxis auf jeden Fall mit selbstlosem Helfen verbinden, weil wir dann gleichsam Milch in einen reinen Topf gießen. Spirituelle Praxis ohne selbstlosen Einsatz ist dagegen wie Milch, die in einen schmutzigen Topf gegossen wird. Meine Kinder, denkt nicht, wir könnten untätig herumsitzen und uns von anderen bedienen lassen.

Ein Mann sah einen Fuchs mit gebrochenem Bein am Straßenrand liegen. Er fühlte Mitleid mit dem Fuchs und dachte: „Wer wird diesem verletzten Tier wohl Futter bringen? Warum macht Gott so etwas Gedankenloses?" Er fuhr fort Gott zu beschuldigen und dachte dann: „Mal sehen, ob jemand kommt, um dieses arme Tier zu füttern." Er ging ein Stück weiter und setzte sich auf den Boden. Nach einer Weile tauchte ein Leopard mit einem Stück Fleisch im Maul auf. Er fraß einen Teil des Fleisches und ließ den Rest direkt neben dem Fuchs liegen. Der Mann fragte sich staunend: „Ob der Leopard morgen wieder Futter bringen wird?" Am nächsten Tag kehrte der Mann dorthin zurück und wartete. Der Leopard brachte dem Fuchs auch an diesem Tag Fleisch. Das ereignete sich nun täglich. Der Mann dachte bei sich: „Der Leopard bringt dem Fuchs Futter. Ab jetzt gehe ich nicht mehr arbeiten, denn sicherlich wird mir auch jemand etwas zu essen bringen." Er ging an eine andere Stelle, um sich dort niederzulassen. Es verging ein Tag – und noch einer. Er bekam nichts. Am dritten Tag war er sehr schwach. Er war dabei, seinen Glauben an Gott zu verlieren, als er eine Stimme vernahm: „Sohn, sei nicht wie der Fuchs mit dem gebrochenen Bein! Sei wie der Leopard, der ihm Futter bringt!"

Meine Kinder, wir denken oft: „Sollen doch die Leute da drüben der Welt helfen" oder „Sollen doch andere sich um die

Leidenden kümmern." Meine Kinder, untätig herumzusitzen ohne etwas zu leisten, ist ein Vergehen Gott gegenüber. Gott hat uns Gesundheit geschenkt, damit wir – die Gedanken auf Ihn gerichtet – anderen unsere Dienste anbieten können. Wir sollten die Bereitschaft entwickeln, denen zu helfen, die sich in Schwierigkeiten befinden und stets bereit sein, uns der jeweiligen Situation entsprechend einzusetzen. Meine lieben Kinder, das ist der einfachste Weg Gott zu schauen. Er ist stets in uns gegenwärtig. Wir müssen nicht in der Außenwelt nach ihm suchen. Der göttliche Wille kann jedoch erst dann durch uns zum Ausdruck kommen, wenn eine höhere Unterscheidungsfähigkeit in uns erwacht ist. Erst dann können wir uns Seiner Gegenwart ein wenig bewusst werden.

Meine Kinder, wir haben bislang den unsichtbaren Gott verehrt. Doch nun ist Er direkt vor uns aufgetaucht! Überall um uns herum gibt es arme und leidende Menschen. Sie sind wahrlich Gott! Wenn wir diese Menschen lieben und ihnen dienen, so lieben und dienen wir dadurch Gott!

Menschen, die in dieses Hospiz aufgenommen werden, empfinden vor allem Furcht vor dem Tod. Diese Patienten haben alle Lebenshoffnung verloren, weil alle Behandlungen erfolglos blieben. Ihre Seelen zittern vor Schmerz und Todesangst. Um diese Not zu lindern, sollten wir ihnen die essentielle Wahrheit des Lebens nahebringen. Sie müssen verstehen, dass der elektrische Strom weiterfließt, auch wenn die Glühbirne zerbricht. Dann können sie diese Welt mit einem Lächeln auf dem Gesicht und einem Herzen voller Frieden verlassen. Mit diesem Tag bekommen wir die Möglichkeit zu solch einem Dienst. Lasst uns zum Allmächtigen beten, dass jeder Frieden finden möge.

Haupteingang des AIMS Krankenhaus in Kochin, Kerala

Den Scheiternden eine helfende Hand entgegenstrecken

Ammas Segens-Ansprache anlässlich der Einweihung des Amrita Institutes für Medizin (AIMS), Kochin, in Kerala, Mai 1998

Ein Willkommensgruß an alle Anwesenden. Alle sind in der Tat die Verkörperung der Liebe und des Höchsten Selbst!

Amma verfügt über keine besonderen Kenntnisse, wie man Reden hält oder Ratschläge erteilt, möchte sich aber trotzdem bemühen etwas zu sagen. Sie bittet um Verzeihung, wenn ihr Fehler unterlaufen.

Meine Kinder, das Leben ist nicht nur für die Erfolgreichen da, sondern auch für jene, die scheitern. Es lässt sich beobachten, dass ein Großteil der Durchschnittsmenschen lediglich über das nachdenkt oder nur das erwähnt, was sie erreicht haben. Wenn wir aber dauerhaften Erfolg haben wollen, müssen wir uns auch mit dem auseinandersetzen, wo wir keinen Erfolg hatten.

Wenn jemandem etwas gelungen ist, schreibt er das gewöhnlich seinem eigenen Bemühen zu und will die anderen auch davon überzeugen. Misslingt dagegen etwas, liegt die Schuld immer bei den anderen. Die Leute pflegen zu sagen: „ Sie haben meine Anweisungen nicht befolgt. Hätten sie sich danach gerichtet, hätten wir sicher Erfolg gehabt." Das sagen sie, weil sie eine verkehrte Einstellung dem Scheitern gegenüber haben.

Wenn man sagt, jemand sei gescheitert, heißt das, dass diese Person sich bemühte, mit dem Mut zum Risiko. Nur wer etwas versucht, kann scheitern. Jede Unternehmung birgt ein Risiko in sich – beispielsweise eine Bergbesteigung, die ersten Schritte des Kleinkindes, Fischen im Meer, eine Prüfungsvorbereitung oder

Autofahren zu lernen. Für alles braucht man Abenteuergeist. Bei allem, was wir unternehmen, folgen uns Erfolg und Scheitern wie ein Schatten. Manchmal sind wir erfolgreich und manchmal nicht. Man sollte keine Furcht vor Misserfolg haben. Angst vorm Scheitern verhindert den künftigen Erfolg und so lässt sich nichts erreichen. Deshalb sollte man Gescheiterte ermutigen, es erneut und ohne Angst zu versuchen.

Im Sport erhalten die Verlierer Trostpreise, was sie ermutigt. Es ist immer gut Menschen zu ermutigen. Wir sollten begreifen, dass das Leben nicht nur den Gewinnern gehört, sondern ebenso den Verlierern und ihnen bereitwillig eine Chance einräumen. Ihre Fehler sollten wir ihnen verzeihen. Geduld und Vergebung sind wie Öl für eine Maschine. Sie tragen dazu bei, dass wir uns weiter entwickeln. Wenn man jemanden beim ersten Versagen entlässt, fügt man der betreffenden Person großen Schaden zu. Deshalb wird die Meinung vertreten, nicht nur Preise an die Gewinner zu geben, sondern auch an die Verlierer, und zwar einen Anerkennungspreis für ihre Teilnahme am Wettbewerb. Verlierer darf man nicht verspotten, sie brauchen Ermutigung. Diese ist wesentlich, um sich seinen Enthusiasmus zu bewahren.

Heutzutage räumt man nur Gewinnern einen Platz im Leben ein. Verlierer werden häufig verspottet. Amma ist der Ansicht, dass das größte Versagen darin besteht, sich im Leben nur Erfolg zu wünschen.

Das Leben steht denen offen, die etwas riskieren und nicht den Mutlosen, die gleich aufgeben. Dieser Grundsatz ist Bestandteil der spirituellen Lehren. Wir können nur dann die neue Generation entsprechend heranbilden, wenn wir nach diesem Prinzip leben. Heute zu vergeben bereitet den Weg für Fortschritte. Durch Vergeben kommen beide Seiten weiter – die Vergebenden sowie diejenigen, denen vergeben wird.

Meine Kinder, ihr fragt euch vielleicht: „Macht uns das nicht zu unterwürfig und verlieren wir nicht unser Unterscheidungsvermögen, wenn wir immer nur vergeben?" Im Gegenteil. Es ermöglicht beiden Seiten, sich weiter zu entwickeln. Nur wer dieses Prinzip versteht, kann die rechte Einstellung für wirklich selbstloses Dienen entwickeln. Wahrhaft selbstloses Handeln entsteht aus einem Geist der Hingabe und ist wie ein Kreis, der weder Anfang noch Ende hat, da es Liebe um der Liebe willen ist. Es wird nichts erwartet. In diesem Zustand empfinden wir alle Menschen, die mit uns arbeiten, als ein Geschenk Gottes. Nur aus solcher Liebe heraus können wir anderen vergeben und ihre Fehler vergessen.

Es ist bekannt, wie sich unser großer Vorfahre Sri Rama verhielt. Er warf sich sogar vor seiner Stiefmutter Kaikeyi, die seine vierzehnjährige Verbannung im Wald zu verantworten hatte, nieder und bat um ihren Segen, bevor er aufbrach. Krishna schenkte dem Jäger Befreiung, dessen Pfeil den Tod seines Körpers herbeiführte. Der Herr vergab diesem Mann seine Unwissenheit. Jesus Christus verhielt sich genauso. Er zögerte nicht, die Füße von Judas zu waschen und zu küssen, obwohl er wusste, dass Judas ihn verraten werde. Dies sind Beispiele, die unsere Vorfahren demonstrieren. Wenn sie uns als Vorbild dienen, zieht ganz sicher Frieden in unser Leben ein.

Der Weg des Fortschritts für das Land

Viele Leute stellen die Frage: „Wie kann ich mich zum Nutzen der Welt und zum Fortschritt unseres Landes einbringen?" Dieses Land (Indien) kann sich nur weiter entwickeln, wenn wir starke, tatkräftige und einsatzbereite Persönlichkeiten heranbilden. Genau das tat Krishna. Er verlieh dem großartigen Bogenschützen und Krieger Arjuna die Kraft und Stärke, verbunden mit den entsprechenden Fähigkeiten, um Unrecht, Unwahrheit und Hinterlist zu bekämpfen. Er transformierte Arjunas grundlegende

Lebenseinstellung. Da Arjuna bereitwillig Krishnas Worte befolgte, hatte er es nicht nötig, die Schuld auf die Umstände zu schieben oder vor ihnen zu fliehen. Er kämpfte stattdessen unermüdlich ohne irgendwann aufzugeben.

Auch Buddha hat dies erreicht. Viele Buddhas entstanden durch seine Bemühungen. Christus machte dasselbe. Durch das Wirken dieser großen Seelen während ihrer Erdenleben entstanden Wohltäter für die Welt – und dies geschieht auch weiterhin, obwohl sie diese Welt verlassen haben.

Das größte Geschenk für das Land ist die Heranbildung solch einer künftigen Generation. Aufstieg und Niedergang der Nation hängt von der Stärke der kommenden Generation ab.

Die Einstellung ein Anfänger zu sein, sollten wir ein ganzes Leben lang kultivieren. Da unser Körper zwar längst erwachsen ist, doch nicht unser Geist, sollten wir uns die innere Haltung eines Kindes bewahren, damit unser Geist so weit wie das Universum werden kann. Nur ein Kind kann sich aufgrund seiner Unschuld entwickeln. Diese Unschuld und Egolosigkeit sollten wir in uns nähren. Nur dann können wir Gottes Gnade empfangen.

Alles verdanken wir der universellen Kraft. Sie jongliert mit uns, hebt uns mitunter in große Höhen, wodurch uns Ansehen und Ruhm verliehen werden – wenn uns jedoch diese universelle Kraft nicht unterstützt, stürzen wir ab und sind erledigt. Dessen sollten wir uns stets bewusst sein. Amma erinnert sich in diesem Zusammenhang an eine Geschichte.

Am Straßenrand lag ein Haufen Kieselsteine. Ein Kind kam vorbei, hob einen Kieselstein auf und warf ihn in die Luft. Während dieses Vorgangs rief der Kieselstein voller Stolz: „Schaut mich an! Alle Kieselsteine liegen dort unten, nur ich fliege ganz hoch in den Himmel, zusammen mit Sonne und Mond!" Der Kieselstein begann sich über die anderen Kieselsteine auf dem

Boden zu mockieren: „Warum liegt ihr immer noch dort? Kommt doch hoch!" Die anderen Kieselsteine trösteten einander: „Was können wir machen? Eben noch lag er hier mit uns. Schaut euch seinen Status an! Nun, man braucht für alles Glück!" Der hochfliegende Kieselstein konnte sich aber nicht lange so brüsten. Mit nachlassender Wurfkraft begann der Kieselstein herunterzufallen. Während er zu Boden fiel, sagte er zu den anderen: „Wisst ihr, ich habe euch da oben vermisst, deshalb bin ich zurückgekommen und nicht lange oben geblieben!"

Weltweit lässt sich heutzutage die Tendenz beobachten, für alles eine Rechtfertigung zu finden und selbst einen Absturz zu bemänteln, um die eigenen Fehler nicht zuzugeben. Wir verfügen zwar über innere Weisheit, können sie aber nur selten praktisch umsetzen.

Man bot einem Arzt, der sich auf Hausvisite befand, Coca-Cola und Kokoswasser an. Obwohl er wusste, dass Kokoswasser der beste Durstlöscher und Coca-Cola für den Körper ungesund ist, wählte er Coca-Cola anstelle des frischen Kokoswassers. Er ignorierte das Kokoswasser, da Coca-Cola in Mode war. Unser Handeln widerspricht also oft unserem besseren Wissen. Wir müssen unsere Kenntnisse in Handeln umsetzen, damit sie irgendeinen Nutzen bringen.

Heutzutage kennen sich alle nur im Nehmen aus. Den meisten fehlt die Bereitwilligkeit zu geben. Ein Mann fiel in eine Grube und rief: „Hilfe! Rettet mich!" Ein Passant hörte ihn und kam ihm zu Hilfe. Um dem Mann aus der Grube zu helfen, sagte er: „"Gib mir deine Hand!" Doch der Mann in der Grube wollte ihm seine Hand nicht geben. Schließlich streckte ihm der Retter seine Hand hin und sagte: „Halte dich an meiner Hand fest!" Der Mann ergriff sofort die Hand und hielt sich daran fest. So sind die meisten. Wir sind nur bereit zu nehmen und sträuben uns sehr, wenn wir geben sollen. Das führt zum Niedergang des

Landes, wenn das so bleibt. Auch wenn wir vermutlich die anderen nicht dazu bewegen können nur zu geben, anstatt zu nehmen, so können wir sie vielleicht anregen, wenigstens etwas zu geben. Auf diese Weise kann das Gleichgewicht hierzulande und in der Welt im Großen und Ganzen erhalten bleiben. Meine Kinder, es ist wichtig, das zu verstehen und in diesem Sinne beharrlich weiterzumachen. Nur dann kann das Land sich weiter entwickeln.

Seine Hände und Füße sind überall

Gott sitzt nicht auf einem feierlichen Thron irgendwo oben im Himmel. Gott ist jenseits des Intellekts. Gott ist eine *Erfahrung*. Wir können Gott nicht mit den Augen sehen, ihn aber mit innerlicher Achtsamkeit wahrnehmen. Gottes Gegenwart kann im Gesang des Kuckucks, in der krächzenden Krähe, im tosenden Meer oder im brüllenden Löwen erlebt werden. Dasselbe Höchste Bewusstsein wirkt im Schreiten der Füße, in den arbeitenden Händen, in der sprechenden Zunge, im Augenlicht und im Herzschlag. Alles ist vom Höchsten Bewusstsein erfüllt. Hierzu fällt Amma eine Geschichte ein.

In einem Dorf stand eine Heiligenstatue, deren Arme ausgestreckt waren. Zu Füßen der Statue stand geschrieben: *Kommt in meine Arme!* Viele Jahre später verlor die Statue zum Kummer der Dorfbewohner beide Arme, denn noch immer war deutlich zu lesen: *Kommt in meine Arme!* Manche Dorfbewohner schlugen vor: „Lasst uns eine neue Statue aufstellen, " andere widersprachen dem aber: „Nein, wir sollten die alte Statue restaurieren und ihr neue Arme geben." Dann trat ein alter Mann vor und sagte:„ Streitet euch deswegen nicht. Neue Arme oder eine neue Statue sind nicht notwendig." Die anderen fragten: „Wenn dem so ist, welchen Sinn haben dann noch die Worte auf der Statue: *Kommt in meine Arme?*" Der alte Mann erwiderte: „Kein Problem. Fügt einfach folgende Worte unter die vorhandenen hinzu: *Ich besitze nur deine Arme. Meine Arme wirken durch deine.*"

206

So gesehen hat auch Gott keine eigenen Hände oder Füße. Gott handelt durch uns. So möge Gott also in unseren Händen und Füßen und ebenso in unserem Herzen und unserer Zunge wohnen.

Wir selbst sollen göttlich werden

Normalerweise geschieht zweierlei im Leben: Wir handeln und wir ernten die Früchte unseres Handelns. Während auf gute Taten gute Ergebnisse folgen, entwickelt sich aus negativen Handlungen mit Sicherheit Schlechtes. Meine Kinder, lasst euch von diesen Worten nicht erschrecken. Wenn wir einen Schritt auf Gott zugehen, kommt Er zehn Schritte auf uns zu.

In Dorfschulen bekommen die Schüler oft extra Punkte, um ihnen zu helfen, die Prüfungen zu bestehen. Schüler, die wenigstens einige Fragen beantwortet haben, können auf diese Weise durch die Prüfung kommen. In vergleichbarer Weise müssen auch wir uns ein wenig anstrengen. Wenn wir das tun, stellt sich der Erfolg bestimmt ein, da uns Gottes Gnade zufließt. Unseren Erfolg verdanken wir neben unserem Bemühen vor allem der Gnade Gottes. Sie verleiht unseren Bemühungen erst die Schönheit.

Wir sollten außerdem bestrebt sein, das ‚Ich' in uns aufzulösen. Nur dann können wir göttliche Gnade empfangen. Selbst wenn Gott seine Gnade über uns ausgießt, geht sie verloren, solange wir an diesem Ich-Sinn festhalten. Leute bewerben sich um Stellen und wer die Tests besteht, wird zu einem Interview eingeladen. Zum Interview erscheinen dann viele Bewerber, die mit akademischen Abschlüssen und hervorragenden Gutachten die entsprechenden Voraussetzungen erfüllen. Nicht immer jedoch werden diejenigen ausgesucht, die tadellose Antworten geben. Das liegt daran, dass manchen Bewerbern nicht die Gnade zuteil wurde, durch die das Herz des Interviewers berührt wird. Diese Gnade erwirbt man als Frucht guter Taten. Viele Menschen versuchen auf einfachem Weg das zu bekommen, was sie wollen, ohne sich um Gnade zu bemühen.

Es heißt, 10 Millionen irdische Euros seien so viel wert wie ein himmlischer Cent und eine himmlische Sekunde entspäche 10 Millionen Jahren auf der Erde. Ein Gottesverehrer betete: „Herr, bist du nicht der Inbegriff des Mitgefühls? Du brauchst mir nicht viel zu geben. Segne mich einfach nur mit einem Cent Deines Reiches!" Gott erwiderte: „Aber natürlich gebe ich dir gerne einen Cent. Warte nur eine Sekunde!"

So etwas geschieht, wenn wir Gott für dumm verkaufen wollen, aber er ist ganz und gar kein Dummkopf, sondern die allumfassende Intelligenz und Quelle der gesamten Intelligenz des Universums Das sollten wir uns vor Augen halten.

Wenn wir Gutes tun, können wir die Gnade Gottes empfangen und es ebnet sich dadurch der Weg zum Erfolg im Leben. Wir sollten bei allem, was wir tun, der Stimme unseres Gewissens gehorchen. Wenn wir etwas gegen unser Gewissen tun und nicht auf diese Stimme hören, löst das nur inneren Aufruhr aus und wird uns in den Ruin führen.

Bescheidenheit und Mitgefühl

Amma sagt immer, Meditation ist so wertvoll wie Gold. Sie führt zu materiellem Wohlstand, Frieden und Erlösung. Selbst ein kurzer Moment in Meditation ist niemals umsonst – er ist auf jeden Fall wertvoll. Wenn wir zusätzlich zu unserer Meditation auch Mitgefühl besitzen, ist dies wie duftendes Gold! Ein lächelndes Gesicht, ein freundliches Wort, ein mitfühlender Blick – das alles ist wirkliche Meditation. Selbst ein beiläufig geäußertes Wort von uns hat große Bedeutung! Deshalb sollten wir jedes unserer Worte sorgfältig abwägen und genau darauf achten, nichts zu äußern, was andere verletzen könnte, denn alles, was von uns ausgeht, kommt zu uns zurück. Wenn wir anderen Kummer bereiten, werden auch wir Kummer erfahren. Wenn wir Liebe verschenken, bekommen wir Freude und Liebe zurück.

Eine Reisegruppe verirrte sich einst und befand sich in einer ihnen unbekannten Gegend. Auf der Straße begegnete ihnen ein Mann, den sie mit unfreundlichem Ton nach dem Weg fragten: „He du da, wie kommen wir zu dem Ort?" Als der Mann ihren arroganten Ton vernahm, beschloss er, diese überheblichen Leute im Kreis herumzuschicken.

Hätten sie ihre Arroganz gezügelt und höflich gefragt, dann hätte der Mann versucht, ihnen weiter zu helfen. Er hätte sie zu jemandem geführt, der sich auskannte, falls er selbst den Weg nicht gewusst hätte. Die anderen reagieren auf die Art, wie wir uns ihnen gegenüber verhalten und welche Worte wir wählen. Wenn wir liebevoll und bescheiden reden, bekommen wir eine angemessene Antwort. Deshalb heißt es, dass wir jedes Wort sorgfältig wählen sollten.

Ein Mann geht auf der Suche nach einer Arbeit in ein bestimmtes Viertel. Er bettelt: „Ich bin arm und arbeitslos. Bitte gebt mir eine Arbeit." Die Leute schicken ihn aber weg. Der mittellose Mann geht woanders hin, aber die Leute schreien ihn an, er solle verschwinden. Wenn der Mann dann zehnmal dieselbe Erfahrung gemacht hat, will er vielleicht gar nicht mehr leben, sondern möchte sich umbringen. Doch angenommen, jemand sagt zu ihm freundlich: „Hab' Geduld. Wenn sich etwas ergibt, rufe ich dich ganz bestimmt!" wäre sein Leben gerettet. Wir sollten deshalb darauf achten, dass all unsere Gedanken und Worte von Liebe und Mitgefühl erfüllt sind. Gottes Gnade strömt automatisch zu diesen Menschen. „Oh Herr, möge niemand durch meine Gedanken, Blicke oder Worte verletzt werden!" In solch tiefempfundenem Gebet drückt sich wahre Hingabe aus, wirkliches Verständnis und unsere eigentliche Gottespflicht.

Die Sonne braucht kein Kerzenlicht. Gott benötigt überhaupt nichts von uns. Er erwartet von uns nur ein mitfühlendes Herz. Wir sollten uns zu denen begeben, die leiden und ihnen Frieden bringen. Das ist es, was Gott sich wünscht. Durch unseren liebevollen Umgang mit den Leidenden werden wir erwählt für die Gnade des Höchsten Seins.

Amma möchte euch nicht durch weiteres Reden stören. Sie erhebt nicht den Anspruch, dass alle Einrichtungen des Ashrams aufgrund ihrer Kompetenzen entstanden seien. All diese Dinge sind möglich dank der Fähigkeiten der Devotees. Ammas Kinder schuften zu Tausenden achtzehn Stunden am Tag ohne Entlohnung. Selbst der Bau dieses Krankenhauses wurde nicht an andere Firmen vergeben. Ammas Kinder errichteten es gemäß ihrer Fähigkeiten. Auch wenn es anfangs manches Fehlerhafte gab, wurde niemand deshalb weggeschickt. Aufgrund von Ermutigung und dank der Gnade Gottes konnte Fehlerhaftes korrigiert und diese Aufgabe bestens vollendet werden. Lasst uns denen, die etwas falsch machen, eine neue Chance geben und sie aufrichten, anstatt sie abzuweisen. Wenn wir den Scheiternden eine Hand reichen, können sie zu Gewinnern werden.

Shiva…Shiva… Shiva.

Macht aus jedem Tag ein Onamfest

Ammas Ansprache zum Onamfest 1998 in Amritapuri

Heute ist Onam – ein Tag für überschwängliches Feiern, Enthusiasmus und Freude. An diesem Tag versuchen selbst Menschen, denen es sehr schlecht geht, ihr Leiden zu vergessen. Eine Redensart besagt, dass wirkliches Besinnen auf diesen Tag darin liegt zu vergessen. Eine Operation kann nicht gelingen, wenn ein Arzt während der Operation an seine Frau und Kinder denkt. Damit die Operation gelingt, muss er sich vollkommen auf seine Arbeit konzentrieren. Beschäftigt er sich beim Nachhausekommen noch immer mit seinen Patienten, während seine Kinder auf ihn losstürmen und liebevoll „Papi! Papi!" rufen, kann er kein guter Vater sein. Hört er nicht zu, wenn seine Frau von ihren Problemen erzählt, verhält er sich auch nicht wie ein guter Ehemann. Der Arzt vergisst sein Zuhause, wenn er im Krankenhaus arbeitet und zu Hause das Krankenhaus. Sein Erfolg bei der Arbeit und sein Glück im Leben entspringen seiner Fähigkeit zu vergessen.

Reicht es aus, uns nur am heiligen Onam-Tag zu freuen? Sollten wir nicht an allen Lebenstagen Freude empfinden? Kann man Glück auf nur einen Tag im Jahr beschränken und an allen anderen Tagen traurig sein? Sind wir an diesem einen Tag dann wirklich glücklich? Denkt darüber nach, meine Kinder!

Nicht lediglich ein Tag, sondern alle 365 Tage des Jahres sollten von Freude erfüllt sein. Unser ganzes Leben sollte zum Fest werden! Spiritualität lehrt, wie das zu bewerkstelligen ist. Das erfordert vollkommene Hingabe an das Höchste Wesen und bei ihm alle Zuflucht zu suchen. Darin liegt das wirkliche Vorbild Mahabalis. Obwohl er ein *asura* war, gelang es ihm, seinen Ich-Sinn dem Höchsten Wesen hinzugeben. Gott möchte sonst nichts von uns.

Gott ist der Inbegriff von Mitgefühl und er steht bescheiden mit uns entgegengestreckten Armen vor uns, um unser Ego in Empfang zu nehmen. Gott schätzt als Opfergabe vor allem unser Ego – und das ist es, was wir ihm darbringen sollten. Das tat Mahabali. Wenn wir dazu nicht bereit sind, wird Gott unser Ego irgendwie aus uns herauslocken! Gott weiß, dass wir erst dann wahres Glück erfahren können. Diese Hingabe an den Höchsten Geist läutert unser Inneres. So können wir das Leben zum Fest verwandeln.

Es heißt, dass man im Leben nur durch Opfer glücklich werden kann. Es gibt viele kleine Opfer im Leben. Cricket-Fans sind bereit, Regen und sengende Hitze auszuhalten, um sich ein Spiel anzuschauen. Die Eltern eines kranken Kindes bleiben Tag und Nacht auf, um ihr Kind zu pflegen, auch wenn sie den ganzen Tag bis zur Erschöpfung gearbeitet haben. Das zählt zu unseren kleinen Opfern. Um aber höchste und immerwährende Freude zu gewinnen, wird ein großes Opfer verlangt – unser Ego. Glück finden wir nur durch Aufopferung. Aus einem kleinen Opfer erwächst uns keine immerwährende, sondern nur eine kurze Freude. Ihr erinnert euch vielleicht an eine Geschichte, die vielen von euch als Kind erzählt wurde: Es ist die Geschichte vom Lehmklumpen und dem vertrockneten Blatt, die miteinander Verstecken spielten. Es ist eine Geschichte für Kleinkinder, doch sie hat tiefe Bedeutung. Als der Lehmklumpen und das Blatt miteinander spielten, kam ein Wind auf. Der Lehmklumpen wurde sehr besorgt und dachte: „Oh, nein! Das Blatt könnte fortgeblasen werden!" Der Lehmklumpen setzte sich auf das Blatt und schützte es. Bald darauf begann es plötzlich zu regnen. Das Blatt setzte sich auf den Lehmklumpen und schützte ihn vor dem Regen, und der Lehmklumpen war gerettet. Doch dann kamen Wind und Regen auf und ihr wisst, was geschah. Das Blatt wurde davongetragen und der Lehmklumpen löste sich im

Regen auf. So ist unser Leben. Wenn wir von anderen abhängen, macht uns das nur bedingt glücklich, wenn wir aber in große Gefahr geraten, gibt es niemanden, der uns rettet. Dann liegt unser einziger Schutz in der Zuflucht beim Allerhöchsten. Diese Ergebenheit ist unser einziger Schutz und der einzige Weg, das Glück ein Leben lang zu bewahren.

Im Augenblick leben

Meine Kinder, vielleicht tragen wir viele Sorgenlasten – der Sohn hat keine Arbeit gefunden, die Tochter ist nicht verheiratet, wir haben nicht unser Traumhaus gebaut, wir wurden nicht von unserer Krankheit geheilt, es gibt Streit in der Familie, das Geschäft macht Verluste usw. Wenn wir an all unsere Sorgen denken, schwelen ständige Spannungen in uns „wie brennende Reishülsen"[44], die schließlich Krankheiten verursachen.

Hingabe ist der einzige Weg, um sich von diesen Spannungen zu befreien. Was bringt denn der ganze Stress und Kummer? Wir sollten unseren Aufgaben so gut wir können nachkommen, indem wir die uns von Gott verliehene Kraft nutzen und die Dinge im Übrigen Gottes Willen überlassen. Überlasst alles dem Allerhöchsten. Es gibt keinen anderen Weg als Zuflucht in Gott zu nehmen. Es ist sinnlos, innerlich zu brennen, indem man über Vergangenes und über Künftiges grübelt. Nur dieser gegenwärtige Moment gehört dir. Gib acht, dass du vor lauter Kummer nicht diesen Augenblick verpasst.

‚Morgen' kommt niemals. Wir erleben immer nur den *gegenwärtigen* Augenblick und wissen nicht einmal, ob wir einen weiteren Atemzug nehmen können. Meine lieben Kinder, wir sollten versuchen, in diesem gegenwärtigen Moment zu leben.

Das heißt nicht, dass wir nicht für die Zukunft planen sollten. Bevor wir ein Haus bauen, müssen wir einen Plan zeichnen. Beim

---

[44] Reishülsen brennen sehr lange.

Anfertigen dieses Plans sollten wir uns ganz darauf konzentrieren und wenn wir ein Haus bauen, sollte dem unsere ganze Aufmerksamkeit gelten. Das möchte Amma klar machen.

Bevor wir eine Brücke bauen, müssen wir einen Plan zeichnen. Zu diesem Zeitpunkt denken wir noch nicht an die Bauausführung, sondern befassen uns ausschließlich mit der Planung. Und später, bei der Errichtung der Brücke, ist unsere Konzentration vollkommen darauf gerichtet. Sich auf die Zukunft vorzubereiten, ist sicher gut, aber was nützt es, sich überängstlich zu fragen, was wohl kommen könnte?

Wesentlich ist, dass wir diesen Augenblick positiv nutzen und zufrieden sind. Amma erörtert hier, wie das zu bewerkstelligen ist. Wir sollten diesen gegenwärtigen Moment, der uns zur Verfügung steht, so leben, um der Welt und uns selbst damit die größtmögliche Freude zu bereiten. Um im gegenwärtigen Moment Freude zu erleben, müssen wir Vergangenes vergessen und nicht an Künftiges denken. Das wird möglich, wenn wir Gott vollkommen ergeben sind. Dann wird das Leben zum Fest und es gibt 365 Tage im Jahr „Onam"!

Meine Kinder, geben wir uns dem Allerhöchsten hin und machen das Leben als solches zu einem Fest.

Das Wesen verfeinern

Meine Kinder, obwohl wir möglicherweise stolz darauf sind, Mensch zu sein, betrifft das nur die äußere Gestalt. Innerlich sind wir noch der große Affe! Unser Geist verhält sich noch wie der von Affen! Der menschliche Fötus im Mutterleib hat zuerst die Gestalt eines Fisches und dann die eines Affen – und wenn wir dann als Mensch geboren werden, geben wir unsere Affennatur nur ungern auf. Der Affe auf dem Baum springt von einem Zweig zum anderen. Der menschliche Affe ist ihm weit überlegen, denn mit einem Sprung erreicht er den Mond. Beim nächsten Sprung landet er in Amerika und dann in Russland. Er springt viele

Jahre zurück in die Vergangenheit und im nächsten Moment in die Zukunft. So verhält sich der menschliche Affengeist! Es ist keine leichte Aufgabe, einen solchen Geist umzuformen, denn die Wirkung unseres früheren *samskara* ist derart kraftvoll.

Drei Männer, die Ramu, Damu und Komu hießen, gingen eine Straße entlang. Hinter ihnen rief jemand: „Hey, Ramu!" Ramu schaute sich um. Nach einigen Schritten hörten sie „Hey, Damu!" Diesmal schaute Damu sich um. Nach einer Weile hörten sie: „Hey, Komu!", woraufhin sich Komu umschaute. Als sie weitergingen, rief jemand plötzlich: „He, ihr Affen!" Es heißt, dass sich alle drei umschauten!

Das ist eine uralte angeborene Eigenschaft. Der Mensch hat einen Affengeist, der ständig in verschiedene Richtungen eilt, was sehr schwer zu verändern ist. Man muss solch einen Geist einkreisen, um ihn kontrollieren zu können – d.h. die in alle Richtungen schweifenden Gedanken müssen geordnet und beherrscht werden. Die dazu erforderlichen Eigenschaften sind Demut und Hingabe. Mit diesen Eigenschaften schwirren unsere Gedanken nicht beliebig herum.

Wenn eine Schlange ihren Schwanz in ihren Schlund steckt, kann sie sich nicht vorwärts bewegen. Desgleichen werden unerwünschte Gedanken verschwinden, wenn wir unser Denken unter Kontrolle haben.

Mahabali besaß die Demut, sein Haupt vor dem Höchsten zu verneigen. Er besaß die Fähigkeit, sich Gott zu ergeben, mit dem Ergebnis, dass sein Geist so weit wie das Universum wurde und sein Wesen von Liebe und Mitgefühl erfüllt wurde. So entwickelte er sich vom dämonischen zum göttlichen Wesen.

Auch wir können uns vom gegenwärtigen Affengeist weiter entwickeln bis auf die Ebene Gottes. Wir müssen uns nur Gott ergeben und bereitwillig unser Haupt vor Gott verbeugen. Es ist notwendig Demut zu entwickeln. Amma sagt immer wieder, dass wir körperlich erwachsen sind, nicht aber geistig. Das ist unserer gegenwärtiger Zustand. Wir müssen zuerst wie die Kinder werden, damit unser Geist so weit wie das Universum werden kann, denn nur ein Kind kann wachsen. Wenn wir einen Wasserbehälter mit einem Rohr verbinden, fließt alles Wasser hinaus und kommt somit der Welt zugute. Genauso müssen wir uns mit dem Höchsten verbinden, damit Gottes unendliche Kraft durch uns fließt. Uns damit zu verbinden, verlangt unseren Ich-Sinn aufzugeben und alles in Gottes Hände zu legen. Wenn wir meinen, nichts zu sein, werden wir in Wirklichkeit alles. Das ist die Bedeutung des Sprichwortes: „Wenn du eine Null (zero) bist, wirst du zum Helden (hero)." Ein Gottesverehrer braucht folgende Eigenschaften: ein bescheidenes Verhalten anderen gegenüber, ein Gefühl der Ehrfurcht allen Lebewesen gegenüber, Mitgefühl und stets die Einstellung, Anfänger zu sein. Eine solche Kultur haben uns die alten *Rishis* überliefert. Wenn wir diese Eigenschaften verinnerlichen und danach leben, können wir das höchste Ziel des Lebens erreichen.

Glossar

Advaita – Nicht-Zweiheit, Nicht-Dualität. Diese Philosophie lehrt die unteilbare Einheit von Schöpfer und Schöpfung.

Archana – ‚Opfer als Anbetung‘, eine Form der Anbetung, bei der die Namen einer Gottheit gesungen werden, normalerweise 108, 300 oder 1000 Namen durchgehend

Arjuna – der dritte von fünf Brüdern der Pandavas. Ein berühmter Bogenschütze und einer der Helden des Epos ‚Mahabharata‘, zugleich Freund und Jünger Krishnas. An ihn wendet sich Krishna in der Bhagavad Gita.

Ashram – ‘Ort des Bemühens‘, ein Ort, an dem spirituelle Aspiranten dauerhaft oder vorübergehend leben, um ein spirituelles Leben zu führen und sich der spirituellen Praxis zu widmen. Normalerweise ist dies der Wohnsitz eines spirituellen Meisters, Heiligen oder Entsagenden, der die Aspiranten anleitet.

Asura – ursprünglich „voll Lebenskraft seiend“, auch Bezeichnung einer Göttergruppe; später in der Bedeutung von Dämon; jemand mit negativen Eigenschaften

Atman – Ewiges transzendentales Selbst, Geist oder Bewusstsein; unsere wahre Natur. Eine der fundamentalen Lehren des Sanatana Dharma lautet, wir sind ewiges, reines und makelloses Selbst.

Avatar – ‚Herabkunft‘, Inkarnation des Höchsten Wesens. Das Ziel einer göttlichen Inkarnation besteht darin, das Gute zu beschützen, das Böse zu vernichten, Rechtschaffenheit in der Welt wiederherzustellen und die Menschheit zum spirituellen Ziel der Vollkommenheit (Selbst-Verwirklichung) zu führen. Nur ganz selten manifestiert eine göttliche Inkarnation die absolute Fülle oder Ganzheit (*Purnavatar*).

Bhagavad Gita – ‘Gesang des Erhabenen (des Herrn)‘. Bhagavad = des Herrn; gita = Gesang; bedeutet hier eine besondere

Unterweisung. Es sind die Lehren, die Krishna zu Beginn des Mahabharata-Krieges Arjuna auf dem Schlachtfeld von Kurukshetra offenbarte. Sie dienen als praktische Richtschnur im täglichen Leben und enthalten die Essenz der vedischen Weisheit; wird meistens „Gita" genannt.

Bhagavatam – Kurzform von Srimad Bhagavatam. Eine der 18 Schriften der sog. Puranen, die vor allem die Inkarnation von Vishnu und sehr ausführlich das Leben Krishnas darstellen, unter besonderer Betonung des Pfades der Hingabe.

Bhakti – Hingabe

Bhava – Göttliche Stimmung, Haltung oder Zustand

Bhima – Zweitältester der fünf Pandava-Brüder, dessen Geschichte im Epos Mahabharata beschrieben wird

Brahmachari – zölibatär lebender Mönch (bzw. Nonne), der sich üblicherweise unter Führung eines Meisters einer spirituellen Disziplin unterzieht

Brahman – Absolute Wirklichkeit; das Ganze; Höchstes Sein; 'Das', was allumfassend und allesdurchdringend ist, das Eine und Unteilbare

Darshan – Begegnung mit einem Heiligen oder Vision des Göttlichen

Dhanvantari – Er erscheint in den Veden und Puranen als Arzt der Götter (*devas*) und wird als Gott der Medizin verehrt.

Dharma – aus dem Sanskritwortstamm *dhri:* unterstützen, aufrechterhalten, sich daran halten. Oft übersetzt als ‚Rechtschaffenheit'. *Dharma* hat viele tief vernetzte Aspekte: das, was das Universum aufrechterhält, Gesetze der Höchsten Wahrheit, universelle Gesetze, Naturgesetze im Einklang mit der göttlichen Harmonie; Rechtschaffenheit, Religion, Verpflichtung, Verantwortungsbewusstsein, richtige Lebensführung, Gerechtigkeit, Güte und Wahrheit. *Dharma* bezieht sich auf die inneren Grundsätze der Religion. Es bedeutet wahre Natur und rechtes Maß, das die Funktion eines Objektes und das Handeln eines Menschen bestimmt. Zum *dharma* des Feuers gehört es z.b. zu brennen. Zum *dharma* des Menschen gehört es, in Harmonie mit den universellen spirituellen Prinzipien zu leben und ein höheres Bewusstsein zu entwickeln.

Gopi – die *Gopis* waren Kuhhirtinnen und Milchmädchen, die in Vrindavan lebten. Sie standen Krishna sehr nahe und sind bekannt für ihre vollkommene Hingabe an den Herrn. Sie verkörpern stärkste Gottesliebe.

Grihasthashrami – ein Mensch, der ein Familienleben führt und sich zugleich dem spirituellen Leben widmet

Ishta Devata – 'Geliebte Gottheit'. Aspekt des Göttlichen, den man gemäß seines eigenen Naturells zur persönlichen Verehrung auswählt als Repräsentant des höchsten Ziels und auf den man seine größte Sehnsucht richtet.

Ithihasa – 'So geschah es.' Historisches Epos, wie u.a. das Ramayana und Mahabharata. Manchmal werden damit die Puranen bezeichnet, vor allem das Skanda Purana und das Srimad Bhagavatam.

Kali Yuga – 'Zeitalter der Dunkelheit'. Es gibt in der Schöpfung einen Zyklus von vier Zeitaltern oder Zeitperioden (s.*Yuga* im Glossar). Wir leben gegenwärtig im *Kali Yuga*. Darin verkommt die menschliche Gesellschaft spirituell und wird überwiegend von Ungerechtigkeit bestimmt. Man bezeichnet es als Dunkles Zeitalter, vor allem deshalb, weil die Menschen sich so weit wie nie von Gott entfernt haben.

Krishna – 'der uns zu sich zieht'; 'der Dunkle' ('Dunkel' bezieht sich in diesem Zusammenhang auf seine Grenzenlosigkeit und die Tatsache, dass der begrenzte Geist und Intellekt ihn nicht erkennen und begreifen kann.) Er wurde in eine königliche Familie hineingeboren, wuchs jedoch bei Pflegeeltern auf und lebte als junger Kuhhirte in Vrindavan. Dort wurde er von ihm ergebenen Begleitern geliebt und verehrt – den *Gopis* (Milch-mädchen und Kuhhirtinnen) und *Gopas* (Kuhhirten). Krishna wurde später der Herrscher von Dwaraka. Er war Freund und Ratgeber seiner Cousins, den Pandavas, insbesondere von Arjuna, dem er seine Lehren in der Bhagavad Gita offenbarte. **Kuchela** – ein Jugendfreund von Krishna. Als Erwachsener lebte er in Armut. Seine Frau und seine Kinder hungerten. Eines Tages sagte seine Frau zu ihm: „War Krishna nicht dein Schul-kamerad? Geh zu ihm und bitte um Hilfe." Kuchela erklärte sich dazu bereit. Aber wie konnte er seinen alten Freund mit leeren Händen besuchen? Es gab nichts in seinem Haus, das er ihm geben konnte, außer einer Handvoll altem, schalen Reis. Kuchela brach nach Mathura auf und hatte als einziges Geschenk den schalen Reis bei sich. Unterwegs stellte er sich vor, wie Krishna ihn empfangen würde. Krishna war berühmt und lebte in einem Palast, wohingegen er in äußerster Armut lebte. Sobald aber Krishna Kuchela erblickte, lief er ihm ent-gegen und umarmte ihn. Er bat Kuchela in den Palast und behandelte ihn sehr liebevoll. Kuchela zögerte, ihm seine Handvoll Reis anzubieten. Krishna griff jedoch danach, aß davon, bot ihn den anderen an und lobte den Geschmack. Kuchela verbrachte vier glückliche Tage im Palast. Er vergaß vollkommen, Krishna zu bitten, ihn von seiner Armut zu befreien. Als er wieder nach Hause kam, entdeckte er, dass Krishna Gold, vornehme Gewänder und Geld in sein Haus geschickt hatte und dass für Kuchela eine prächtige Villa erbaut worden war.

Mahabali – wird am Onam-Fest verehrt; Mahabali war der mäch-tige asurische König, der die *devas* in einer Schlacht besiegte und seine Herrschaft bis in das himmlische Reich ausdehnte. Aditi, Mutter aller *devas*, machte sich Sorgen um das Schicksal ihrer Nachkommen und betete zu Vishnu sie zu retten. Vishnu inkarnierte sich als Aditis Sohn, in der Gestalt von Vamana, dem göttlichen Zwerg-Jungen. Vamana besuchte Mahabali in Gestalt eines *Brahmachari*. Mahabali begrüßte ihn und versprach, ihm alles zu schenken, was er sich wünschte. Vamana erbat sich lediglich so viel Land, wie er mit drei Schritten durchmessen konnte. Mahabali empfand dies als geringfügige Forderung und versprach Vamana das Land trotz der Warnung seines Gurus, der junge *Brahmachari* sei niemand anders als der Herr selbst in getarnter Erscheinung. Als Vamana begann, das Land mit seinen Schritten zu durchmessen, wurde er riesengroß und deckte alle Welten mit nur zwei Schritten ab. Da kein Raum mehr für den dritten Schritt blieb, unterwarf sich Mahabali bereitwillig dem Herrn und bot ihm seinen Kopf dar, damit der Herr seine Füße darauf platzieren möge. In einer volkstümlichen Version der Geschichte stieß der Herr mit seinem Fuß Mahabali in die Unterwelt. Amma betont aber, dass dies nicht die richtige Deutung der Geschichte ist und sie sich so nicht in der Srimad Bhagavatam abgespielt hat. Das wahre Motiv des Herrn bestand darin, Mahabalis Ego aufzulösen, der in vielerlei Hinsicht ein großer Verehrer des Herrn war. Mahabali erhält in der Bhagavatam einen ganz besonderen Platz im Reich von Sutala, wohin er sich mit seinem ehrwürdigen Großvater Prahlada zurückzieht, einem der größten Anhänger des Herrn. Der Herr selbst verspricht ihm, als Mahabalis Türhüter in dieser großartigen Welt zu verbleiben. Die Essenz dieser Geschichte lautet, der Herr segnet seinen Anhänger, indem er dessen Ego auflöst und ihn in den höchsten Zustand erhebt. Man sagt, dass Mahabali den Herrn um Erlaubnis bat, seine geliebten Untertanen einmal im Jahr aufzusuchen und dass Onam der Tag seines Besuches sei. Der Legende nach war Mahabali ein bedeutender Herrscher in Kerala, unter dem alle gleichgestellt und wohlhabend waren. An Onam gedenken die Menschen von Kerala seiner goldenen Herrschaft. Dass ein bestimmter Festtag mit dem Namen Mahabali in Beziehung gebracht wird, gibt es nur in Kerala. In der Bhagavatam wird Mahabalis Wunsch, seine Untertanen jährlich zu besuchen, nicht erwähnt.

Mahatma – 'Große Seele.' Amma benutzt den Begriff *mahatma* in Bezug auf eine Selbst-verwirklichte Seele.

Onam – das wichtigste Fest in Kerala. Es wird im ersten Monat des Malayalam-Kalenderjahres gefeiert, ähnlich wie Neujahr und Erntedankfest. Alle feiern an diesem Tag freudig in neuen Gewändern, unabhängig von Kaste oder Religionszugehörigkeit und genießen besondere Speisen. Onam bedeutet die jährliche geistige Wiederkehr des mythischen Königs Mahabali in sein Königreich.

Pada puja – Verehrung der Füße Gottes, des Gurus oder eines Heiligen. So wie die Füße den Körper tragen und aufrechterhalten, trägt das Guru-Prinzip die Höchste Wahrheit. Die Füße des Gurus repräsentieren somit die Höchste Wahrheit.

Payasam – Süßer Reispudding

Prarabdha – 'Verantwortlichkeit, Bürde'. Die Früchte vergangener Handlungen in diesem und vergangenen Leben, die sich in diesem Leben manifestieren

Puja – 'Anbetung'. Heiliges Ritual, rituelle Verehrung

Radha – eine von Krishnas *gopis*. Sie stand Krishna näher als alle anderen *gopis* und verkörpert die höchste und reinste Gottesliebe.

Rahu – einer von neun astrologischen Stellungen (*navagrahas*). Rahu ist der aufsteigende Mondknoten. In der Hindu-Mythologie gilt Rahu als Schlange, die Sonne und Mond verschluckt und Sonnen- oder Mond- Finsternis verursacht.

Rama – 'Freudenschenker'. Göttlicher Held im Epos Ramayana. Er gilt als Inkarnation von Vishnu und repräsentiert vollkommenes *dharma* und Tugendkraft.

Ramayana – 'Das Leben von Rama.' Das eine der zwei großen indischen historischen Epen, neben dem Mahabharata. Es beschreibt das Leben von Rama, niedergeschrieben von Valmiki. Rama war eine Inkarnation von Vishnu. Im Hauptteil des Epos wird beschrieben, wie Sita, die Gemahlin Ramas, vom Dämonenkönig Ravana nach Sri Lanka entführt wird und wie sie von Rama und seinen Anhängern – zu denen auch sein berühmter Anhänger Hanuman gehörte – errettet wird.

Rishi – *Rsi* = wissen, erkennen. Selbst-realisierte Seher, meist bezogen auf die sieben *Rishis* des alten Indien in der Bedeutung von Selbst-realisierten (vollkommenen) Seelen, die die Höchste Wahrheit ,sehen' konnten.

Sabarimala – Pilgerzentrum in Kerala, mit dem berühmten Ayyappan-Tempel

Samadhi – Zustand tiefer und vollkommener Konzentration und Aufgehen im *Atman* (Selbst), in welchem sich alle Gedanken auflösen und der Geist in einen Zustand vollkommener Stille gerät; es bleibt nur noch reines Bewusstsein. Dies wird beschrieben als ein Zustand, in dem der Erfahrende, die Erfahrung und das zu Erfahrende eins sind.

Samsara – der immerwährende Zyklus von Geburt, Tod und Wiedergeburt

Samskara – *Samskara* hat zwei Bedeutungsebenen: Die Gesamtheit von prägenden Eindrücken aus diesem oder vergangenen Leben auf das Gemüt, die das Leben des Menschen, seinen Charakter, sein Tun, seine innere Verfassung usw. beeinflussen. – Entwickeln des richtigen Verständnisses oder Wissens zur Veredelung des eigenen Charakters

Sanatana Dharma – die ewige Religion, das ewige Prinzip als traditionelle Bezeichnung des Hinduismus

Sankalpa – ein schöpferischer, umfassend wirksamer Entschluss. *Sankalpa* eines normalen Menschen bringt nicht immer das erwartete Ergebnis, wohingegen der *sankalpa* eines Selbstverwirklichten Wesens unausbleiblich das erhoffte Ergebnis erzielt.

Sannyasi or sannyasini – Mönch oder Nonne mit dem Gelübde, in Entsagung zu leben; traditionellerweise trägt man das ockerfarbene Gewand, um auszudrücken, dass alle Bindungen innerlich „verbrannt" wurden.

Satsang – *Sat* = Wahrheit, Sein; *sanga* = Verbundenheit, bzw. Gemeinschaft mit Heiligen, Weisen und Tugendhaften; bedeutet auch den spirituellen Vortrag eines Weisen oder Gelehrten

Seva – selbstloser Dienst

Sita – die Frau Ramas. Sie gilt als Inbegriff der tugendhaften Frau.

Sri Lalita Sahasranama – ein heiliger Text, der aus den 1000 Namen der Göttlichen Mutter besteht, die rezitiert werden. Jeder Name ist ein Mantra.

Tapas – ‚Hitze'. Selbstdisziplin, Entbehrung, Buße und Selbstaufopferung; spirituelle Übungen, um die Unreinheit des Herzens (Gemütes) zu verbrennen

Tapasvi – jemand, der ernsthaft *tapas* ausübt

Vanaprastha – Lebensphase des Rückzugs. Nach alter indischer Tradition gibt es vier Phasen im Leben: In der ersten Phase wird der junge Mensch in eine *gurukula* geschickt, wo er das Leben eines *brahmachari* führt. Dann heiratet er/sie und führt ein Familienleben, das der Spiritualität gewidmet ist (*grihasthashrami*). *Vanaprastha* ist die dritte Lebensphase. Wenn die Kinder des Paares alt genug sind, um für sich selbst zu sorgen, ziehen sich die Eltern in eine Einsiedelei oder einen Ashram zurück, um dort ein vollkommen spirituelles Leben zu führen,

das der spirituellen Praxis gewidmet ist. In der vierten Lebensphase entsagen sie der Welt vollständig und leben als *sannyasi*.

Vedanga – Anhänge in den Veden

Vedanta – Ende der Veden. Enthält die Philosophie der Upanishaden, als dem abschließenden Teil der Veden; enthält die
Höchste Wahrheit als ‚das Eine ohne ein Zweites.‘

Vedantin – jemand, der dem Weg des Vedanta folgt

Veden – ‚Erkenntnis, Weisheit‘. Die alten heiligen Schriften des
Hinduismus. Eine Sammlung heiliger Texte auf Sanskrit in
vier Teilen: Rig, Yajur, Sama und Atharva. Die Veden gehören
zu den ältesten Schriften und bestehen aus 100000 Versen
und Anhängen in Prosa. Sie wurden von den *Rishis* (selbstver-
wirklichte Weise) in die Welt gebracht. Die Veden gelten als
unmittelbare Offenbarung der Höchsten Wahrheit.

Viveka – Unterscheidung; die Fähigkeit, zwischen dem Wirklichen und dem Unwirklichen, zwischen dem Ewigen und
dem Vergänglichen, *dharma* und *adharma* (Unrecht) usw. zu
unterscheiden.

Yudhisthira – Der Älteste der fünf Pandava-Brüder. Er war König
von Hastinapura und Indraprastha und berühmt für seine
makellose Frömmigkeit.

Yuga – Zeitalter oder Weltzeitalter. Es gibt vier *yugas*: *Satya* oder
Krita Yuga (das Goldene Zeitalter), *Treta Yuga*, *Dwapara Yuga*
und *Kali Yuga* (das Dunkle Zeitalter). Wir leben gegenwärtig
im *Kali Yuga*. Man sagt, die *yugas* folgen in nahezu endlosen
Phasen aufeinander.